# 汉唐风土记研究

李传军◎著

中国社会科学出版社

## 图书在版编目（CIP）数据

汉唐风土记研究／李传军著．—北京：中国社会科学出版社，2015.11
ISBN 978 - 7 - 5161 - 6527 - 0

Ⅰ．①汉⋯　Ⅱ．①李⋯　Ⅲ．①风俗习惯史—研究—中国—汉代
②风俗习惯史—研究—中国—唐代　Ⅳ．①K892

中国版本图书馆 CIP 数据核字（2015）第 159980 号

| 出 版 人 | 赵剑英 |
|---|---|
| 责任编辑 | 吴丽平 |
| 责任校对 | 闫 萃 |
| 责任印制 | 李寡寡 |

| 出　　版 | 中国社会科学出版社 |
|---|---|
| 社　　址 | 北京鼓楼西大街甲 158 号 |
| 邮　　编 | 100720 |
| 网　　址 | http://www.csspw.cn |
| 发 行 部 | 010 - 84083685 |
| 门 市 部 | 010 - 84029450 |
| 经　　销 | 新华书店及其他书店 |
| 印　　刷 | 北京明恒达印务有限公司 |
| 装　　订 | 廊坊市广阳区广增装订厂 |
| 版　　次 | 2015 年 11 月第 1 版 |
| 印　　次 | 2015 年 11 月第 1 次印刷 |
| 开　　本 | 710×1000　1/16 |
| 印　　张 | 16.25 |
| 插　　页 | 2 |
| 字　　数 | 275 千字 |
| 定　　价 | 56.00 元 |

凡购买中国社会科学出版社图书，如有质量问题请与本社营销中心联系调换
电话：010 - 84083683
**版权所有　侵权必究**

# 历史民俗学的研究范畴与研究方法（代序）

## 萧 放

钟敬文先生在中国民俗学学科建设过程中费尽心力，贡献良多。关于历史民俗学学科的建设是其晚年的重要学术贡献之一。1998 年钟先生在中国民俗学会第四届代表大会上发表了《建立中国民俗学派》的重要报告，在报告中钟先生首次明确地将历史民俗学与理论民俗学、记录民俗学作为中国民俗学结构体系的三大组成部分。那么历史民俗学是什么，我们如何利用历史民俗学的研究方法进行历史民俗的研究，是我要跟大家共同探讨的。

## 一 历史民俗学概念小史

### （一）域外的历史民俗学

历史民俗学这一词汇最早出现在 20 世纪 70 年代的日本。日本的历史民俗学是在反思与总结柳田民俗学的基础上提出的。因为在柳田时代，柳田讨论民俗学，但不提历史民俗学，柳田认为传统历史研究限于文献资料的利用忽视了社会基层民众生活史，民俗学就是要从研究视角与资料选择范围上进行拓展，以呈现民众的历史生活。民俗学就是要从乡土社会现实追溯过去的历史生活，认为"现在"本身就包含了"历史"。所以柳田的民俗学就是侧重研究下层民众的历史变迁过程的民俗学。柳田国男的民俗学事实上是没有言明的历史民俗学。如福田亚细男所说："正是在这个意义上，说它就是历史民俗学，也许颇为恰当。显然，对于柳田来说，在民俗学这一用语中，已经包含了'历史'在内，因此历史民俗学自然就是多余的了。"[①]

---

[①] ［日］福田亚细男：《历史民俗学的方法》，周星译自《日本民俗研究大系》第一卷《方法论》，日本国学院大学 1982 年版，中译本见福田阿鸠（即福田亚细男）《日本民俗学讲演录》附录三，成都：时代出版社，2008 年版，第 227–243 页。

柳田之后，人们重视现在的民俗学，认为民俗学是研究现实的民间生活，忽视民俗事象的历史研究，这样就给历史民俗学发展留下了空间。

1972年，樱井德太郎发表了《历史民俗学的构想》。[①] 樱井德太郎所以提出历史民俗学的构想，在于反省柳田国男的民俗学，樱井通过反思柳田的这些研究方法，提出历史民俗学的概念。[②] 认为历史民俗学应该从地域社会复原的角度，将民俗事象置于生活共同体中，以完整地把握民俗事象变迁的历史轨迹。即使地域社会缺乏文献资料，也可以利用观察访谈的传承资料将其类型化，然后对类型进行对比以实现历史顺序的构造。

在提倡历史民俗学方面，日本民俗学家宫田登亦有贡献。宫田登在1989年，发表了《历史民俗学笔记》，他首先对历史民俗学的领域作了说明，"历史民俗学为标题的一个研究领域，如同佛教学、民俗学、宗教民俗学、都市民俗学、教育民俗学等所有概念一样成立的理论必然产生"。历史民俗学最初的情形是多方面应用历史学文献来构建民俗学研究。其后，结合文献里的民俗史料与传承中呈现的民俗资料，"以此尝试历史民俗学的体系化"[③]。民俗学追求对"日常性"的理解，历史民俗学强调对历史上日常的民俗事象的观照，同时注意从现存民俗中追溯历史，寻找民俗变迁的途径。"历史民俗学超越了文献与传承的形态差，持续利用'宽松的时间'论与空间性视点来得到'日常性'。"宫田登最后说"历史民俗学立足于真正的历史学与民俗学的结合领域，有关两者的异质性观点在学术性协作关系中扬弃"。历史民俗学理想是要从民俗学的角度对历史社会民俗生活作完整的描述，消除历史学与民俗学的分歧，取消古代、近代、当代的时间段落，沟通古今，以明了今天的日常生活。[④]

福田亚细男（一译福田阿鸠）是当代日本重要的民俗学家，他曾经担任日本民俗学会会长，对历史民俗学有专门思考，他写了一篇文章《历史民俗学的方法》，收在《日本民俗研究大系》中，这篇文章是迄今为止，对历史民俗学最为深入探讨的论文。他对历史民俗学有一个简洁晓

---

① 此文是作者在日本信州大学人文学部讲堂讲演稿基础上修改而成，1989年收入东京：吉川弘文馆《樱井德太郎著作集》第八卷。
② 此文也收入樱井德太郎编的《灵魂观的系谱》，东京：株式会社讲谈社1989版。
③ 赤田光男《历史民俗学の研究视角》，《家の传承と先祖观》，京都：人文书院，1988。引自宫田登《历史民俗学笔记》第201页，东京：吉川弘文馆，2006版。
④ 此文收入樱井德太郎编《日本民俗学的传统与改造》，东京：弘文堂，1988。

畅的定义："历史民俗学乃是通过并未自觉其为民俗，但却被过去记录下来的民俗资料，从而揭示历史的学问。"历史民俗学是依靠过去的民俗资料呈现民俗历史的学问，那么历史遗留的民俗记录资料就非常重要。福田就此进一步论述"若把过去被记录下来的资料称为'文献'，那么，历史民俗学也就成了文献民俗学"。当然他所谓的文献并不专指文字记录应包括各种图像，也不尽是写在纸上，各种金石文字也都属于文献范围。虽然依赖文献研究历史民俗或民俗历史，但历史民俗学是属于民俗学学科领域，因为它注重的是民俗的属性的研究，就是用民俗学的眼光去看待历史的一些现象，也就是说历史民俗学本质上是以民俗学为前提的，不同于一般的历史学。它有一个更细的说明，就是说历史民俗学必须是对超越世代，而传承下来的民俗事象研究，它研究超越历史的，延续到现在的，不是完全消亡的。福田强调历史民俗学是过去的文书，或者偶然记录的一种事项，不是说为了研究历史民俗而记的田野记录，它是生活服务的东西，它是一个偶然记录。①

韩国民俗学界基于重视本国文化主体性视角的要求，在20世纪80年代末开始重视民众生活史的研究，并酝酿成立专门的学术组织，1990年初正式成立韩国历史民俗学会。在拟定"历史民俗学会"这一名称时，韩国学者"既基于可以首创一种'学'的现实性期待，又立足于当下对作为历史科学的民俗学的现实要求"。因此其会刊也定名为《历史民俗学》（1991）②"历史民俗学"作为刊名标举于学界，这不仅是一面聚集专门学者的旗帜，也是学者交流思想、切磋学艺的阵地。韩国历史民俗学会的同仁在学会系列活动中，致力于"在书写的历史和不书写的历史的字里行间再构建'生动地生活和呼吸着的民的历史'"。③ 韩国历史民俗学者这种学术关切，体现了现实社会对本国历史文化认同的精神要求。韩国历史民俗学的学术起点似乎与日本柳田先生相近。

上述日本、韩国学者对历史民俗学思考与论证，这对于中国民俗学学术体系中的历史民俗学建设无疑有着现实意义。基于中国的历史文化传统

---

① 以上引自福田亚细男《历史民俗学的方法》，周星译自《日本民俗研究大系》第一卷《方法论》，译文出处同前文所注。第230页。
② 韩国历史民俗学会《历史民俗学》创刊号，"序文"，庞建春译。1991年版，第4页。首尔：理论和实践（坮）。
③ 韩国历史民俗学会《历史民俗学》创刊号，"序文"，庞建春译。1991年，第7页。

的中国历史民俗学根基深厚、内涵丰富。

**（二）中国历史民俗学概念的提出与创新**

中国民俗学的奠基者钟敬文在他的学术生涯中特别重视历史民俗学的建设，他很早就开始了属于中国历史民俗学范畴的研究，20世纪20年代、30年代，他就写作了如《中国古代民俗中的鼠》《七夕风俗考》等民俗史论述，60年代他的晚清民间文艺研究至今仍为典范。同时他重视对古代、近代民俗文献的整理与研究，如有关《山海经》的民俗文化研究，《楚辞》中神话与传说的研究，《帝京岁时纪胜》中的禁忌研究，以及对《粤东笔记》《粤风》《杭俗遗风》的研究介绍，钟敬文还重视域外民俗文献研究，他自己曾亲撰关于朝鲜岁时民俗著作《东国岁时记》的研究文章。钟敬文在历史民俗学相关领域进行了系列拓荒性工作，为后来的研究者，准备了学术生长点。

钟敬文先生有良好的民族传统文化修养又先后接受了西方人类学、社会学以及马克思主义学说，对建设中国特色的民俗学有着自觉的学术意识与执着的情感。他重视中国民俗学与中国传统学术的联系。早在1983年中国民俗学会成立期间的讲演中，钟敬文就提出了"历史民俗学"概念。他讨论了民俗学属于古代学还是现代学问题，虽然强调"从民俗学的一般性质来讲，它应当是现代学的"。但他特别指出："我们还有民俗史、民俗科学史要研究和写作呢。对于中国几千年来的、多民族的、风俗发展的历史资料，应当重视并进行整理研究，这就是中国民俗史。两千多年来，我们学界在这方面留下了大量文献，其中有关于风俗的专门著作或者片段的意见，如《风俗通义》、《荆楚岁时记》等专著，都是相当贵重的。……另外关于别的民族的风俗记载文献，如《真腊风土记》，是关于柬埔寨的，内容虽不很丰富，但涉及面较广。对它要不要整理、研究呢？我们的答复是肯定的。这种研究应该叫做'文献民俗学'或'历史民俗学'"[①] 由此，我们能够充分体会到钟敬文对历史时期民俗事象的关注与民俗文献整研究的重视。

20世纪80年代末90年代初，钟敬文对历史民俗学有了更深入的思

---

[①] 参看钟敬文《民俗学的历史、问题和今后的工作》，杨哲编《钟敬文生平、思想及著作》，河北教育出版社1991年版，第548页。

考，他不仅明确地将历史民俗学与理论的民俗学、方法及资料的民俗学并列为民俗学结构体系的三个方面，而且对历史民俗学有了具体的界定：历史民俗学包括民俗史与民俗学史两个部分。对此他有具体的论说：民俗史是"对综合或者单项的民俗事象的历史的探究与叙述，包括通时的或断代的事象的探究与叙述"。民俗学史是"关于民俗事象的思想史、理论史，也包括搜集、记录、整理和运用它们的历史"。[①] 1995年在北京妙峰山"中国民俗学论坛"上，钟敬文先生在回答提问时说："历史民俗学应当包括古代民俗志、民俗史、民俗学史以及其他有关著述。"[②] 1998年中国民俗学第四届代表大会，钟先生发表《建立中国民俗学派》的报告，明确将历史民俗学作为中国民俗学学科体系的三大支柱之一。钟敬文将历史民俗学作为民俗学结构体系重要组成部分的构想，体现了钟敬文基于中国民俗学术传统学术创见。这在中外民俗学发展史上也前所未有的学术创新。日本学者虽然在钟敬文之前，提出了历史民俗学的概念，但他们都将历史民俗学作为民俗学诸多分支学科之一，更关键的是他们只是从研究视角上说明历史民俗学，没有一位学者将历史民俗学放置到民俗学体系核心结构中。

钟敬文在历史民俗学领域还进行富有成效的推进工作，他在研究生学位课程中开设《中国民俗学与民俗学史》课程；在博士、硕士学位论文选题中安排相当数量的历史民俗学研究题目，比如明清民间文艺史的研究（董晓萍，1989）、现代民俗学思想史的研究（赵世瑜，1997）、《荆楚岁时记》与传统岁时观念的研究（萧放，1999）、《山海经》神话研究（刘宗迪，2001）、《史记》民俗研究（郭必恒，2002）、《泰山香社研究》（叶涛，2004），以及《建国初十年（1949－1959）民俗文献史》（黎敏2007）等，为历史民俗学学科奠定了学术基础。在其晚年还申请承担了最后一个国家课题《中国民俗史研究》（2000年）[③]，对历史民俗学的建立倾注了极大的心血。

当然在中国历史民俗学建设过程中，还有一些学者进行了重要的学术

---

① 钟敬文《关于民俗学结构体系的设想》，1986年中国民俗学会第二次学术讨论会上的讲演，1990年整理成文，见《钟敬文文集·民俗学卷》，安徽教育出版社2002年版，第33－47页。

② 钟敬文《谈谈民俗学研究中的几个问题》，刘锡诚《妙峰山·世纪之交的中国民俗流变》，中国城市出版社1996年版，第3页。

③ 钟敬文主编，六卷本《中国民俗史》，人民出版社2008年版。

实践、提出了许多有价值的学术建议与思考。如著名的历史学家民俗学家顾颉刚先生,他早年在历史民俗学领域卓有贡献,如《孟姜女故事研究》、妙峰山香会的历史考察等。此外,江绍原的《中国礼俗迷信》、钱南扬的《谜史》、郑振铎的《汤祷篇》、闻一多的《伏羲考》、袁珂的《中国神话史》、张紫晨、王文宝分别撰著的《中国民俗学史》等,都是历史民俗学的重要成果。钟敬文等一批民俗学者为建立中国历史民俗学作出了奠基性的贡献。

从钟敬文及诸多前辈同好的研究中,我们对作为中国民俗学结构体系之一的历史民俗学有了较多的了解与体会,为了让这一学科获得学界同仁认同以及发挥它更大的学术效用,我们不妨对它进行归纳总结,提出若干理论性的认识。

## 二 中国历史民俗学的定义与性质

### (一) 历史民俗学定义

中国历史民俗学是关于民俗事象的历史研究与对历史社会民俗事象、民俗记述及民俗评论的研究。就是说中国的历史民俗学有两条研究路径,一是从现存民俗事象出发,对其形成演变进行历史向度的探寻;一是以过往的历史社会时期形成的民俗文献为依据,研究历史时代具有传承性的民间生活文化事象以及对这些民俗事象进行的记录与学理性评论,它通常包含民俗史、民俗学史、民俗文献志三方面。目前我们学界注意到了第一种研究路径,有一定的成果,但更多的侧重于第二种研究。

历史民俗学对于中国民俗学界来说,还是一个新的学术概念,尽管钟敬文先生一再强调,但在民俗学界关注与接受的程度并不十分理想,人们多满足于讲单一的民俗史或民俗学史,没有把它当作一门重要的民俗学支学来看待,更没有深入的学理思考。其实,从历史的角度看待民俗学,或者从民俗学的角度去看待历史社会的民俗事象、民俗评论与民俗文献,它将为我们打开学术的新天地,并且它将在历史学、民俗学中间架起合作的桥梁,促成传统历史学科与新兴民俗学科的资源整合,为推出更重大的学术成果打下牢固基础。我们不仅将为目前所见的民俗文化现象找到它的根基,增强民俗学学科的历史研究深度,同时也为我们寻绎出理解民俗传承变迁的理路。况且我们在这里可以找到民俗的富矿,接受我们先辈的智慧启迪。历史民俗学就是帮助我们找回历史社会的"现场"感觉，让我们在传统的情境中体验传统，并清醒地认识我们当下的民俗生活的学问。为了让大家更深地理解历史民俗学的概念内涵，我觉得有必要对它进行辨析。

历史民俗学，是一门新兴的民俗学支学，它是民俗学与历史学交叉融合的结果。在历史学与民俗学这两大学科的边缘地带开拓出历史民俗学这块学术园地，是新时期学问发展的必然结果。学科的交叉与综合是当代学术的趋向，近代以来的学科分裂、学术领地的条块分割严重地阻碍了我们学术研究的深入，不利于学科的健康发展。因此在20世纪末期，传统学术研究出现变化，人们开始重视边缘学科，边缘学科逐渐成为学术主流。

为了解决历史民俗的研究问题，以及探讨历史社会人们对民俗事象的认识，就需要一个兼顾或者说沟通历史学与民俗学的新的学术方向出现，历史民俗学就是在这样的学术背景下产生的。因此历史民俗学的学科性质具有一种历史学与民俗学的综合性质，这种综合性是有机的合成，不是机械的拼接。为何这样说，因为我们是从民俗学的角度去看待历史社会的民俗事象与民俗理论，它既是历史的，也是现代的。我们探讨历史民俗学的目的，不是发思古之幽情，而是为了探寻民众生活文化的演变过程与民众思想的内在逻辑。

### （二）历史民俗学与其他相关学科的关系辨析

为了说明历史民俗学的性质，我们先看历史学与民俗学这两门学科有哪些内在的关联与区别。历史学是传统学科，广义的历史学包含一切社会生活与文化创造的研究的学问，民俗自然包含其中。白寿彝先生在《民俗学和历史学》专文中谈到："用历史学的眼光看，各民族的风俗、习惯、信仰和民间文学，都是社会的存在，也都是历史的一部分。"[①] 但我们一般运用的狭义的历史学，即对过去发生的事件的陈述与研究，日常的民俗事象常常在正统的历史学家的视野之外。但在19世纪末20世纪初的新史学影响之下，历史学开始关注平民的知识生活事件，由此与民俗学发生勾连。民俗学是关于民间生活习惯的学问，民俗学以当前社会基层民众

---

① 白寿彝：《民俗学和历史学》，张紫晨编《民俗学讲演集》，书目文献出版社1986年版，第62页。

为对象，研究他们承载的生活传统，是一门以现实生活习惯为研究重心的学问。由于它研究生活传统，而生活传统的形成是一个历史过程，因此民俗学在追溯传统的时候必定与历史学交叉。白寿彝先生曾经说过："历史学的原野和民俗学的原野都很广阔，有好多问题合作起来解决可能更好一些，对这两种学问的发展，可以互相促进。"①

值得说明的是，历史民俗学与其他平行学科的关系，在对历史民俗学与其他相关学科关系的辨正中，我们更能明确把握历史民俗学的学科性质。我们知道与历史民俗学性质最接近的学科有两个，一是历史社会学，一是历史人类学。

首先我们看历史民俗学与历史社会学的关系。历史社会学是从传统的社会学理论研究中逐渐形成新的学术方向，它其实就是用一般社会学理论去理解历史社会中的问题，以及在社会学研究中带有浓厚的历史倾向，重视对社会变迁与社会生活事件的过程与场景的分析。②英国社会学家丹尼斯·史密斯（Dennis Smith）在1991年出版的《历史社会学的兴起》(The Rise of Historical Sociology) 中说："简言之，历史社会学是对过去进行研究，目的在于探寻社会是如何运作与变迁的。"他批评一些社会学家缺乏"历史意识"，在经验方面，他们忽视过去；在观念方面，他们既不考虑社会生活的时间维度，也不考虑社会结构的历史变迁。与此相类似的是一些历史学家缺乏"社会学意识"：在经验方面，他们忽视不同社会的进程与结构的不同；在观念方面，他们既不考虑这些结构与进程的普遍特性，也不考虑它们与行动和事件之间的关系。相反一些历史学家与社会学家他们致力于历史社会学的发展，"探寻过去与现在、事件与运行、行动与结构的互动与交融"。③历史民俗学虽然也关注历史社会，关注文化现象的历史性，但关注的重点有着明显不同。历史社会学关注的历史社会的结构、社会问题与历史背景的关联，关注当代社会结构的历史变迁过程。历史民俗学关注的是历史社会民众的生活模式与民众主体知识、情感与传

---

① 白寿彝《民俗学和历史学》，张紫晨编《民俗学讲演集》，书目文献出版社1986年版，第67页。
② [美] 西达·斯考切波（Theda Skocpol）编，封积文等译，董国礼校《历史社会学的视野与方法》第一章"社会学的历史想象力"，上海人民出版社2007年版，第1-21页。
③ （英）丹尼斯·史密斯（Dennis Smith）著，周辉荣等译《历史社会学的兴起》(The Rise of Historical Sociology)，上海人民出版社2000年版，第4页。

统的关系，以及对当代民俗习惯的传承变迁理解与阐释。

其次，我们看历史民俗学与历史人类学的关系。历史民俗学与历史人类学是两个关系密切的学科。二者关系极易混淆，有时甚至可以替换。但如果从民俗学与人类学严格的学科属性看，二者的区别是明显的。人类学是关注他者的文化传统、生活方式以及人类体质特性，文化人类学或者说社会人类学其主要目的在于寻求不同文化的理解与沟通；而民俗学关注吾乡吾土吾族中具有传承性生活文化现象，是寻求自身的文化理解，在当今变化的时代是要为文化主体搭建沟通传统与现代的桥梁，是一门历史性很强的文化研究。简言之，由人类学研究中形成的历史人类学支学，[①] 其主要特点是运用人类学的理论方法研究异域的人群的历史文化传统；历史民俗学则关注本国历史社会平民的日常生活传统与生活模式，寻求与自己的生活文化传统的沟通与对话。

## 三 中国历史民俗学的范围、特征与研究方法

历史民俗学是具有世界文化意义的新兴学科，近年来国内外学者注意对历史民俗学的研究。但对于历史学与民俗学交叉处生长的新兴学科来说，它要站稳脚跟，就必须明确自己研究范围与主要研究方向，只有如此，这门学科才能持久。根据历史民俗学的性质，历史民俗学以历史社会中的民俗事象、民俗评论与民俗文献志为对象，这同时就是历史民俗学的研究范围。

### （一）历史民俗学的范围、任务与主要研究方向

历史民俗学在中国尤其具有民族文化建设与学术建设的现实意义。中国是一个历史悠久的文化大国，中国有着西方国家无可比拟的、丰厚的历史民俗文献传统，同时当下的中国又面临着走向现代、融入世界的机遇与挑战，因此历史民俗学在当代中国具有双重任务：一是对历代民俗文献的搜集整理研究，从前人有关民俗事象的记录、议论、评述中获取有益的启示，以为当今民俗学学科建设提供学术参考与学理的依据；二是对历史民俗文化现象进行当代文化阐释，寻找中国民俗文化的精神血脉，为民族民

---

[①] 可参考王铭铭《我所了解的历史人类学》，《西北民族研究》2007年第2期。

俗文化主体的建设提供重要的人文资源。

根据历史民俗学的研究任务，历史民俗学具有以下三个研究方向：

（1）民俗史，即民俗文化在历史社会中的变化与演进史。是"对综合或者单项的民俗事象的历史的探究与叙述，包括通时的或断代的事象的探究与叙述"。[①] 民俗史研究侧重从文献资料中抽绎出民俗事象的传承变迁脉络，并对特定时期的民俗情形作总体的综合的研究与分析，指出民俗传承变化的历史特点。民俗史既包括衣食住行的物质生活史，人生仪礼、岁时节日等社会生活史，也包括民俗信仰、民俗文艺等精神生活史，甚至还可以扩大到民间工艺史、民间医药史等方面。

（2）民俗学史，即民俗学学术发展史，研究民俗学史的目的是了解民俗学的起源和演变过程，了解前人在民俗学发展过程中所作的工作，总结出民俗学发展的一般特性。中国民俗学史分古代民俗学史与近现代民俗学史两大段落。古代民俗学是古代中国学者文人关于民俗事象的思想史、理论史，也包括他们搜集、记录、整理民俗文献的方法史。如"三礼"中的礼俗观、《山海经》与上古人民的民俗观念、司马迁的民俗见解、班固、应劭的"风俗"定义、王充《论衡》的民俗记述、《淮南子》关于民俗的论述以及古代民俗志作品中体现的民俗观点等，都是我们研究民俗学史应该关注的重点。现代民俗学史重点探讨民俗学作为一门现代学问在中国形成与发展的历史。如对五四歌谣学运动的研究、中山大学民俗学会研究、杭州中国民俗学会研究、抗战期间西南民俗调查工作以西北民间文艺采风的研究，以及新中国六十年的民俗学研究等，对于不同历史段落的主要人物、活动及出版物都应该给予关注与评价，这对于今天的民俗学学科建设有着重要的现实意义。

（3）文献民俗志，即历代撰述的记叙与反映民俗生活的民俗文献，民俗文献既重视传统的文献典籍，注意利用其中的有效信息，同时根据民众生活的实际，放开眼界，关注民众生活中非典籍形式却具有重要生活服务价值的民俗生活文献。所以文献民俗包括两大部分，第一类是历代文化人的有关民俗的记录，如岁时记、风土记、地方民俗志、全国风俗志、笔记小说、竹枝词等；第二类是各种民众生活中实用的活态文献，如民间唱

---

① 钟敬文：《关于民俗学结构体系的设想》，1986年中国民俗学会第二次学术讨论会上的讲演，1990年整理成文，见《钟敬文文集·民俗学卷》，安徽教育出版社2002年版，第39页。

本、宝卷、水利册、碑刻、家谱、契约文书等。

中国民俗学的发荣滋长离不开中国历史文化这块沃壤，而历史民俗学在认识、总结优秀民族民俗文化上有它特定的优势，因此，钟先生所倡导的中国历史民俗学研究具有广阔的学术前景与深远的理论意义。

**（二）中国历史民俗学的学科特征**

历史民俗学是以历史社会民俗事象为主要研究对象，其学科特征大体可归纳为以下三点：

（1）重视古俗与今俗的关联研究。历史民俗学重视过程中的民俗事象，关注民俗事象的历史性与现代性，对于起源于古代而今天在民众生活中依然以基本相似或者变化的形式存在的民俗事象予以特别关注，以研究其传承与变化的脉络。如传统节日，中国传统节日体系形成于汉魏时期，至今约两千年的历史，人们按照夏历固定的时间，周期过节。节日习俗内容与民众过节的心态虽然发生了不小的变化，但人们依旧利用大体相近的民俗仪式，以表达对祖先的崇拜与对家人、亲邻的友爱，对自然的亲近与对未来幸福生活的祈盼等。民俗传统让我们的社会成员保持着紧密的联系性。历史民俗学对古今民俗的比较研究就在于理解辨明民俗生活的内在特性与文化逻辑。再如一些古老的庙会也体现着民俗的传承与变化，陕西岐山周原周公庙建于唐代，历代相传，那里有三月庙会，庙会主要祭祀姜女原，姜女原是周人的始祖，人们祭祀她，既是对祖先的感念，还是祈求生殖力的重要方式，周原庙会至今仍为地方社会文化节点。

（2）关注历史社会民俗生活类型的传承。历史民俗学以民俗学基本理论分析研究历史社会民俗生活习俗，特别是对在历史社会中重复出现的具有类型性特点的生活民俗予以特别关注。在中国传统民俗中，类型性的民俗生活事象主要集中在岁时节日、人生仪礼与口承传统上，对于这些类型性的民俗生活的起源、形成与渐变予以专门的考察，有利于我们把握整体的社会民俗形态。对民俗生活类型传承特性的研究是历史民俗学与一般历史学关于社会风俗史研究的区别所在。民俗生活类型的研究要求历史民俗学在研究中重视类型的内部结构与其功能性特点，形态研究与历史研究在历史民俗学中相得益彰。如传统婚俗模式中贯穿始终的是男女双方家庭间的礼物流动，无论礼物的形态如何变化（鹿皮、绢帛、金钱等），其财物补偿与婚姻保障的的基本功能没有改变，男娶女嫁的婚俗基本程序照旧。

（3）重视对历史社会生活文化事象时代特征的阐释。在一般的民俗研究中，人们关注民俗社会自身的存在，对外在的上层影响不大关心。而历史民俗学关注民俗的时代性，因此政治权力对民俗的影响应该纳入历史民俗学关注范围。正如福田亚细男所说：时代变迁与民俗变迁在总体上有一定的关联性。以往民俗学研究中排除政治权力、政治统治、政治斗争，现在应该考虑将政治问题组合进历史民俗研究中，"历史民俗学带有将政治统治也纳入视野之民俗学的新特质"。[①] 这是历史民俗学的学科特性。在中国历史民俗学研究领域尤其应该重视政治统治对民俗社会的影响，传统中国上层统治者注重社会伦理教化、统治者的思想与价值观常常通过各种方式渗入基层社会之中，王朝的更替与好尚风气的转移，往往影响到一般民众，因此民俗也常常或多或少地显现出时代的印记。历史民俗学的任务就是要研究历史民俗的时代特性，辨明民俗传统传承变化的轨迹。同时，我们应重视对传统社会中主流阶层民俗观的研究，总结他们对待民俗文化的态度与认识，以明了民俗文化在历史社会的处境与整体文化中的位置。

以上三点是中国历史民俗学区别于一般民俗学的学科特征。

**（二）中国历史民俗学研究方法**

历史民俗学通过对历史上留存下来的文字与有形资料以及一定的口承传统资料中所记录或反映的民俗事象与民俗见解的研究，揭示民俗史与民俗学史发展演进过程，以及民俗文献志的基本情况。历史民俗学研究方法为：从历史文献入手的研究（文献学）方法（以历史时期的民众生活文献与特定民俗记录为基本依据的还原性研究）、文本阐释方法（对历史民俗与民俗观念的文化学的诠释）与田野调查方法，辅之以其他一般方法，如归纳法、统计法等。

由于历史民俗学包含的民俗史、民俗学史与文献民俗志各部分有具体的学术个性，因此在运用具体研究方法时也会有适当的选择。根据民俗史研究的对象，钟敬文提出了民俗史研究与现代民俗研究的不同方法，他

---

[①] 福田亚细男《历史民俗学的方法》，周星译自《日本民俗研究大系》第一卷《方法论》，译文出处同前。

说：民俗史侧重从文献中搜集资料，因此要对资料进行辨伪、考订，再用唯物史观对所描述出来的事实进行分析综合，民俗史的编著主要采用历史考索和叙述的方法。钟敬文没有特地指明研究民俗学史的方法，不过从他的思想精神看，大概与研究民俗史方法类似，首先是文献资料的搜集、整理，其次是从一般民俗理论原理出发，对历史上的个人与著述进行理论的分析与阐述。[①] 文献民俗志的研究方法，主要是对民俗文献文本分析，并在可能的条件下，复原民俗文献使用的社会语境，在民俗生活中看待传统民俗志的社会功能与文化价值。

在历史民俗学研究中最基本也是最主要的方法是重视对历史社会民俗经典的阅读与分析（包括民俗史、民俗学史与民俗文献志）。通过对民俗经典的精读，我们不仅可以总结当时文人学者记述民俗的方式与对民俗的态度，研究它在传统社会民俗文化传承过程中的历史地位与社会文化价值，同时也可以看到民俗经典在中国传统社会不断地传承并成为民俗生活持续发展的文献依据与精神保证。如中国最早的系统岁时记录《荆楚岁时记》自其成书之后，不断地被各种讲述岁时民俗的著作引用，被人们用来讲述今天节日的历史依据，直到晚清时期，湖北安陆县志仍然对比着《荆楚岁时记》写安陆岁时民俗。[②] 后人还续写了《荆楚岁时新记》、[③]《新荆楚岁时记》[④] 等。这种连续性的文献记述本身就是一种精神文化的传承，而且它还有修复与接续生活传统的重要作用，中国民俗的传承除了非文字的口口相传外，超越个体、时代的文献同样为民俗知识传递与精神文化的再造提供重要载体。

从历史民俗学的研究对象、范围与研究方法看，它在科学研究中具有独特的学术功能：第一，重视从历史社会整体的角度把握民俗文化事象，它有利于打通上下层文化研究的分离，活化民俗文化之间互动与联系。一般民俗学研究偏重于社会下层，它通过现实的田野工作，对普通人的生活方式进行调查研究。历史民俗学因为研究对象的时间的间隔与资料范围的

---

[①] 《关于民俗学结构体系的设想》1990年整理成文，见《钟敬文文集·民俗学卷》，安徽教育出版社2002年版，第33-47页。

[②] 参考萧放《〈荆楚岁时记〉研究——兼论传统中国民众生活中的时间观》，附录一。北京师范大学出版社2000年版，第242页。

[③] 《艺风》第2卷第20期，1934年12月。

[④] 韩致中：《新荆楚岁时记》，上海文艺出版社2003年版。

限制，更重要的是传统社会政治文化传统对基层社会的影响，社会不同层位间的文化关联程度较强，因此历史民俗学在研究过程中，重视整体生活文化传统的综合研究，加深人们对历史社会民众生活文化的传承与变异的理解，为我们整体把握历史社会的进程与节奏提供了观测的方向与理解的基础。第二，扩大了历史学与民俗学的资料范围，实现了文字文化与无文字文化的联通。历史民俗学将传统历史研究忽略的反映民众心态与行为的非官方的口头与有形文化资料纳入研究范围，同时也使从前单一的无文字阶层的民俗研究在一定程度上扩大到利用文字资料。从中国传统社会的实际情况看，文字传统有着强大的影响与效力，民间社会也在部分运用文字文化为自己的民俗生活服务，如家谱、契约、碑刻等。因此对中国历史民俗的研究可以实现文字与无文字资料的联通作业，这无疑是对中国传统文化研究的重要展拓。

中国历史民俗学突破一般历史学对上层文化研究偏重，也突破了一般民俗学忽视社会上层文化影响局限，同时重视民俗事象内在关联的考察。历史民俗学是一门学术作用明显的新型学科，值得我们去建设与发展。

历史民俗学对于中国民俗学发展来说，不仅是一个学术结构问题，还是一个具有现实的价值与意义的课题，钟敬文先生曾在博士生导航课《中国民俗史与民俗学史》中说："一个中国民俗学者更要熟知中国的民俗史，熟知历史上前人的著作。中国民俗史著作中的思想观念与西方理论相比，会有许多不同的地方，总的说来，在对中国民俗的记录和感受上，中国人毕竟有自己的独到之处。""民俗学是人文科学，人文科学的人文现象是有自己的出生地的，绝不是风中的蒲公英，没有根须。现代社会强调高科技，但也不能忽视民族的人文文化。……大家要明白，历史不仅仅是一种知识，还是一种教养、一种义务、一种道德，我们应该对学习历史有自觉的要求。"[①] 在当代中国，历史民俗学除了学术意义外，还承担着认知民族文明，沟通古今，关注日常生活，整合社会的现实功用。[②]

以上是我对历史民俗学学习的思考，作为本系列丛书的代序。

---

① 钟敬文主编六卷本《中国民俗史》总序，人民出版社2008年版，第4页。
② 参考高丙中《民俗史的价值和意义》，原刊《八年铸一剑，群贤话春秋》，《民俗研究》2009年第1期。

为了更好地推进中国历史民俗学这门特色学科，我协助钟先生完成了六卷本《中国民俗史》的主编工作（2008年出版）。并从2001年接过钟敬文老师这门课程以来，在此领域持续工作了十几年，为每一届硕士博士同学开设历史民俗学课程，指导撰写了几十篇历史民俗学的硕博士毕业论文与博士后出站报告。论文主题大多是依靠古代、近代的历史文献，结合特定问题角度，解读历史文献中的民俗记录方法、民俗观念以及历史社会的民俗事象，已经完成的主要博士论文有吴丽平博士的《清代北京房契与北京城市生活——历史民俗学视角下的考察》、刘同彪博士的《南宋元明日用知识读物生产与传播——以福建建阳坊刻日用类书为例》、郑艳博士的《京津竹枝词的民俗学研究》、邵凤丽博士的《朱子〈家礼〉与宋明以来家祭礼仪实践》、何斯琴博士的《婚礼书写与生活传承——以宋明婚礼文献为主的历史民俗学研究》、高忠严博士的《信仰空间的文本表述——以〈晋祠志〉为中心的研究》、双金博士的《民俗学视野下的〈蒙古秘史〉研究》、龙晓添博士的《丧礼知识传统及其当代民俗实践——以湖南湘乡为例》、董德英的《〈岁时杂记〉的文献整理与宋代岁时节日研究》；博士后有青岛大学李传军的《汉唐风土记研究》、北京联合大学张勃的《明代岁时民俗文献研究》等。这些研究成果都得到同行专家学者的鉴定评价。本社出版的历史民俗学丛书即以此为基础，我们将以此为平台陆续推出历史民俗学的专门研究著作。

感谢中国社会科学出版社的主管领导对历史民俗学学术的支持，感谢吴丽平博士的积极组织推动与辛勤的编辑工作。希望我们历史民俗学学术丛书在推进民俗学理论研究本土化方面作出自己的贡献。由于，历史民俗学学科尚处在探索发展阶段，真诚欢迎各位朋友予以批评指正。

# 目　录

**绪论** …………………………………………………………（1）
 一　风土与民俗 ……………………………………………（1）
 二　文献民俗志价值 ………………………………………（5）
 三　国内外研究状况 ………………………………………（11）
 四　研究方法和思路 ………………………………………（17）

**第一章　中国古代风土观述论** ………………………………（19）
 一　四时八风:风与中国古代民众生活的时间节奏 ……（22）
 二　土地神祇:中国古代的社稷崇拜 ……………………（30）
 三　风土与民心:古代民众心理的地理因素 ……………（39）
 四　风土与区域民俗文化 …………………………………（43）

**第二章　周处《风土记》研究** ………………………………（49）
 一　写作背景 ………………………………………………（49）
 二　学术界关于周处的《风土记》辑佚工作 ……………（59）
 三　周处《风土记》的地域特色 …………………………（63）
 四　周处《风土记》体例考 ………………………………（96）

**第三章　汉唐风土记中的域外风土映像**
    ——兼论中国古代华夷文化观在汉唐时期的转变 ……（119）
 一　汉唐西域风土记概说 …………………………………（120）
 二　先秦时期华夷之辨实质是风俗文化之辨 ……………（126）
 三　汉唐民众对西域风土的整体印象和文化认知 ………（130）

## 第四章 汉唐风土记与中国古代的空间观念 …………（144）
　　一　中国古代空间观念溯源 ……………………………（147）
　　二　先秦两汉诸子的空间观 ……………………………（151）
　　三　汉唐风土记社会空间观念的丰富内涵 ……………（157）

**附录一　周处《风土记》辑佚** ……………………………（192）

**附录二　《晋书》卷 58《周处传》** ………………………（210）

**附录三　《义兴周将军庙记》** ……………………………（212）

**附录四　周处《风土记》序跋十种辑存** …………………（214）

**附录五　隋唐正史经籍志著录风土记目录异同表** ………（221）

**参考文献** …………………………………………………（232）

**后记** ………………………………………………………（237）

# 绪 论

## 一 风土与民俗

中国民俗学发展史悠久而富有优良传统，民俗学家钟敬文先生曾言："中国是一个文明古国，也是一个民俗大国。很早就有了采风问俗的政教传统，同时，有关民俗的记载和整理工作在古代也有着显著的体现……从《诗经·国风》、诸子百家之言，到两汉史书都有民俗的见解与民俗的记述，此后2000年间，无论是理论的民俗学，还是记录的民俗学，在学术上都有很多的积累。这种历代传衍的民俗记录和民俗解释方式，本身就构成了一个特定的学术传统。"[①] 在此基础上，董晓萍进一步把我国的历史民俗典籍称为"文献民俗志"，她说："文献民俗志，即一般所说的民俗志。在我国文化史上，它拥有自己的'史名'，被称为'风土志'、'土风录'、'岁时记'和'俗言解'等，形成了相对固定的文体，积累了可资夸耀的书籍财富。它的特点，是使用文字媒介记录、保存和流传，呈现为书面文献形态。它描述和评价民俗事项，传达出文人记录者的见识、心态、情感和理想寄托，使了解民俗成为一种广见闻、正人心、美风俗的学问。"[②] 也许可以这样说，今天民俗学界正在展开和已经积累的丰富的田野民俗志是了解当代民俗现象的资料基础，相对而言，文献民俗志就是了解中国古代民俗文化的一把钥匙。因此，如何了解、认识、研究和阐释中国古代文献民俗志，关乎中国民俗学传统的传承和创新的历史使命问题，

---

① 钟敬文：《荆楚岁时记研究·序》，载萧放《荆楚岁时记研究》，北京师范大学出版社2002年版。

② 董晓萍：《田野民俗志》，北京师范大学出版社2003年版，第9页。

应该成为中国民俗学界,特别是中国历史民俗学界的一项重要课题。

诚如上述学者所言,中国的文献民俗志除了《诗经》、正史和诸子百家的记载外,还体现在大量的被冠以"风土志""土风录"和"岁时记"等名称的历史文献中。这种文献,在中国传统的古籍文献中,有一个专名,即风土记。因此,从风土记入手来研究中国古代历史民俗学的发生和发展,便具有了特殊重要的价值和意义。

风土记是流行于我国古代的专门记载古代地理和风俗的历史文献,在中国历史文献发展史上,尤以汉唐时期为盛。汉唐时期曾经涌现出许多著名的风土记著作,如周处的《风土记》、盛弘之的《荆州记》、杨衒之的《洛阳伽蓝记》、莫休符的《桂林风土记》等,其数量不下百余种,虽然这些著作在今天大多已经散佚,我们很难再窥其全貌,但汉唐时期是我国风土记发展过程中的鼎盛时期则是完全可以断言的。

就笔者现在所能够直接看到的风土记资料而言,汉唐时期的风土记既不同于古代以记载人物传记、政治事件为主的正史,也不同于专记地理沿革和州郡设置的方志笔乘,具有鲜明的文献特点。和流传至今的一般古代地方志不同,中国古代风土记并不是单纯的地理书,它们还包含着历史、物产、传说、神话、歌谣等资料。可以说,在一定的地理空间叙述中,特别注重人的活动和人类文化的影响,是我国古代风土记最为显著的特点。因此它们可以成为研究我国古代社会文化,特别是中国古代人们的地理风俗和空间观念的珍贵历史文本。

日本学者和辻哲郎在其名作《风土》一书中,曾经对风土的概念加以界定,他说:"我们所说的风土是对某一地方的气候、气象、地质、地力、地形、景观的总称。过去亦称之为水土。"① 这种观念,乍看是将风土看作纯自然的地理环境,其实不然。和辻哲郎特别说明,风土现象是"人类自我发现的一种方式",它影响着人类的生存形式,也受人类文化活动的影响,人类创造出来的一切生产工具和文明成果,无不和气候的寒冷、暑热、潮湿等有关,也就是说:"我们是在风土中发现我们自身,在自我了解中完成自己的自由形成。"② 所以,和辻哲郎概括说"既没有脱

---

① [日]和辻哲郎:《风土》,陈力卫译,商务印书馆2006年版,第4页。
② 同上书,第8页。

离历史的风土,也没有脱离风土的历史"①。这种见解,突出强调自然与人文的关系,将人类的发展看作与风土密切相关的进程,持论相当深刻。

不过,考察一下历史文献即可得知,中国古代的学者,早已经认识到风土中的人文因素,《隋书·经籍志》就曾经指出过"风"与"土"的密切关系:"昔者先王之化民也,以五方土地,风气所生,刚柔轻重,饮食衣服,各有其性,不可迁变。是故疆理天下,物其土宜,知其利害,达其志而通其欲,齐其政而修其教。故曰广谷大川异制,人居其间异俗。"②实际上,汉唐风土记的特点主要就是体现在"土"和"风"两个方面。土是土地,《说文》曰:"土,地之吐生万物者也。"③在我国古代,土指方域山川、气候物产,是富有生机、孕育万物的自然环境,也是人类活动的历史舞台。风是风俗,是包含历史人物、歌谣传说和信仰习俗在内的人类文化产物。汉代学者应劭在《风俗通义·序》里特别注意到中国古代"风俗"这一概念里所包含的自然环境和文化信仰的二元统一,他说:"风者,天气有寒暖,地形有险易,水泉有美恶,草木有刚柔也。俗者,含血之类,像之而生,故言语歌讴异声,鼓舞动作殊形,或直或邪,或善或谣也。"④可见,古人在谈到"风俗"这个词时,其含义远比现代宽泛和深刻:它不仅包括"特定区域、特定人群沿革下来的风气、礼节、习惯等的总和"⑤这种着眼于过去历史影响所塑造的社会风气和习惯的含义,还包含着现实社会和政治影响形成人们的"社会心理和感受",所以其含义应该是"社会风气和心理"(social custom and human feelings)。假如我们要从传统的词汇中找个名词来恰当地表达这种含义的话,那么古人所说的"风俗"其实就相当于我们所熟悉的"风俗民情"。这样,在中国古代的记载传统和学术话语里,风土就是地理和风俗的有机统一,是自然环境与风物人文的高度融合。明乎于此,才能够理解、认识和阐释中国汉

---

① [日]和辻哲郎:《风土》,陈力卫译,商务印书馆2006年版,第9—10页。
② (唐)房玄龄等:《隋书》卷33《经籍志·史部·地理》,第987页。
③ (汉)许慎撰,(清)段玉裁注:《说文解字注·土部》,上海古籍出版社1988年第2版,第682页。
④ (汉)应劭:《风俗通义》,《汉魏丛书》,吉林大学出版社1992年影印明万历新安程氏刊本,第637页。
⑤ 《辞海》对风俗的解释是"历代相沿积久而成的风尚习俗"(上海辞书出版社1999年版,第461页),《辞源》的解释为"一地方长期形成的风尚、习惯"(商务印书馆1988年版,第1854页)。但是,都不如引文中《高级汉语大词典》解释得准确。

唐风土记的民俗观念和丰富内涵。

　　需要说明的是，汉唐时期的风土志和中国古代传统的方志既有区别，又有联系。应该说，风土记属于方志的一种，只不过它处于我国古代地理志发展的初期阶段，因而在体例、内容及侧重点方面都与后世的地方志存在一定差别。比如，汉唐风土记所强调和重点描述的是人文地理的内容，是人类的习俗及与人类活动密切相关的崇山峻岭、江河湖海和气候物候等，而与侧重介绍地理山川、州郡沿革、政区结构的一般方志不同。汉唐方志专家也曾经隐约地感觉到汉唐风土记和后世一般地方志在内容上微妙的异同之处。唐人李吉甫对唐以前的"地理书"曾经有过这样的评价："古今言地理者凡数十家。尚古远者或搜古而略今，采谣俗者多传疑而失实，饰州邦而叙人物，因邱墓而征鬼神，流于异端，莫切根要。至于邱壤山川、攻守利害，本于地理者，皆略而不书。"[①] 认为唐以前的地理书，采歌谣、叙人物、谈鬼神，偏离重点，不得要领。《四库全书总目提要》地理类提要也说："古之地志，载方域、山川、风俗、物产而已，其书今不可见。然《禹贡》《周礼·职方氏》，其大较矣。《元和郡县志》颇涉古迹，盖用《山海经》例。《太平寰宇记》增以人物，又偶及艺文，于是为州县志书之滥觞。元明以后，体例相沿。列传侔乎家牒，艺文溢于总集。末大于本，而舆图反若附录。其间假借夸饰，以侈风土者，抑又甚焉。"[②] 这种特点，与按照"首宫殿疏，次总志，次都会郡县，次河防，次边防，次山川，次古迹，次杂记，次游记，次外纪"的以自然地理为中心的整齐一致编排方法和撰写体例编纂而成的地方志在内容侧重和主题构成方面的确有所不同。可见，汉唐时期的风土记和地方志，的确在内容、体例方面存在着明显差异，各自具有不同的特点和编纂方法。笔者认为，这正是汉唐风土记之唐宋时期地志的差别所在，也正是其学术价值和

---

[①] （唐）李吉甫：《元和郡县志·序》，上海古籍出版社影印《文渊阁四库全书》第468册，第134页。

[②] （清）永瑢等：《四库全书总目提要》卷68《史部·地理类》，中华书局1965年版，第594页。按余嘉锡《四库提要辨证》卷7《史部·地理类·太平寰宇记》对地志纪人物始于《太平寰宇记》的说法提出了驳正，认为在《元和郡县志》之前的古地志"凡序山川州郡，莫不备纪先贤，侈陈神怪，其铺陈之广泛，较之寰宇记有过之无不及"（余嘉锡《四库提要辨证》，中华书局2007年版，第393页）。这里，姑且不论中国古代地志记载人物、古迹究竟是否始于《太平寰宇记》，或者唐宋时期的地理志如《元和郡县图志》及《方舆胜览》是否不记人物。但是，余先生指出的汉唐古地志备纪先贤、侈陈神怪、铺陈广泛的特点，却正是汉唐风土记的主要特色。

研究意义之所在。不过，应该说明的是，随着中国古代修志观念和体例的日趋成熟，唐宋及后世的地理志，渐渐走上体例兼综的道路，成为一种兼具风土记和地理志特点和内容的新综合体地理书。

## 二 文献民俗志价值

汉唐风土记的学术价值很高，笔者主要拟从以下几个方面加以重点论述和研究，这也是本文的主要研究内容和创新之处。

首先，汉唐风土记体现了中国古人天人合一的人地关系观念。

冯友兰先生曾经说过，在中国哲学中，"天"至少包含五种意义，即物质之天、主宰之天或意志之天、命运之天、自然之天、义理之天或道德之天。① 本文所讲的天，乃自然之天，即自然环境。在中国古代阐释人与自然之天人关系的理论中，老子的思想可为其代表。老子说："域中有四大"，即"道大，天大，地大，人亦大"，将天、地、人置于同等重要的地位，而所谓"道"说到底也就是人法自然而已："人法地，地法天，天法道，道法自然。"② 这里，老子讲的"天"，就是指自然之天。先秦儒家对天人关系也有精辟的论述，《周易·乾卦》里的"天行健，君子当自强不息"，《坤卦》里的"地势坤，君子当厚德载物"，就是将天与地合为一体，作为整个自然界的象征，而《周易·系辞传》里的"与天地合其德，与日月合其明，与四时合其序"的阐述，更可以看作先秦儒家天人合一的人地关系思想的集中体现。这种强调人地合一的思想，在汉唐风土记的记载中可谓俯拾皆是。兹举数证，以明其例。《豫章记》在介绍豫章郡北的龙沙山时，说："龙沙在郡北带江，沙甚洁白，高峻而陂，有龙形。"这是纯粹对自然环境的描写和介绍，可是词锋一转，作者又说："俗为九日登高处"，"九月九日所游宴处，其俗皆然也"。③《襄阳记》对望楚山的介绍也是如此："望楚山有三名，一名马鞍山，一名灾山。宋元嘉中，武陵王骏为刺史，屡登之。鄙其旧名，望郢山因改为望楚山。后遂龙飞。是孝武所望之处，时人号为凤岭。高处有三磴，即刘弘、山简九日宴赏之

---

① 冯友兰：《中国哲学史新编》（中卷），人民出版社1998年版，第700页。
② 朱谦之：《老子校释》第25章，中华书局1984年版，第102—103页。
③ （宋）李昉：《太平御览》卷32《时序部·九月九日》，中华书局1960年版，第153页。

所也。"①《辛氏三秦记》对太乙山的介绍则是:"太一在骊山西,去长安二百里,山之秀者也。中有石室,常有一道士,不食五谷,自言太乙之精,斋洁乃得见之,其状似仙人。山一名地肺,可避洪水。俗云上有神人乘船行,追之不可及。"② 山因人而名,人因山而行,名人、名山,再辅以九月九日的登高习俗和神仙得道的美丽传说,形成了山中有人,人与山相伴共生的和谐画卷。在汉唐风土记中,对地方山川、湖海陂池,乃至风物特产的介绍,几乎无不如此。

其次,汉唐风土记展现了中国古代下层民众的思想与生活,从多个层面体现了中国中古时期的历史民俗。

董晓萍注意到了我国古代的文献民俗志虽然在撰述出发点和记述视角上与现代田野民俗志不同,但认为古代文献民俗志与现代田野民俗志"在描述分类上,却往往有相同之处"③。这是很精到的见解。我国汉唐时期的风土记内容十分丰富,但总体上却可以与现代田野民俗志中的民俗环境志、民俗事象志、民俗人物志三种形式一一对应。比如《荆楚岁时记》和《辇下岁时记》等作品,就是对南朝荆楚地区和唐代长安辖境内的岁时节日民俗的记录,《益都耆旧传》《襄阳耆旧传》等就是记载汉魏时期成都和襄阳两地杰出人物的专书,《临海异物志》《凉州异物志》《南州异物志》等则分别是对中国临海地区、西北凉州和南方地区的土物特产的记载。只不过,汉唐风土记的民俗记叙大多是采取综合记述的撰作体裁,囊括多种内容于一书,可以看作综合的历史民俗志。周处的《风土记》、盛弘之的《荆州记》、莫休符的《桂林风土记》,乃至《吴地记》《南越志》《三秦记》《岭表录异》等莫不如此。这些著作中丰富的民俗记载,从多个侧面、多个层次展现了汉唐时期丰富多元的民众思想和生活状态。下面可以举例说明。

周处《风土记》有一条记载说:"七月初七日,其夜洒扫于庭,露施几筵,设酒脯时果,散香粉于筵上,以祈河鼓(《尔雅》曰:河鼓谓之牵牛)、织女。言此二星辰当会,守夜者咸怀私愿,咸云,见天汉中有奕奕白气,有光耀五色,以此为征应。见者便拜,而愿乞富乞寿,无子乞子,

---

① 《太平御览》卷32《时序部·九月九日》,第153页。
② 《太平御览》卷38《地部·终南山》,第184页。
③ 董晓萍:《田野民俗志》,北京师范大学出版社2003年版,第438页。

惟得乞一，不得兼求，三年乃得言之，颇有受其祚者。"① 七月七日是中国汉唐时期的一个重要民俗节日，周处所处的东晋时期，尚属于这个节日的发展时期。这个节日的祈福许愿活动、陈设的供品、祈福的内容和保守祈愿的神秘性，均体现了汉晋之际民众的生产、生活状况和精神信仰状态。再如唐莫休符《桂林风土记》记载说："漓山，在城南二里，漓水之阳，因以名焉，一名沈水山。其山孤拔，下有澄潭，上高三百余尺，傍有洞穴，其穴广数丈，南北直透，上有怪石欹危，藤萝萦茂。世乱民保以避寇，旱或祷祀颇灵。"② 漓山是桂林一座风光秀丽的名山，这条记载除叙述漓山名字的来源和山上的洞穴以外，特别记载了战乱时代民众赖此以避寇自保的史实，以及因祈雨而形成的对这个山洞的崇拜。这样，漓山就不再仅仅是自然风景，而是反映了桂林民众特殊时局和气候条件下的生存和信仰状况。另外，疾疫也是汉唐风土记中的一个常见的记载事象，如《郡国志》记载说："郴州马岭山，本名牛脾山，山上有仙人苏耽坛，即郴人也。为儿童时，与众童牧更直守牛，每耽守牛，牛不敢散。尝与众人猎，即乘鹿，人笑之，曰：'龙也。'去郡百二十里，母临食晚，往买酢，须臾即还。一旦有众宾来，耽启母曰：'受性当仙，仙人合召耽去，今年疾疫甚，饮家中井水即无恙。又种药于园梅树下，可治百病，卖此水及药，过于供养。'便去。母遽视之，众宾皆白鹤也。以耽常乘白马，故号马岭山。"③ 又《豫章图经》记载说："蜀水在丰城县北，按《汉书·地理志》曰：'蜀水源出县内小界山东，东流入南昌县漳水合。'耆老传云：仙人许逊为蜀旌阳县令，有奇术，晋末人皆疫疠，多往蜀诣逊请救，逊与一器水投于上流，疾者饮之，无不愈也。邑人敬其神异，故以蜀水为名。"④ 我们知道，魏晋时期，即2—4世纪，我国南北各方流行着严重的疫病。魏文帝《与吴质书》中说过："昔年疾疫，亲故多罹其灾，徐、陈、应、刘，一时俱逝。"⑤ 曹植的《说疫气》更云："建安二十二年，厉气流行，家家有僵尸之痛，室室有号泣之哀。"⑥ 上引《郡国志》和

---

① 《太平御览》卷31《时序部·七月七日》，第149页。
② 《太平御览》卷49《地部·西楚南越诸山·漓山》，第242页。
③ 《太平御览》卷49《地部·西楚南越诸山·马岭山》，第241页。
④ 《太平御览》卷65《地部·陇蜀诸水·雷水》，第309页。
⑤ （晋）陈寿：《三国志》卷21《魏书·王粲传》，中华书局1959年版，第602页。
⑥ 《太平御览》卷742《疾病·疾疫》，第3294页。

《豫章图经》中饮水治疫的记载,就表现了人们对疾疫的恐惧和希望以最为日常和普通的饮食来预防和治疗疾疫的梦想和希望。

再次,汉唐风土记集中体现了中国古代民众生活中的空间观念,体现了中国古人对生存环境的认识、感知和探索过程。

空间和时间是人类存在的基本维度,是与人们日常生活、神圣信仰密切相关,且须臾不可分离的现实环境基础。关于中国古人的时间观念,主要体现在中国历史和神话传说中的叙事传统中,在汉唐时期的岁时节日中也有深刻的体现,学者萧放的《荆楚岁时记研究》对此有深刻的论述,兹不赘述。空间作为人类生存和发展的舞台,更与人们的生活和历史密切相关,因而在长期的生活实践中,人类也形成了一定的空间观念。人类的空间观念,一方面体现于人类对人地关系的认识,另一方面则体现于人们的位置知觉,即对空间的感觉和认知。日本学者和辻哲郎指出:"时间·空间的相即不离是历史和风土密切相连的根本支柱。没有主体的人的空间,一切社会结构便不可能成立;没有社会存在,时间也构不成历史。"[①]因此,作为一种社会存在的人,总是生活在一定的空间之中,这种空间,就其社会和文化内涵而言,就表现为风土。

中国古人的空间观念,在汉唐风土记中有很集中的体现。初步来看,我们可以从汉唐风土记中了解到汉唐民众以下几种空间观念的情况:(1)对域内空间和域外空间的划分。前者表现为《郡国志》和《舆地图记》等作品对国内区域文化和空间的划分,后者表现为《扶南异物志》《高僧法显西行记》等对域外文化和空间的描述。(2)对自然空间和社会空间的认识。前者表现为《永初山川记》《水经注》等对自然江河湖海、名山胜迹的记载,后者表现为《西京杂记》《三辅旧事》等对社会万象的叙述。(3)对世俗空间与神圣空间的区别。前者表现为《岭表录异》《巡抚扬州记》等对某些区域社会民俗、异闻的记载,后者表现为《圣贤冢墓记》《洛阳伽蓝记》等对丧葬、宗教信仰场所的叙述。(4)对政治空间与宗教空间的界定等。前者表现为《汉宫阁簿》《洛阳宫殿簿》等对政治中心区域宫阁楼台的记载,后者表现为《寺塔记》《庙记》等宗教寺庙、塔院的记录。另外,汉唐时期一些僧俗士人的游记,还表现出了古代民众对未知空间的探索精神,如《游行外国传》《佛国记》《奉使高丽记》等

---

① [日]和辻哲郎:《风土》,陈力为译,商务印书馆2006年版,第11页。

对出使和游行外国历程见闻的记载。

　　限于文章的篇幅，我们这里只举一对例证对以上的概括略加申说。社和井，是中国古代民众最经常接触的空间事象，从某种意义上说它们就可以分别代表民众生活中的神圣空间和日常空间。社是中国古代以一个里坊为单位的社区公共祭祀场所。《荆楚岁时记》曰："秋分以牲祠社，其供帐盛于仲春之月。社之余胙，悉贡馈乡里，周于族。社余之会，其在兹乎？此其会也。掷教于社神，以占来岁丰俭，或拆竹以卜。"① 它同时还是官府或农村祈雨的场所。如高闾《燕志》记载："太平十五年，自春不雨，至于五月。有司奏右部王荀妻产妖，傍人莫觉，俄而失之，乃暴荀妻于社，大雨普洽。"② 社有社树，是社的神圣象征物。比如《荆州记》记载："叶县东百步有县故城，西南四里名伍佰村，有白榆连李树，异株合条，高四丈余。士民奉以为社。"③ 井是一个社区日常生活饮水的来源，也可以看作社区民众日常生活的象征。汉唐风土记里对井的记载大多充满了生活气息。如《荆州记》记载说："菊花源傍悉生芳菊，被径浸潭，流其滋液，水极芳馨。谷中有三十余家，不穿井，仰饮此水，上寿二三百，中寿百余，其七八十者，犹不为寿。"④ 又《辛氏三秦记》云："长安城北有平原，数百里无山川湖水，民井汲巢居，井深五十丈。"⑤ 这说明，水井是民众生活日常不可缺少的必需品，它和民居是一对伴生物。有时候，民众居住区的名号即因水井而得，如《两京记》载："醴泉坊，本名承明坊。开皇初，缮筑此坊，忽闻金石之声，因掘，得甘泉浪井七所，饮者疾愈，因以名坊。"⑥ 总之，社和井，作为汉唐民众生活中两个常用的公共空间，因其社会功能的差异，突出地表现为神圣性和日常性的差别，而汉唐风土记从多个角度记载并呈现出这种分别。

　　复次，汉唐风土记中的外国游记和风土传，还体现了汉唐时期中国民众与世界交往交流的历史，也体现了中国文化对外部世界异域文化的认知与冲击。

---

① 《太平御览》卷726《方术部·竹卜》，第3219页。
② 《太平御览》卷11《天部·雨·祈雨》，第55页。
③ 《太平御览》卷532《礼仪部·社稷·社》，第2416页。
④ 《太平御览》卷63《地部·河南诸水·菊花源》，第299页。
⑤ 《太平御览》卷57《地部·原》，第276页。
⑥ 《太平御览》卷189《居处部·井》，第918页。

中国与世界的交往历史悠久，源远流长。汉唐时期由于国力的发展，政治交往、经济贸易、军事斗争和文化交流的需要，与世界的交往与交流更为频繁和密切。汉唐风土记中有大量中国人与世界交往的历史文献。除上引《佛国记》《高僧法显西行记》以外，《隋书·经籍志》和新旧《唐书·艺文志》中还著录了以下几种外国游记：《张骞出关志》《中天竺国行记》《赤土国记》《历国传》《外国传》《慧生行记》《魏聘使行记》《聘北道里记》《西域国志》①《大唐西域记》等。另外，《洛阳伽蓝记》卷 5 所载《宋云行记》也是一篇记载中国僧人游行西域和天竺的杰作。其他以某某国记或某国风俗记为名的著作也有不少，如《诸蕃国记》《诸蕃风俗记》《渤海国记》《新罗国记》《高丽风俗》《林邑国记》《世界记》等，也是汉唐时期所积累的世界各国知识的体现。其中，不少著作都体现了汉唐旅行家们跋山涉水，远行异域的艰难和他们百折不挠的探索精神。有的著作中还记载了中西初识过程中的认知隔膜和文化冲击与接受过程，具有特殊的文献意义。比如《洛阳伽蓝记》里所载《宋云行记》里，就有如此描述："汉盘陀国正在山顶。自葱岭已西，水皆西流。世人云是天地之中。人民决水以种，闻中国田待雨而种，笑曰：'天何由可共期也？'"又记载宋云在乌场国的遭遇："国王见宋云，云大魏使来，膜拜受诏书。闻太后崇奉佛法，即面东合掌，遥心顶礼。遣解魏语人问宋云曰：'卿是日出人也？'宋云答曰：'我国东界有大海水，日出其中，实如来旨。'王又问曰：'彼国出圣人否？'宋云具说周、孔、庄、老之德，次序蓬莱山上银阙金堂，神仙圣人并其上；说管辂善卜，华佗治病，左慈方术，如此之事，分别说之。王曰：'若如卿言，即是佛国。我当命终，愿生彼国。'"②后面又记载了乾陀罗国国王以倨傲之礼接受宋云所送北魏国书的曲折经历，都体现了当时域外诸国对中国政治和文化的接受是一个渐进而曲折的过程。

最后，汉唐风土记作为特殊的地理文献，也是中国传统文献发展过程中出现的一种新形式，在体裁、类别方面丰富了中国古典文献的内容。

---

① （宋）欧阳修、宋祁：《新唐书》卷 58《艺文志·乙部·史录·地理类》："高宗遣使分往康国、吐火罗，访其风俗物产，画图以闻。诏史官撰次，许敬宗领之，显庆三年上。"中华书局 1975 年版，第 1506 页。

② （北魏）杨衒之著，范祥雍校注：《洛阳伽蓝记校注》卷 5《城北》，上海古籍出版社 1978 年版，第 298 页。

《汉书·艺文志》除著录《山海经》一书外，没有著录任何一种可与魏晋南北朝及隋唐时期风土记相类似的著作，不过《史记·货殖列传》和《汉书·地理志》则可以看作汉唐风土记的滥觞。我国传统文献的四部分类法中，也并没有风土记这一类别。考察一下《隋书·经籍志》和《四库全书总目》的分类可知，我国汉唐时期的风土记是被作为经、史、子、集四部之一的史部的分支类别的。稍微不同的是汉唐风土记在《隋书·经籍志》中是直接作为史部分支的地理类而与《元和郡县图志》等方志被一起著录的，在《四库全书总目》中，风土记这一文献类别则被分为两类，即时令类和地理类。其中，在地理类中，风土记又分别隶属于外纪之属（如《大唐西域记》等）、杂记之属（如《荆楚岁时记》《岭表录异》《桂林风土记》等）、古迹之属（如《洛阳伽蓝记》等）、异闻之属（如《山海经》等），不一而足。由此亦可见，虽然风土记作为一种独特的文献类型在中国古典文献中被广泛记载和著录，但关于风土记的文献类别和学术属性却并没有一个统一的标准。这恰恰说明，我国汉唐时期的风土记，是中国传统文献发展过程中涌现出的一种新类别。这种文献在汉唐，特别是在魏晋南北朝和隋唐时期的大量出现，使得中国传统文献里，有了专记江河湖海、名山大川、岁时节令、区域民俗的著作门类，大大丰富了中国古典文献的种类和内容，成为保存中国中古时期生存环境、区域民俗、民众思想和生活状态的珍贵历史文献。

## 三　国内外研究状况

中国古代学者，没有学术意义上的风土记观念，他们通常把汉唐时期的风土记以传统的"地理书"称之。汉唐时期的地理书种类繁多，但大多篇帙简短，传播不易。根据《隋书·经籍志》的记载，南朝齐人陆澄曾经把《山海经》以下的160家地理著作，按照地区的顺序编成一部《地理书》，共149卷。梁人任昉在此基础上又增加84家，勒成《地记》252卷。但从前引李吉甫的《元和郡县志》序言来看，这两部集大成的著作，包括汉唐分散的风土记著作，在唐朝时就所存无几，唐以后就更是全部散佚无闻了。后世的学者只能从《太平御览》《太平广记》等唐宋时期的类书征引中窥得汉唐风土记的零简散篇、一鳞半爪。自此以后，除偶有学人引述外，汉唐风土记几乎被人遗忘，在学界湮没无闻了。清代乾嘉之学盛行，因为考证史地的需要，许多学者从事于史籍和地志的辑佚工作，成就斐然。在汉唐地理书搜集和整理方面，王谟和陈运溶的工作做出了开创性的贡献。陈运溶所辑《麓山精舍丛书》（光绪二十六年刊本）中，收录古代地理书66种，内容丰富。但该书所辑录的文献全部是以湖南地区为限，时间也不限于汉唐时期。王谟据说共辑得汉唐地理书249种，这应该是目前收录汉唐地理书种类最为丰富的版本。但是，王谟所辑《汉唐地理书钞》除所据底本不够精良以外[①]，最后刊刻和收录于《汉唐地理书钞》的仅有70种（中华书局1961年影印版），本身散佚也非常严重。因此，尽管前代学者的辑佚工作可以提供一定限度的资料方便和辑佚线索，但我们现在仍须亲自动手对汉唐风土记资料做一番爬梳和整理工作，特别是关于对本文研究特别重要的著作如周处《风土记》和刘恂的《岭表录异》等书更需要如此。

我国历史学和民俗学界的前辈学者，对中国古代的民俗和风土文献，已经有了较为丰厚的研究成果。比如五四前后顾颉刚、钟敬文等对中国古今歌谣的搜集和研究，闻一多以《端午考》（《神话与诗》，古籍出版社1956年版）为代表的对中国古代神话和节日习俗的研究著作，江绍原的《中国古代旅行之研究》（商务印书馆1935年版），杨树达《汉代婚丧礼俗考》（上海文艺出版社1988年影印版），杨堃的《灶神考》（《汉学》1944年第1期）和张采亮的《中国风俗史》（上海文艺出版社1988年影印版）等都是在中国民俗学史上具有里程碑意义的奠基之作。上述著作，在一定范围内都涉及对中国古代文献民俗志的讨论和研究。20世纪后期，中国民俗学的研究方兴未艾，乔继堂的《中国岁时礼俗》（天津人民出版社1991年版）、任骋的《中国民间禁忌》（中国社会科学出版社1991年版）等又拓展了中国历史民俗学的研究领域。钟敬文先生主编的《民俗学概论》（上海文艺出版社1998年版）专辟"岁时节日民俗"一章，对中国传统岁时节日的由来和发展加以研究和讨论，可以看作是中国民俗学者对传统岁时民俗从理论范式的意义上的概括和集成。不过，上述研究成果都并非对汉唐风土记的专门研究。中国民俗学者对汉唐风土记专门而深入的研究始自学者萧放，其《荆楚岁时记研究》一书以历来史家都不够重视的南朝梁人宗懔的《荆楚岁时记》为切入点，将民俗学、文化人类

---

① （清）王谟辑：《汉唐地理书钞》，中华书局1961年影印本。

学等理论引入史学研究领域，发现了此书作为民众时间观念文本的价值，从而揭示出《荆楚岁时记》与先秦《月令》、汉《四民月令》之间的文化变迁关系。他指出，从先秦到六朝，中国古代时间记述传统有一个由王官记政安排向百姓日常时间生活下移的过程。这一过程不仅改变了时间记述性质，而且也是社会进步的反映。作者对民众时间观念的透辟见解得到了学术界的肯定，《荆楚岁时记研究》被钟敬文先生誉为是一部"在学科领域具有示范意义"的著作。以上研究都对本文的研究产生了重要的学术启示和影响。

论文方面，国内学者对风土记研究的学术积累也并不丰厚，目前所能够见到的具有学术价值的关于汉唐风土记的研究只有两篇。粟一钟的《班勇〈西域风土记〉》（《新疆地方志》1989年第4期）认为《后汉书·西域传》里所记建武以后的史实都源于班勇《西域风土记》的记载。班勇《西域风土记》首先概述西域四至里程，明确了西域的地域范围，接着阐明西域主要通道、战略态势，最后分别记述各国都城、位置、人口、军队、交通、历史、物产和风俗。并认为它具有汉代方志的基本结构。洪伯瑜的《〈风土记〉地名起源传说与中国地名起源传说比较研究》是作者的硕士论文（对外经济贸易大学，2007年），该文虽然是研究日本大化改新期间编纂的《风土记》，但作者将其与处于同一时期的中国古籍如《初学记》《艺文类聚》《水经注》等所载的地名起源传说进行了比较研究，研究视野相对比较开阔，其从风土记中探讨地名起源传说意义的研究思路也颇具有启发意义。不过，相对于汉唐时期遗留下来的丰富的风土记资料而言，上述研究未免有些单薄。

国外对中国汉唐时期风土记的研究基本尚处于空白阶段。但日本学者和辻哲郎关于风土的文化研究理论对于我们认识中国汉唐时期风土记的性质却极具启发意义。他的《风土》一书所建构的"文化风土论"，在日本文化人类学界影响深远。和辻哲郎的"风土文化论"并不单以地形，而且考虑气候和自然环境等条件与世界各地风土进行比较研究，他还根据自然地理环境的差异和气候不同，将风土分为季风、沙漠、草原三种类型，与时间和空间相对应，认为历史与风土是人的存在结构的双重特性，所以风土的类型同时也是历史的类型，因之产生三种相应的文化特征。

和辻哲郎的研究与文化理论的发展相关。19世纪50年代左右，英国历史学家巴克尔（Baker）和欧文（Owen）将"地理唯物论"引入文化研究领域，开启了近代以来地理环境与文化特质研究的先声；20世纪年鉴学派的"结构与态势史"则进一步论证了地理环境对人类长时段历史的作用。在这里，年鉴学派的"新史学"与法国地理学家维达（P. Vidaldela Blache）创立的人类地理学有关。"所谓人类（或是人文）地理学，强调地球是一个整体概念，地理各部分受适切之调和，人与环境也是以复合体存在，互相影响。"和辻哲郎利用了这一新的研究方法，提出人的存在结构中还有另一维度——空间性。他把西方哲学中相互对立的"自然"和"文化"视为一体，认为只有在相同的"自然"下，才能对文化特征进行并列的比照。和辻哲郎从伦理学意义上重新整合了风土—历史—文化理论模式，颇具新意。他把作为人的存在结构的两重性（时间性和空间性）的辩证统一作为"风土文化论"的理论架构，认为人的存在结构包括两个部分，即时间性和空间性，与之相对应的，就是历史性和风土性。所以时间性和空间性的统一，也就是历史性与风土性的统一，在社会历史中则表现为个人与社会的两重特性。人的根本性质就是这双重特性。"时间与空间的相即不离是历史与风土之相即不离的基础"，由此，"倘若自然是人类各种文化的共同基础，那么它们的文化应该不但是在时间上发展的关系，而且也是在空间上并存的关系"。各民族文化都是时间性与空间性的统一，即历史与风土的统一。①

此外，日本学者对中国古代的岁时礼俗的研究和对本国风土记的研究也取得令人瞩目的成绩。就笔者所能够检索到的文献而言，守屋美都雄的《中国古岁时记的研究》（帝国书院昭和二十八年）、白川静的《中国古代风俗》（何乃英译，陕西人民美术出版社1988年版）分别是对中国古代岁时记和风俗史的研究。近年以来，日本学者对本国古代风土记的研究比较重视，并取得了相当重要的成绩。吉野裕訳的《風土記》（平凡社2000年版）、永藤靖的《日本神話と風土記の時空》（三弥井書店2006年版）、関和彦的《古代出雲史：〈出雲国風土記〉再考》（藤原書店2006年版）、前田晴人的《代出雲》（吉川弘文館2006年版）和橋本雅之的《古風土記の研究》（和泉書院2007年版）就是其中最重要的代表作。其中，永藤靖的《日本神話と風土記の時空》尤其具有借鉴意义。作者运用现代

---

① 朱坤容：《和辻哲郎"风土文化论"成因浅析》，《浙江师范大学学报》2006年第6期。

文化学和民俗学的理论和方法，从《古事记》《日本书纪》和《出云国风土记》等古风土记记载的神话和传说中，深入探讨这类神话产生的背景和历史意义，从而进入对日本古史的探讨，大大拓展了日本古风土记研究的深度和广度。这些著作的研究方法和思路，对中国汉唐风土记的研究具有重大的理论借鉴意义。

汉唐风土记涉及中国古代空间观念的发展演变，这使其具有特殊的学术价值。中国学者对于空间观念的关注和研究，在现代学术史上，主要表现为两个方面：其一，对中国传统的天地观念和四域九州的研究，这是中国现代哲学史和思想史研究的一个传统课题，这方面的研究成果也较为丰硕；其二，受西方现代人文地理学的影响，从空间知觉和环境感知的角度重新审视中国宗教、哲学、文学、艺术中的空间表述和认知特点，是学术界近年才兴起的新的研究课题，其研究成果目前尚处于探索状态。下面简要评述一下相关的研究成果。

我国传统的思想史研究著作，对先秦诸子及道家的天地观念的研究论述很多。这方面的成果可以侯外庐主编的《中国思想史》中相关内容为代表。结合考古发现，以新的视野研究这一问题的成果可以葛兆光的《中国思想史》为代表。葛著《中国思想史》第一卷在多处探讨了先秦时期人们的空间观念。在第一编引言部分中，作者通过多处考古遗存和文献资料的对比研究指出，中国人早就具有天下四方的感觉，在商周时期的人们看来，作为空间的宇宙是规范有序的。以中央为核心，四方环绕中国形成了一个天地差序格局。在第二编第七节"百家争鸣与三种话题·宇宙时空"探索了战国诸子对宇宙时空的兴趣和追问，在这一过程中，宇宙时空的话题日趋哲理化、系统化，先秦时空观念最终沉淀化为一个由"道""阴阳""四时""五行""八卦"等整饬有序的概念构成的由天地、社会、人类同源同构的宇宙。[①] 相类似的研究还有那瑛的《"天上人间"的同构——中国传统文化中的空间观念与社会秩序的建构》（《学术研究》2007年第7期），该文认为：中国的世俗秩序是生命空间的仿制，是"天上人间"的同构。中国古代的空间观念源于对天地运行和物理形态的感知与思索，以"北极星"为中心的组织严密的天体秩序和四方隔绝的地

---

[①] 葛兆光：《中国思想史》（第一卷），复旦大学出版社2001年版，第51—54、143—157页。

理位置启迪了中国人,"天圆地方""天尊地卑"成为对生命空间的抽象概括。空间秩序成为社会结构的模板,"天人合一"成为社会建构的"元叙事"。空间的垂直度体现为天、人、地的排列,"天"成为掌管"人"和"地"的至上权威,反映在社会设置上就是等级制度的建立。另外,赵子昂的《中国古代诗歌空间观念的哲学及美学特征》(《连云港职业技术学院学报》2004年第4期)和李清泉的《宣化辽代壁画墓设计中的空间与时间观念》(《美术学报》2005年第4期)则是从艺术赏析的角度分别探讨了中国古代诗歌的空间意境和辽代壁画中天地和建筑居处的表现形式。上述研究或从宏观的角度入手,或从微观的个案着眼,均对推进我国古代人们空间观念的认识起到促进作用。

  国外尤其是欧美人文地理学的发展,推动了学界对空间问题的重视和研究。空间观念和环境知觉是支撑人文地理学发展的基本概念。早在古希腊时期欧洲就产生了较为系统的空间观念,柏拉图预设了"感觉世界"和"理式世界",并进而建构其三等级的"理想国"城邦空间和三成分的个体灵魂空间。在中世纪欧洲的人们心目中,在封建主义相对孤立的各种世界里,外部空间则常被概念化为由某种外在权威、超凡主人或神话与想象中更加凶恶的人物所占据的神秘宇宙论,在有限的场所中,"不朽的时间"是无限和不可知的,中世纪的教区制度和迷信强化了这一点。[①] 20世纪后半叶,国外人文地理学获得了飞速的发展,人文地理学的空间观念也发生了重要的具有范式意义的转变。在自然地理学、历史地理学和人文地理学基础上产生的后现代地理学,以信息空间、网络空间和虚拟空间为特征,解构现代地理空间,重构人文地理空间,陈述了社会—空间辩证法,扩展了地理学的研究方法和领域。当代西方学术界从20世纪中后期出现了一种"空间转向"趋势,在这种趋势中形成了不同于西方传统的空间观念,颠覆了传统空间观念中空间的从属性和同质性,空间成为事物存在的本体维度,充满了异质性。在这里,"人类生存的空间秩序产生于空间的社会性生产;各种人文地理的结构既反映又构建了世界中的存在。同样,时间秩序具体化于历史的创造;在不断演进的辩证关系中既约束其他事物,又受到其他事物的约束。……为了完成这一不可或缺的存在的三位一体,作为世界存在的社会秩序可被看作围绕社会的构筑以及社会诸种关

---

[①] [美]戴维·哈维:《后现代的状况》,阎嘉译,商务印书馆2003年版,第301—303页。

系、诸种体制和诸种实践的生产和再生产"①。上述理论已经逐步介绍到我国，正对我国的人文地理学的研究产生重要的影响。

空间概念是本文的一个基本概念，因此，古今中外对于空间概念内涵的研究及相应观点和学说，都对本文的研究具有重要的借鉴意义。在此基础上，本文着重的是要结合我国汉唐风土记的丰富资料，立足于中国古代的文化传统和时空范围，探讨汉唐民众生活的空间观念。也就是说，不仅要借鉴中外关于空间概念研究的最新理念，更要从解读本土文献出发，立足实际，爬梳史料，对中国汉唐时期民众生活中的空间观念作细致、深入的讨论。

## 四　研究方法和思路

对汉唐时期风土记的研究，虽然有以上的论著可以作为参考，但国内外对中国汉唐风土记的研究毕竟才刚刚起步，目前还没有一部全面而深入的著作出现。本文的研究只能在现有的国内外学者的相关和相类的著作中汲取养分，提炼方法，一边学习一边研究。总体来看，对汉唐风土记的创新研究，还要做以下几个方面的工作。

第一，在理论方面，必须充分运用民俗学、历史学和人类文化学的理论和方法，对汉唐风土记的内容和内涵加以深入的探讨。汉唐风土记的种类繁多，内容丰富，既包含丰富的民俗史资源，也包含复杂的历史、地理信息，既记载了大量的史实，也容纳着无数的神话、歌谣和传说。因此可以从多个学科，多种角度对其加以研究和阐释。另外，对汉唐风土记大量产生和不久就渐趋散佚的原因，也需要从历史背景、社会成因加以分析。这一切都决定了本文的研究不能仅仅采取一种学科、一种理论，而必须进行跨学科的研究。

第二，研究汉唐风土记的一个主要困难，在于资料的搜集和整理。如前所述，除少数风土记留存至今以外，大部分汉唐风土记著作在今天都已经散佚了。我们今天只能尽力从《太平御览》《太平广记》和《水经注》等著作中搜辑星散于其间的风土记著作。而辑佚著作的零散性质，决定了

---

① [美] 爱德华·W. 苏贾（Edward W. Soja）：《后现代地理学》，王文斌译，商务印书馆2004年版，第39页。

我们对汉唐风土记全貌把握的困难。除了严谨审慎地对待已有文献民俗志文本和认真校订、鉴别、使用辑佚资料以外，为了弥补这种资料的缺失，我们还应该尽量的借鉴历史文献、考古资料和现代田野调查资料，以努力扩大文本资料的文献使用和实用价值。

第三，由于研究对象的复杂性，本书对汉唐风土记的研究不能面面俱到，四面出击，必须提炼出一个合适的主题，建构出一个适宜的结构体系。本书除对汉唐风土记的文献价值，汉唐风土记所反映的中国古代民众的生活状态和节日礼俗等给以研究以外，还提炼出汉唐民众生活中的空间观念这一主题，并拟给以特别的关注和深入的研究，以求使本书的研究在前人研究的基础上有所突破和创新。

第四，有基于此，本书第一步要做的工作是文献辑佚，然后拟采取专题写作的形式有计划地开展研究。

当然，以上都是本书研究的初步设想，这些设想的可行性还需要在具体的研究中加以检验，不断调整。无论如何，希望通过本书的努力，将我国汉唐时期珍贵的风土记资料介绍给更多的读者和中国民俗史研究者，对中国古代民俗史的研究能有微薄的贡献。

# 第 一 章

## 中国古代风土观述论

"风土"一词,屡见于中国古代史书的记载,如:

《汉书·张堪传》:"帝尝召见诸郡计吏,问其风土及前后守令能否。"①

《后汉书·卫飒传》:"先是含洭、浈阳、曲江三县,越之故地,武帝平之,内属桂阳。民居深山,滨溪谷,习其风土,不出田租。……飒理恤民事,居官如家,其所施政,莫不合于物宜。视事十年,郡内清理。"②

《后汉书·西域传》:"九年,班超遣掾甘英穷临西海而还。皆前世所不至,山经所未详,莫不备其风土,传其珍怪焉。"③

《后汉书·东夷列传》:"自中兴之后,四夷来宾,虽时有乖畔,而使驿不绝,故国俗风土,可得略记。东夷率皆土著,憙饮酒歌舞,或冠弁衣锦,器用俎豆。所谓中国失礼,求之四夷者也。"④

《晋书·华谭传》:"蜀染化日久,风教遂成;吴始初附,未改其化,非为蜀人敦愨而吴人易动也。然殊俗远境,风土不同,吴阻长江,旧俗轻悍。"⑤

上述史料里的"风土"一词的含义,较为复杂,《汉书·张堪传》里的"问其风土",因为缺乏确切的前后文的解释,所指较为抽象,不够明晰。《后汉书·卫飒传》所言"民居深山,滨溪谷,习其风土,不出田租"的风土,当指含洭、浈阳、曲江三县居深山、滨溪谷、农业欠发达

---

① (汉)班固:《汉书》卷31《张堪传》,中华书局1962年版,第1100页。
② (南朝宋)范晔:《后汉书》卷76《循吏传·卫飒传》,中华书局1965年版,第2459页。
③ 《后汉书》卷88《西域传》,中华书局1965年版,第2910页。
④ 《后汉书》卷85《东夷列传》,中华书局1965年版,第2810页。
⑤ (唐)房玄龄等:《晋书》卷52《华谭传》,中华书局1974年版,第1450页。

的特殊自然地理环境和生产状况。《后汉书·东夷列传》所载的四夷"风土",是与各国"国俗"并称对举的,也就是风俗的含义,在此处主要指礼仪,因为传中特别注明东夷的风土是"憙饮酒歌舞,或冠弁衣锦,器用俎豆",颇有礼失而求诸野的意味。《后汉书·西域传》所言的西域各国风土,由于书中对各个国家情况叙述的详略不同,也不能完全清楚所记"风土"的详细内容。不过,如以《后汉书·西域传》所记"大秦国"的情况为例,我们也能够勾画出其所言"风土"的大体内容。

一、农业和物产:"(大秦国)有松柏诸木百草。人俗力田作,多种树蚕桑。"

二、服饰装束:"(国人)皆髡头而衣文绣。"

三、交通行旅:"(国人)乘辎軿白盖小车,出入击鼓,建旌旗幡帜。"

四、城池宫室:"所居城邑,周圜百余里。城中有五宫,相去各十里。宫室皆以水精为柱,食器亦然。"

五、政体法制:"其王日游一宫,听事五日而后遍。常使一人持囊随王车,人有言事者,即以书投囊中,王室宫发省,理其枉直。各有官曹文书。置三十六将,皆会议国事。其王无有常人,皆简立贤者。国中灾异及风雨不时,辄废而更立,受放者甘黜不怨。"

六、土产和商业:"土多金银奇宝,有夜光璧、明月珠、骇鸡犀、珊瑚、虎魄、琉璃、琅玕、朱丹、青碧。刺金缕绣,织成金缕罽,杂色绫。作黄金涂、火浣布。又有细布,或言水羊毳,野蚕茧所作也。合会诸香,煎其汁以为苏合。凡外国诸珍异皆出焉。以金银为钱,银钱十当金钱一。与安息、天竺交市于海中,利有十倍。其人质直,市无二价。谷食常贱,国用富饶。"

可见,《后汉书·西域传》所言的"风土"概念内涵最为丰富,它不仅包括自然物产、农业商业,还包括城市建制、政治制度乃至于服饰装束和交通习俗,是当地风俗民情的总称。

前引两汉史籍中提到的"风土"的内容,与现代民俗分类中的物质民俗和社会民俗多有相同之处,钟敬文先生指出:"物质民俗,指人民在创造和消费物质财富过程中所不断重复的、带有模式性的活动,以及由这种活动所产生的带有类型性的产品形式。它主要包括生产民俗、商贸民俗、饮食民俗、服饰民俗、居住民俗、交通民俗、医药保健民俗,等等。社会民俗,亦称社会组织及制度民俗,指人们在特定条件下所结成的社会关系的惯制，它所关涉的是从个人到家庭、家族、乡里、民族、国家乃至国际社会在结合、交往过程中使用并传承的集体行为方式。它主要包括社会组织民俗（如血缘组织、地缘组织、业缘组织等）、社会制度民俗（如习惯法、人生仪礼等）、岁时节日民俗以及民间娱乐习俗，等等。"如果综合以上史料的概括我们也可以看出，秦汉史籍中的"风土"一词，实际上就是指一个地方的自然环境和风俗习惯的总称，就其所涉及的内容而言，与古代的风俗和现代意义上民俗一词含义相同。①

风和土，本是自然事物，一属天气现象，一属地质资源，各有其含义。比如，在气象学上，风一般是指与跟地面大致平行的空气流动，是由于气压差而产生的空气流动现象。风受大气环流、地形、水域等不同因素的综合影响，表现形式多种多样，如季风、地方性的海陆风、山谷风、焚风等。在中国早期的古籍中，多次提到作为自然现象的风的存在，如："《易》曰：挠万物者，莫疾乎风。又曰：风以动之。又曰：风行天上。""《诗》曰：终风且霾，惠然肯来。又曰：习习谷风，以阴以雨。又曰：凯风自南，吹彼棘心。又曰：冬日烈烈，飘风发发。""《论语》云：曾点曰：'暮春者，春服既成，冠者五六人，童子六七人，浴乎沂，风乎舞雩，咏而归。'"②

风是农业生产的环境因子之一，风速适度对改善农田环境条件起着重要作用。近地层热量交换、农田蒸散和空气中的二氧化碳、氧气等输送过程随着风速的增大而加快或加强。风可传播植物花粉、种子，帮助植物授粉和繁殖。风能是分布广泛、用之不竭的能源。中国盛行季风，对作物生长有利。在内蒙古高原、东北高原、东南沿海以及内陆高山，都具有丰富的风能资源可作为能源开发利用。风对农业也会产生消极作用。它能传播病原体，蔓延植物病害。高空风是黏虫、稻飞虱、稻纵卷叶螟、飞蝗等害虫长距离迁飞的气象条件。大风使叶片机械擦伤、作物倒伏、树木断折、落花落果而影响产量。大风还造成土壤风蚀、沙丘移动，而毁坏农田。在干旱地区盲目垦荒，风将导致土地沙漠化等。

---

① 钟敬文主编《民俗学概论》指出："民俗事象纷繁复杂，从社会基础的经济活动，到相应的社会关系，再到上层建筑的各种制度和意识形态，大都附有一定的民俗行为及有关的心理活动。"上海文艺出版社1998年版，第5页。

② 《太平御览》卷9《天部·风》，第43页。

土又称土壤，从地质学意义上讲，是由岩石经历物理、化学、生物风化作用以及剥蚀、搬运、沉积作用交错复杂的自然环境中所生成的各类沉积物，是矿物和有机物的混合组成部分，也是人类居住和农业生产须臾不可离的自然物质。在汉语中，土通常和地连在一起，合称土地，或简称为土或地，指土壤。例如《汉书·晁错传》："尝其水泉之味，审其土地之宜"。[1]《管子·权修》："土地博大，野不可以无吏。"[2] 联合国粮食与农业组织对土地下过这样的定义："土地包含地球特定地域表面及以上和以下的大气、土壤及基础地质、水文和植被。它还包含这一地域范围内过去和目前人类活动的种种结果，以及动物就它们对目前和未来人类利用土地所施加的重要影响"；1975年，联合国粮食与农业组织发表的《土地评定与分类法》对土地的定义是："一片土地的地理学定义是指地球表面的一个特定地区，其特性包含着此地面以上和以下垂直的生物圈中一切比较稳定或周期循环的要素，如大气、土壤、水文、动植物密度，人类过去和现在活动及相互作用的结果，对人类和将来的土地利用都会产生深远影响。"[3]

风和土就像水和阳光一样本来都是自然现象，它们虽然对人类的生产、生活有巨大的影响，但它们并非人类生活的本身，并不是人类社会生活的构成要素，然而在中国古代典籍中，风土合称，竟成为社会风俗，即人类社会生活的代称，这的确是一个值得惊奇的现象。我们只有通过考索古籍，对中国先秦两汉时期"风""土"二字的文化意义作出深入的探究，才能追溯出中国古代风土文化的深刻意蕴，对中国古代的风土观产生深入的了解。

## 一 四时八风：风与中国古代民众生活的时间节奏

在中国古代，最早揭示风这一自然气象与人类社会生活有着密切关系的史料，是在我国商代甲骨文资料中发现的著名的四方风刻辞。

《甲骨文合集》14294版，其释文曰：

---

[1] （汉）班固：《汉书》卷49《晁错传》，中华书局1962年版，第2288页。
[2] （周）管仲撰，（唐）房玄龄注：《管子》卷1《权修篇》，《二十二子》，上海古籍出版社1986年版，第93页。
[3] 联合国粮食与农业组织：《土地评定与分类法》，联合国粮食与农业组织1976年版。

东方曰析，凤（风）曰协。
南方曰因，凤（风）曰微。
西方曰夷，凤（风）曰彝。
（北方曰）九，凤（风）曰役。

又《甲骨文合集》14295 版，其释文曰：

辛亥，内贞：今一月帝令雨？四日甲寅夕，……。一二三四
辛亥卜，内贞：今一月（帝）不其令雨？一二三四
辛亥卜，内贞：禘于北，方曰九，凤（风）曰役，苯［年］？一二三四
辛亥卜，内贞：禘于南，方曰微，凤（风）［曰］遲，苯年？一月。一二三四
贞：禘于东，方曰析，凤（风）曰协，亲年？一二三［四］
贞：禘于西，方曰彝，凤（风）曰鼍，渠年？一二三四

中国甲骨学与商史专家自胡厚宣先生以来，对这则四方风刻辞，陆续作出了深刻的研究，关于殷代四方风的确切含义，有学者指出，殷代四方风反映了殷代分至四节及其时的物候现象，从而构成了殷人独立的标准时间体系。这一体系是殷人制定历法的重要依据。① 这种观点，对于我们深入理解我国古人对风候与社会的关系提供了一个十分珍贵的切入点。如果暂且不考虑殷代占卜的格式与文辞，而把两版刻辞所涉及的四方与四风的关系综合概括一下，则可以得到下面一一对应的表格。

表1—1　　　　　　　　甲骨文四方风

| 方位 | 风名 | 神名 |
|---|---|---|
| 东方 | 协风 | 析 |
| 南方 | 微风 | 因 |
| 西方 | 彝（鼍）风 | 夷（彝） |
| 北方 | 役风 | 九 |

注：“（）”内为14295 版与14294 版不同处。

---

① 参见冯时《甲骨文四方风研究》，《考古学报》1994 年第 2 期。

与商代四方风刻辞相类似地，而内容更加详细具体地揭示四方风侯与季节轮替乃至国家、民众生活关系的，在我国古代典籍中还有很多材料，下面择其要者列举如下，并作简要分析。

《尚书·尧典》记载："乃命羲和，钦若昊天，历象日月星辰，敬授人时。分命羲仲，宅嵎夷，曰旸谷。寅宾出日，平秩东作。日中，星鸟，以殷仲春。厥民析，鸟兽孳尾。申命羲叔，宅南交。平秩南讹，敬致。日永，星火，以正仲夏。厥民因，鸟兽希革。分命和仲，宅西，曰昧谷。寅饯纳日，平秩西成。宵中，星虚，以殷仲秋。厥民夷，鸟兽毛芒。申命和叔，宅朔方，曰幽都。平在朔易。日短，星昴，以正仲冬。厥民隩，鸟兽氄毛毛。帝曰：'咨，汝羲暨和！期三百有六旬有六日，以闰月定四时成岁。'"①

表1—2　　　　　　　　《尚书·尧典》四时成岁

| 四季 | 四方 | 四神 |
| --- | --- | --- |
| 仲春 | 东方 | 析 |
| 仲夏 | 南方 | 因 |
| 仲秋 | 西方 | 夷 |
| 仲冬 | 朔（北）方 | 隩（九） |

注："（　）"内为《甲骨文合集》14294所载方位与神名。

又，《山海经》记载说：

有人名曰折丹，东方曰折，来风曰俊，处东极以出入风。（《大荒东经》）

有神名曰因乎，南方曰因，来风曰民，处南极以出入风。（《大荒南经》）

有人名曰石夷，西方曰夷，来风曰韦，处西北隅以司日月之长

---

① （汉）孔安国传，（唐）孔颖达疏：《尚书正义》卷2《尧典》，（清）阮元校刻《十三经注疏》，中华书局1980年版，第119页。以下所引《十三经注疏》资料，除特别注明外，均引自这一版本。

短。(《大荒西经》)

有人名曰鵷，北方曰鵷，来风曰狭，是处东极隅以止日月，使无相间出没，司其短长。(《大荒东经》)

表1—3　　　　　　　　《山海经》四方风

| 方位 | 风名 | 神名 |
| --- | --- | --- |
| 东方 | 俊（协）风 | 折（析） |
| 南方 | 民（微）风 | 因 |
| 西方 | 韦（彝）风 | 夷 |
| 北方 | 狭（役）风 | 九（鵷） |

注："（）"内为《甲骨文合集》14294所载风名与神名。

上述资料和笔者所制作的简单表格说明，在我国先秦时期，特别是商周时期，虽然记载的四风与四神的名字偶有不同，但四方、四风与四神乃至四季存在着密切的关系，乃是一个源远流长的观念。这一历史观念，在中国古代还有更多古籍资料的支撑，比如《尔雅》曰："南风谓之凯风（《诗》曰：凯风自南），东风谓之谷风（《诗》曰：习习谷风），北风谓之凉风（《诗》曰：北风其凉），西风谓之大泰风（《诗》曰：泰风有隧）。"[1]

这里值得注意的是，在甲骨文四方风刻辞里，特别是《甲骨文合集》12945版里，占卜者是代商王在实行禘祭这一国家重要祭典之前，向四方风神祈祷，预卜一年四季的气候与收成。在这里，四方风已经与四季这一岁时观念密切相关，且对标志国家经济水平强大与否的粮食收成有重大影响，或者反过来说，正是由于四方风对四季收成存在着重要的影响，它才成为象征四时的岁时刻度为国家所重视，成为日常占卜中重要的组成部分。《尚书·尧典》里关于尧命羲和、羲仲观象授时的行为，则显然是对商代预卜四时与四风关系的继承与发展。只不过，在托名大尧时代的周代，观象授时观测的对象，已由简单的四方、四风而转变为日月星辰，但观测技术与天文知识的发展与丰富，并未完全掩盖掉自古流传的四神、四方与四季的密切关系，这正是所谓"周因于殷礼，其损益可知也"，商周

---

[1] 《太平御览》卷9《天部·风》，第43页。

两代观（风）象授时制度的发展流变，其脉络是基本清晰的。

在四方、四风的基础上，周秦之际，人们又发展出八方、八风、八节的关系体系。

《左传·襄公二十九年》："八风平。"杜预《集解》："八方之气谓之八风。"《左传·隐公五年》孔颖达《正义》："八方风气，寒暑不同，乐能调阴阳，和节气。"

《国语·周语》韦昭注曰："正西曰兑，为金，为阊阖风。西北曰乾，为石，为不周。正北曰坎，为革，为广莫。东北曰艮，为匏，为融风。正东曰震，为竹，为明庶。东南曰巽，为木，为清明。正南曰离，为丝，为景风。西南曰坤，为瓦，为凉风。"

《白虎通·八风》："风者何谓也？风之为言萌也，养物成功。"① 又《白虎通·礼乐》："八风、六律者，天气也，助天地成万物者也。……所以顺气，变化万民，成其性命也。"②

《说文》："风，八风也。东方曰明庶风，东南曰清明风，南方曰景风，西南曰凉风，西方曰阊阖风，西北曰不周风，北方曰广莫风，东北曰融风。"③

《易纬》曰：八节之风，谓之八风。立春条风至（东北风）。春分明庶风至（东方风）。立夏清明风至（东南方风）。夏至景风至（南方风）。立秋凉风至（西南方风）。秋分阊阖风至（西方风）。立冬不周风至（西北方风）。冬至广莫风至（北方风）。

又《吕氏春秋》云："何谓八风？东北曰炎风（高诱注曰：一曰融风）；东方曰滔风（高诱注曰：一曰明庶风，《淮南》作'条风'），东南曰熏风（高诱注曰：一曰清明风）；南方曰巨风（高诱注曰：一曰凯风）；西南曰凄风（高诱注曰：一曰凉风）；西方曰飂风（高诱注曰：一曰阊阖风）；西北曰厉风（高诱注曰：一曰不周风）；北方曰寒风（高诱注曰：

---

① （清）陈立撰，吴则虞点校：《白虎通疏证》卷7《八风》，中华书局1994年版，第341页。
② （清）陈立撰，吴则虞点校：《白虎通疏证》卷3《礼乐》，中华书局1994年版，第104—105页。
③ （汉）许慎撰，（清）段玉裁注：《说文解字注·风部》，上海古籍出版社1988年第2版，第677页。

一曰广莫风）。"①

四方为东、南、西、北四个正方向，再加上东北、东南、西北、西南四个方向，就成为八方，即人们认识和标识方位的基本平面维度。八方与风相配，便构成八风。《释名·释天》："风，氾也。其气博氾而动物也。"古人以为，风为震物之气，不同季节的风导致产生不同的物候征验。按照中国古代的传统思维，气为物之先导，故物无以验则验之气，气无以验则验之风。因此，八风又被古人看作导致寒暑季节变化的根本原因，因此，以八风配八节，就成为逻辑的必然。八风与八节相配，就成为一个圆满适用的岁时体系。

表1—4　　　　　　　　八方、八风与八节一览

| 八方 | 八风 | | 八节 |
| --- | --- | --- | --- |
| 《国语》《说文》 | 《国语》《说文》 | 《吕氏春秋》 | 《易纬》 |
| 东北 | 融风 | 炎风（融风） | 立春 |
| 正东 | 明庶风 | 滔风 | 春分 |
| 东南 | 清明风 | 薰风 | 立夏 |
| 正南 | 景风 | 巨风 | 夏至 |
| 西南 | 凉风 | 凄风 | 立秋 |
| 正西 | 阊阖风 | 飕风 | 秋分 |
| 西北 | 不周风 | 厉风 | 立冬 |
| 正北 | 广莫风 | 寒风 | 冬至 |

事情还不止于此，由于岁时与社会的生产和生活密切相关，因而被认为导致季节变化的八方之风也就成为影响民众生活的决定性因素，乃至在秦汉时期，八风成为国家开展政治生活和民众举行公共事务的抽象化时间刻度。从下面的史料中我们可以很清楚看出这一点。

《淮南子·天文训》记载："何谓八风？距日冬至四十五日，条风至。条风至四十五日，明庶风至。明庶风至四十五日，清明风至。清明风至四十五日，景风至。景风至四十五日，凉风至。凉风至四十五日，阊阖风

---

① 张双棣等译注：《吕氏春秋译注·又始览·八风》，吉林文史出版社1987年版，第343页。

至。阊阖风至四十五日，不周风至。不周风至四十五日，广莫风至。条风至则出轻系，去稽留。明庶风至则正封疆，修田畴。清明风至则出币帛，使诸侯。景风至则爵有位，赏有功。凉风至则报地德，祀四郊。阊阖风至则收县垂，琴瑟不张。不周风至则修宫室，缮边城。广莫风至则闭磲梁，决刑罚。"①

《白虎通·八风篇》也记载说："距冬至四十五日条风至，条者，王也。四十五日明庶风至，明庶者，迎众也。四十五日清明风至，清明者，清芒也。四十五日景风至，景者，大也，言阳气长养也。四十五日凉风至，凉，寒也，阴气行也。四十五日昌盍风至，昌盍者，戒收藏也。四十五日不周风至，不周者，不交也，言阴阳未合化也。四十五日广莫风至，广莫者，大莫也，开阳气也。故曰条风至地暖，明庶风至万物产，清明风至物形乾，景风不棘造实，凉风至黍禾干，昌盍风至生荠麦，不周风至蛰虫匿，广莫风至则万物伏。"②

与此相近似的材料还有《易通卦验》的记载："冬至，广莫风至，诛有罪，断大刑。立春，条风至，赦小罪，出稽留。春分，明庶风至，正封疆，修田畴。立夏，清明风至，出币帛，礼诸侯。夏至景风至，辩大将，封有功。立秋，凉风至，报土功，祀四乡。秋分，阊阖风至，解悬垂，琴瑟不张。立冬，不周风至，修宫室，完边城。"③

正是在这样的思想观念的基础上，才有可能产生像《吕氏春秋·十二纪》《淮南子·时则训》和《礼记·月令》所记载的那样按照岁时、风候来安排国家祭典、农业生产乃至国家政令、军事生活的整齐划一、自成体系的文字。④

风，在中国古代除了作为名词性概念以外，还兼有动词性的化导社会

---

① （汉）刘安撰，高诱注，（清）庄逵吉校：《淮南子》，《二十二子》，上海古籍出版社1986年版，第1216页。

② （清）陈立撰，吴则虞点校：《白虎通疏证》卷7《八风》，中华书局1994年版，第341—342页。

③ 《太平御览》卷2《天部》，第8页。

④ 关于这三篇历史文献的时代先后，本书参考了郑金华《吕氏春秋十二纪纪首、淮南子时则训及礼记月令之比较研究》（台湾政治大学中国文学研究所1987年硕士学位论文）的研究成果。

的作用。①《说文》"风动虫生，故虫八日而化，从虫凡声"②，风的原始意义是指春天的气③。春风是柔和的，它是带来生命的新风。风的字形来源于其促动虫类生长的物质作用，"动物曰风"④，风能动物，亦能化人，《尚书》："四海之内，咸仰朕德，时乃风。"⑤这里的风即化导之义。风的教化意义在先秦尚处在萌芽状态，到了儒学昌盛的两汉之际，风的自然性质已全然被借用到社会文化方面。从古人对典籍的阐释解读中，我们就能明确地得到这样的信息，风具有特殊的政治感染力。"风，风也，教也。风以动之，教以化之。"⑥ "风谓政教所施，故曰上以风化下。"⑦ 风成为王者政治教化能量发散的载体，风化、风教、风纪等，都强调风自上而下的教化与导引。这也深刻地说明，先秦及秦汉时期，风还被当作文化教化的行为。这种自上而下的教化行为，在秦汉时期，其实也与岁时有关。比如，《礼记·月令》记载，孟春之月的立春之日，"天子亲帅三公九卿诸侯大夫以迎春于东郊。还反，赏公卿大夫于朝。命相布德和令，行庆施惠，下及兆民。……乃命大史守典奉法，司天日月星辰之行，宿离不贷，毋失经纪，以初为常"。又："是月也，天子乃以元日祈谷于上帝。乃择元辰，天子亲载耒耜，措之于参保介之御间，帅三公九卿诸侯大夫，躬耕帝藉。……是月也，天气下降，地气上腾，天地和同，草木萌动。王命布农事，命田舍东郊，皆修封疆，审端经术。善相丘陵阪险原隰土地所宜，五谷所殖，以教道民，必躬亲之。田事既饬，先定准直，农乃不惑。是月也，命乐正入学习舞。乃修祭典。"⑧ 总之，在万物复苏，和风习习的春天，天子要举行郊祭之礼、耤田之礼，还要修习礼乐，教导农事，这些都是统治者教化人民的大事，均属于"风"的范畴。按照《礼记·月令》的记载，这样的教化都是因时制宜，在四时八节有序地展开。因此，

---

① 萧放：《中国传统风俗观的历史研究与当代思考》，《北京师范大学学报》（社会科学版），2004年第6期。
② （汉）许慎：《说文解字》，中华书局1963年版，第284页下。
③ 《管子·四时篇》："东方曰星，其时曰春，其气曰风。"辽宁教育出版社1997年版，第124页。
④ （唐）孔颖达：《毛诗正义》卷1《周南·关雎》，第269页。
⑤ （汉）孔安国注，（唐）孔颖达疏：《尚书正义·说命》，第176页。
⑥ （唐）孔颖达：《毛诗正义》卷1《周南·关雎》，第269页。
⑦ （清）孙诒让：《周礼正义》卷64《夏官·合方氏》，第2698页。
⑧ （汉）郑玄注，（唐）孔颖达疏：《礼记正义》卷14《月令》，第1356页。

中国古代的礼仪和道德教化，也具有时间性，与八风八节密切关联。

综上所述，在中国古代文明起源和奠基的先秦和秦汉时期，人们由于对自然认识的不断发展，风这一自然气候现象越来越受到人们的重视。现有的考古材料和古籍文献都足以证明，早在商朝，人们就开始根据风向和风的性质来预测天气和农业收成，到了周代，四方风与岁时的关系，更被八风与八节所取代，成为当时观象授时，确定岁时节令和民众生活的主要时间维度。从四方、四风到八风、八节的发展演变，反映的是先秦时期，人们对公众日常生活的气候环境和时间节奏的认识与把握。而正是在这一深层的意义上，风也可以被看作与民众生活息息相关的因素，甚至可以被看作民众经济、政治和文化生活的象征。因而，风成为中国古代民俗的象征，也就有了最为合理的解释。

## 二 土地神祇：中国古代的社稷崇拜

土地是人们的繁衍生息之所，是人类一切生活赖以存在的基础，更是人类所有民俗活动展开的舞台。中国古人对土地的依存之感和赞美之情，早在先秦时期就汇聚成许多关于土地的神话、传说和想象之中，形成了独特的土地崇拜礼仪和安土重地的思想文化。

首先，关于土地，人们首要的当然是注重其自然属性。在中国古代民众看来，土地是生产万物的沃壤，是人民生息的基础。《说文》曰："土，地之吐生万物者也……元气初分，重浊为地，万物所陈列也。"① 又《释名》说："土，吐也，吐生物也。" 又说："地，底也，言其底下载万物也。"② 又蔡邕《月令章句》曰："总丘陵原隰阪险曰地。"范子计然曰："夫地有五土之宜，各有高下。"郑玄注《孝经》曰："分别五土，视其高下，若高田宜黍稷，下田宜稻麦，丘陵阪险宜种枣栗。"土地承载山川，滋养万物。《礼记》说："今夫地，一撮土之多，及其广厚，载华岳而不重，振河海而不泄，万物载焉。"③《周礼·大司徒》又说："大司徒掌天

---

① （汉）许慎撰，（清）段玉裁注：《说文解字注·土部》，上海古籍出版社1988年第2版，第682页。
② 《太平御览》卷36《地部·地》，第169页。
③ （汉）郑玄注，（唐）孔颖达疏：《礼记正义》卷53《中庸》，第1633页。

下土地之图,周知九州之地域……辩五地之生物。一曰山林,其动物宜毛,其植物宜皂;二曰川泽,动物宜鳞,植物宜膏;三曰丘陵,动物宜羽,植物宜核;四曰坟衍,动物宜介,植物宜荚;五曰原隰,动物宜臝,植物宜丛。"① 土地因地域不同而质地有别,其物产也不一样。《尚书·禹贡》说:"冀州土白壤,兖州土黑坟,青州土白坟,扬州土涂泥,荆州土涂泥,豫州土惟壤下坟垆,雍州土黄壤,徐州土埴坟,梁州土青骊。"②《释名》也说:"徐州贡土五色,色有黄、青、白、赤、黑也。土赤者,鼠肝色也。土色黑曰卢,卢然解散也。土黄而细密曰埴,埴,职也,如脂之职也。土色青曰黎,似藜草也。土色白曰漂,漂,轻散也。"正是在这不同的土质上,产生了丰富的物产。《史记·货殖列传》:"夫山西饶材、竹、谷、纑、旄、玉石;山东多鱼、盐、漆、丝、声色;江南出枏、梓、姜、桂、金、锡、连、丹砂、犀、玳瑁、珠玑、齿革;龙门、碣石北多马、牛、羊、旃裘、筋角;铜、铁则千里往往山出棋置:此其大较也。"而上述物产,"皆中国人民所喜好,谣俗被服饮食奉生送死之具也"③。诚如《洪范五行传》所言:"地者,成万物者也。"④ 土地的确是哺育万民的根本。《盐铁论》就认为:"古者制地足以养民,民以承其上,千乘之国,百里之地,公、侯、伯、子、男,各欲其欲。秦兼万国之地,有四海之富,而意不赡者,嗜欲多而下不堪其求也。"⑤ 可见,无论是个人、家庭、族群乃至国家,他们的存在和发展,都离不开土地。

其次,土地所生育的万物,在人类看来,都是自然对人类的恩赐,在中国古人看来,这种恩赐蕴含着一种德性,是一种厚重、广大、至柔、至顺的美好德性。《易·坤卦》曰:"至哉坤元,万物资始,乃顺承天,坤厚载物,德合无疆,含弘光大,品物咸亨。……君子以厚德载物。"《文言》曰:"坤至柔而动也刚,至静而德方,后得主而有常,含万物而化光。坤道其顺乎? 承天而时行。"杨泉《物理论》也认为:"地者,底也,底之言著也,阴体下著也。其神曰祇,祇,成也,育生万物备成也。其卦

---

① (汉)郑玄注,(唐)贾公彦序疏:《周礼注疏》卷10《大司徒》,第702页。
② (汉)孔安国传,(唐)孔颖达疏:《尚书正义》卷6《禹贡》,第147—148页。
③ (汉)司马迁:《史记》卷129《货殖列传》,中华书局1959年版,第3253—3254页。
④ 《太平御览》卷36《地部·地》,第171页。
⑤ (汉)桓宽著,王利器校注:《盐铁论校注》卷3《园池》,中华书局1992年版,第171页。

为坤，其德曰母。地形有高下，气有刚柔，物有巨细，味有甘苦。镇之以五岳，积之以丘陵，播之以四渎，流之以四川。盖气，自然之体也。地发黄泉，周伏回转，以生万物。地，天之根本也。"土地具有母性的光辉，《周易》里就说："坤，地也，故称乎母。"因此，土地在中国古人眼里具有天生的亲和力。《礼记》曰："地载物，天垂象，取财于地，取法于天。是以尊天而亲地。"①

　　再次，在草莱初辟的时代，古代先民们在对土地的想象中建构了人类最初的历史，这是人类进入文明时代的一个重要标志。先秦时期的中国先民，由于交通条件和地理知识的缺乏，不可能对天地的形成有着类似今天科学的见解，但是面对每天生于斯、养于斯的土地、山川和这片土地山川万物并育的神奇力量，不可能不发生赞叹和好奇，并努力用自己的想象拟出自己所身处的这片土地的产生过程和规模大小、疆域里程。由此产生了许多充满瑰玮色彩的传说、神话和不可思议的记载。当然，关于土地是如何产生的，在中国古代首先流传的都是一些较为朴素的说法。如《广雅》记载："太初，气之始也，清浊未分。太始，形之始也，清者为精，浊者为形。太素，质之始也，已有素朴而未散也。二气相接，剖判分离，清浊为天地。"西晋葛洪《抱朴子》也有类似的简要说法："太极初构，清浊始分，故天先成而地后定。"不过，关于天地的产生，最具影响力的还要属盘古开天辟地的传说。《太平御览·天部》所引用的徐整《三五历纪》记载了这个神话的原型："天地浑沌如鸡子，盘古生其中，万八千岁。天地开辟，阳清为天，阴浊为地，盘古在其中，一日九变，神于天，圣于地。天日高一丈，地日厚一丈，盘古日长一丈，如此万八千岁。天数极高，地数极深，盘古极长，后乃有三皇。数起于一，立于三，成于五，盛于七，处于九，故天去地九万里。"②袁珂先生指出，徐整《三五历纪》中盘古开天辟地的神话来自南方少数民族中"盘瓠"或"盘古"的传说，而在中国南方瑶族、苗族和黎族的传说中，关于盘瓠的传说，还有着盘瓠婚后生育出蓝、雷、盘、钟四姓，从而成为这些民族祖先的记载。③这说明，自古及今，关于天地剖判的传说中，都包含着人类对自身起源的历史

---

① （汉）郑玄注，（唐）孔颖达疏：《礼记正义》卷25《郊特牲》，第1449页。
② 《太平御览》卷2《天部》，第8页。
③ 袁珂：《中国神话传说》，人民文学出版社1998年版，第72页。

的追溯。也就是说，在关于土地是如何产生的神话传说中，从来就蕴含着人类对自身历史的关注。这种现象的实质就是，土地和人本身，从来都是连在一起的。

　　正是在这种人地密不可分的充满人文色彩的潜意识里，中国古人对土地的地势、性质和规模又给予了具有中国特色的将天地人、五行、阴阳结合起来的独特解释。关于中国的总体地势的产生，《列子》记载过这样一个传说："共工与颛顼争为帝，怒而触不周之山，天柱折，地维绝。地不满东南，故百川归焉。"关于中国土地的高下、山川的性质，《孔子家语》记载过这样的说法："子夏曰：'商闻《山书》曰，地东西为纬，南北为经，山为积德，川为积刑，高者为生，下者为死，丘陵为牡，川谷为牝，蚌蛤龟珠，与日盈虚。是故坚土之人刚，弱土之人柔，虚土之人大，实土之人细，息土之人美，秏土之人丑。'"①关于中国土地疆域的大小，《山海经》云："帝令竖亥步，自东极至于西极，五亿十选，九千八百八十步。竖亥左手抱算，右手指青丘北。又曰：天地之东西二万八千里，南北二万六千里，出水者八千里，受水者八千里。"《河图括地象》曰："（地有）八极之广，东西二亿三万三千里，南北二亿三万一千五百里。夏禹所治四海内地，东西二万八千里，南北二万六千里。"《博物志》云："地祇之位，起形于昆仑，从广万里，高万一千里，神物之所生，圣人仙人之所集。昆仑之东北，地转下三千六百里，有八玄幽都，方二十余万里，下有四柱，柱广十万里，地有三千六百轴，互相牵制也。"关于天地之间的联系，《河图括地象》又说："天有五行，地有五岳；天有七星，地有七表；天有四维，地有四渎；天有八气，地有八风；天有九道，地有九州。"甚至中国古人还有所谓天地分野之说。《汉书》曰："秦地于天官，东井、舆鬼之分野，周地柳、七星、张之分野，韩地角、亢、氐之分野，赵地昴、毕之分野，燕地尾、箕之分野，齐地虚、危之分野，鲁地奎、娄之分野，宋地房、心之分野，卫地营室、东璧之分野，楚地翼、轸之分野，吴地斗、牛之分野。"② 这些说法，不一而足，但在其纷繁复杂的表象下，都是中国古代人们对土地性质的思索和认识。这种思索和认识，包含着中国古人特有的思维逻辑与观念，如五行观念、天地人三才合一的观

---

① 王国轩、王秀梅译注：《孔子家语·执辔》，中华书局2011年版，第312—313页。
② （宋）李昉等编：《太平御览》卷36《地部·上》，第170、171页。

念等。也可以这样说，中国古人的土地观，也是中国传统文化和思维习惯的一种展示和反映。而且就中外民族对天地如何产生这一问题的思考的原始性而论，中国古人的土地观，也许还是催生中国古代阴阳五行和天人合一思想的文化源泉。

复次，基于中国古人对土地的深刻认识，也基于人们长期的生产和生活实践，我国古代的人们自然而然地产生了土地和风俗相关的思想。在这方面系统的论述，或许以《管子·水地》的记载最具有代表性："地者，万物之本原，诸生之根菀也。美、恶、贤、不肖、愚、俊之所生也。水者，地之血气，如筋脉之通流者也。……故曰：水者何也？万物之本原也，诸生之宗室也，美、恶、贤、不肖、愚、俊之所产也。何以知其然也？夫齐之水，道躁而复，故其民贪粗而好勇。楚之水，淖弱而清，故其民轻果而贼。越之水，浊重而洎，故其民愚疾而垢。秦之水泔冣而稽，壅滞而杂，故其民贪戾，罔而好事。齐晋之水，枯旱而运，壅滞而杂，故其民谄谀而葆诈，巧佞而好利。燕之水，萃下而弱，沈滞而杂，故其民愚戆而好贞，轻疾而易死。宋之水，轻劲而清，故其民闲易而好正。"① 如前引杨泉《物理论》的说法，山川、水渎都是土地的一部分，水的不同，也正是在说土地的差异，不同的土地，催生了不同区域的人独特的地方性格，产生了诸如美、恶、贤、不肖、愚、俊的品性和贪粗而好勇、轻果而贼、愚疾而垢等性格的差异。所以，《汉书·地理志》说："凡民函五常之性，而其刚柔缓急，音声不同，系水土之风气。故谓之风；好恶取舍，动静亡常，随君上之情欲，故谓之俗。"这也就是说，土地的不同，导致了风俗的差异。对此，汉太山太守应劭在其《风俗通义序》里有着更进一步的发挥："风者，天气有寒暖，地形有险易，水泉有美恶，草木有刚柔也。俗者，含血之类，像之而生，故言语歌讴异声，鼓舞动作殊形，或直或邪，或善或淫也。"在应劭看来，风土是自然地理环境，俗是人类的文化活动，气候、土地不同，风俗也就会随之变化。这种思想的极端发挥，就是地理环境决定论，如汉仲长统《昌言》所云："北方寒，其人寿；南方暑，其人夭。此寒暑之方，验于人也。"② 这是对土地与民俗关

---

① （唐）房玄龄注：《管子》卷14《水地篇》，《二十二子》，上海古籍出版社1986年版，第147页。

② 《太平御览》卷825《资产部·蚕》，第3677页。

系的特殊强调和认识。

最后，中国古人的土地观与中国传统民俗文化的关系，还集中体现在中国古代的两种祭祀典礼上，即对社和稷或合称社稷的祭祀上。

社、稷祭祀是中国古代两种不同但又有共同之处的祭祀仪式。《礼记·郊特牲》云："社祭土而主阴气也。"①《白虎通·社稷》："王者所以有社稷何？为天下求福报功。人非土不立，非谷不食。土地广博，不可遍敬也，五谷众多，不可一一而祭也。故封土立社，示有土尊，稷五谷之长，故封稷而祭之也。"② 可见，社祭是祭祀土地的，稷祭是祈求丰收的，而土地和丰收之间的紧密联系又是不言而喻的。所以后世除了民间的社祭以外，在国家的正式祀典中，社、稷竟合二为一也就毫不足奇了。《太平御览》引《孝经纬》载："社，土地之主也，土地广博，不可尽敬，故封土为社，以报功也。"③《白虎通·社稷》篇："稷者，得阴阳中和之气，而用尤多，故为长也。"④《御览五三二引礼记外传》："国以民为本，人以食为天。故建国君民，先命立社，地广谷多，不可遍祭，故于国城之内，立坛祭之，亲之也，日用甲，尊之也。"关于社祭，《风俗通义·祀典·社神》又云："《孝经说》：'社者，土地之主，土地广博，不可遍敬，故封土以为社而祀之，报功也。'周礼说：'二十五家置一社。'但为田祖报求。诗云：'乃立冢土。'又曰：'以御田祖，以祈甘雨。'"⑤ 无论是社祭还是社稷，都是中国古代礼仪中的一部分，其中，社祭可以看作民间文化的组成部分，社稷则是国家的最高祀典之一。表面看来，社祭是古代民俗的一部分，而社稷则否。事实果真如此吗？

民俗学者叶舒宪在研究弗雷泽《金枝》和神话原型批评的过程中，曾经揭示了中国古代社稷祭典的深层文化意义，对于我们今天认识中国古代的土地与风俗的关系极具启发性。

---

① （汉）郑玄注，（唐）孔颖达疏：《礼记正义》卷25《郊特牲》，第1449页。
② （清）陈立撰，吴则虞点校：《白虎通疏证》卷3《社稷》，中华书局1994年版，第83页。
③ （宋）李昉等：《太平御览》卷30《时序部·社》，第142页。
④ （清）陈立撰，吴则虞点校：《白虎通疏证》卷3《社稷》，中华书局1994年版，第83—84页。
⑤ （汉）应劭撰，王利器校注：《风俗通义校注》卷8《祀典·社神》，中华书局1981年版，第354页。

弗雷泽在《金枝》一书中指出："埃及和西非人民以奥锡利斯、塔穆兹、阿多尼斯和阿蒂斯等名字表示生命每年的衰亡与复苏，把它当作神的化身，每年死去又复回生。"[①] 有关塔穆兹的神话是这样的，在巴比伦，塔穆兹是大母神易士塔（Istttar）的情人，易士塔是大自然的生产活力的象征，她主宰着一切生物的生殖繁衍能力。作为植物生命象征的塔穆兹每年都要死去一次，离开具有生之欢乐的地上世界，到那阴暗凄惨的地下世界中去。易士塔为了寻找自己心爱的伴侣，也要每年一次踏上通往地府的旅程。当她离开阳界期间，爱欲的激情便从世界中消逝了：动物和人都忘记了自身的生殖活动，所有的生命都面临着灭绝的危机。在这种情形下，大神埃阿不得不派出使者前往地府，要求阴间女王放回易士塔。女王给易士塔洒上生命之水使她复苏，允许她带着情侣塔穆兹重返阳世。伴随着男女二神的归来，大自然便又恢复了生机。类似的神话在到临近希腊的小亚细亚沿海地区，男女二神的名字转化成了阿都尼斯和阿弗洛狄忒，除了古代巴比伦地区以外，弗雷泽还在其他地区发现了类似于阿都尼斯的，以死亡与复活为特征的植物神，如小亚细亚古国弗里吉亚的阿提斯、古埃及的奥西里斯等。这段研究促使叶先生联想到中国古籍《周礼·媒官》中关于"仲春之月，令会男女，于是时也，奔者不禁"的记载。

叶先生认为，按照《金枝》所提供的人类学思路，我们似可找到中国华夏文化的中心观念"社稷"的原始宗教渊源。"社"，在大多数古今学者看来，就是土地崇拜，其实质乃是大地母亲的生殖力崇拜，这恰恰相当于西亚的地母神和繁殖神易士塔崇拜，而"稷"，则毫无疑问是谷物神崇拜，也就是植物神阿都尼斯崇拜在农业社会中发展了的形式。中国古代祭祀社稷的典型方式是所谓"春祈秋报"之说。《礼记·月令》："仲春之月，择元日命民社。"可知春祈的时间是仲春之月，《礼记·月令》又记载说："仲春之月……是日也，玄鸟至，至之日，以太牢祀于高禖。"[②]"高禖"祭祀是一种祈孕子嗣的祭祀形式，从中国古代有关周代始祖诞生的传说中，就可以看出这一点。《竹书纪年·周武王》载："初，高辛氏

---

[①] ［英］詹·乔·弗雷泽（James George Frazer）：《金枝》，徐育新等译，大众文艺出版社1998年版，第474页。

[②] （汉）郑玄注，（唐）孔颖达疏：《礼记正义》卷15《月令》，第1361页。

之世妃姜嫄，助祭郊禖，见大人迹，履之，当时韵，如有人道感已，遂有身而生男弃。"弃就是后稷，被周人尊奉为始祖。稷在中国还是一位农业神。《山海经·大荒西经》云："帝俊生后稷，稷降以百谷。"《尚书·吕刑》云："稷降播种，农殖嘉谷。"① 而且在中国古代的传说中，稷也有死而复活的经历。《淮南子·坠形训》："后稷垄在建木西，其人死复苏。"② 因此，后稷不啻便是中国的阿都尼斯。《礼记·月令》曰："仲春之月……玄鸟至，至之日，以太牢祠于高禖，天子亲往。后妃帅九嫔御，乃礼天子所御，带以弓，授以弓矢，于高禖之前。"③ 从上述记载看，祀的时间是仲春之月的"玄鸟至之时"。因此，先秦时期的春祀高禖求子的习俗，与最初的社稷崇拜竟然具有相同的功能。④

这里似乎还可以补充两则史料，一则是《周礼·地官司徒》载："媒氏掌万民之判。凡男女自成名以上，皆书年月日名焉。令男三十而娶，女二十而嫁。凡娶判妻入子者，皆书之。中春之月，令会男女，于是时也。奔者不禁。"另一则是《诗经·郑风·溱洧》一诗的记载："溱与洧，方涣涣兮。士与女，方秉蕳兮。女曰观乎，士曰既且。且往观乎，洧之外，洵一个且乐。维士与女，伊其相谑，赠之以勺药。溱与洧，浏其清矣。士与女，殷其盈矣。女曰观乎，士曰既且。且往观乎，洧之外，洵吁且乐。维士与女，伊其将谑，赠之以勺药。" 对于郑国这种男女在河边聚会并互相赠送芍药等定情之物的举动，宋代学者朱熹指出："郑国之俗，三月上巳之辰，采兰水上，以祓除不祥。故其女问于士曰，盍往观乎。士曰，吾既往矣。女复要之曰，且往观乎。盖洧水之外，其地信宽大而可乐也。于是士女相与戏谑，且以芍药为赠，而结恩情之厚也。此诗，淫奔者自叙之词。"⑤ 三月上巳即是仲春之月，男女之间借祭祀的机会私自约会的"淫奔"行为，即是"奔者不禁"。因此，《诗经·溱洧》所载的三月上巳男女淫奔的行为，不独是郑国一国的风俗，而是周代国家倡导的婚姻礼俗。而婚姻，不仅是一个社会民俗生活的重要组成部分，更是中国古

---

① （汉）孔安国传，（唐）孔颖达疏：《尚书正义》卷29《吕刑》，第248页。
② （汉）刘安撰，高诱注，（清）庄逵吉校：《淮南子》卷4《坠形训》，《二十二子》，上海古籍出版社1986年版，第1223页。
③ （汉）郑玄注，（唐）孔颖达疏：《礼记正义》卷15《月令》，第1361页。
④ 以上观点参见叶舒宪《探索非理性的世界》，四川人民出版社1986年版，第25—33页。
⑤ （宋）朱熹：《诗经集注》，世界书局1943年版，第45—46页。

代一切社会单元和社会纽带的基础。《礼记·昏义》说:"昏礼者,将合二姓之好,上以事宗庙,而下以继后世也,故君子重之。……礼之大体,而所以成男女之别,而立夫妇之义也。男女有别,而后夫妇有义;夫妇有义,而后父子有亲;父子有亲,而后君臣有正。故曰:'昏礼者,礼之本也。'"①

这样,中国先秦时期的社祭和社稷,联系到同一时期的高禖祭祀和三月上巳奔者不禁的传统婚俗,我们便可以大体勾勒出一个由土地而生发的人类物质生产和婚姻习俗组成的土地与风俗关系的图景。

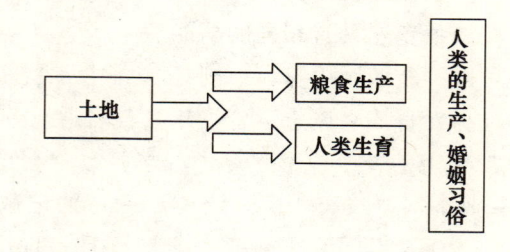

```
土地 → 粮食生产
    → 人类生育
         → 人类的生产、婚姻习俗
```

弗雷泽在《金枝》中说:人们"都相信动物世界和植物世界之间的关系比它们的表面现实更为密切。所以他们往往将复活植物的戏剧性表演同真正的或戏剧性的两性交配结合在一起进行,用意就在于借助这同一做法同时繁殖果实、牲畜和人。在他们看来,无论动物或植物的生命与繁殖,原理都是一个,并且是不可分开的。要活着并且要使之存活,要吃饭并且要生育繁衍,这些是人类在古代的基本需求,也是将来的(只要世界存在的话)基本需求"②。这段话,也正好可以作为我们探讨中国古代土地与民俗关系的总结。

总之,风土二字由风和土组合而成。风土是因大气与大地相互作用而在一定地域产生的特有现象。而这种特有现象的形成又与人类的生活息息相关,因而风土表现出极强的人文特性。风土的重要特征是具有地域性。一个地方的风土主要指的就是这个地方的气候和风俗,即自然环境和人文环境的总和。所谓"一方水土养一方人",自然环境影响着人们的生活方

---

① (汉)郑玄注,(唐)孔颖达疏:《礼记正义》卷61《昏义》,第1680页。
② [英]詹·乔·弗雷泽(James George Frazer):《金枝》,徐育新等译,大众文艺出版社1998年版,第473页。

式，人类的生活也处处在适应和反映着环境的特征，在这样的过程中便逐渐形成了特定地域的风土人情和风俗习惯。因此，风土是"自然与人文"结合的产物。"自然"是相对人而言的，人与自然的亲近程度、融合程度，决定了风土色彩的强弱。"自然"中没有了人，也便谈不上会有风土人情。风土还具有地域性，风土具有地域性指的是同一地域的风土特征具有同质性，不同地域的风土特征具有差异性。一定地域的自然因素与人文因素相互影响，互为条件，从而构成了风土。应该说风土是特定区域文化的积累与沉淀，是人类生活与习俗中与自然环境息息相关的最紧密、最稳定的部分。

## 三 风土与民心：古代民众心理的地理因素

"风俗"作为一个词，最早见于《荀子》。如《荀子·强国》"入境，观其风俗"。在这个近乎叙述性的语句中，其实还包含一个基本的前提判断，那就是风俗皆有一定"境"的限制，也就是说荀子认为，风俗是发生于特定的地理环境的，而且风俗也会随着所处环境和实际生活的变化而变化。《荀子·儒效》就说"居楚而楚，居越而越，居夏而夏"，《荀子·非相》还说"文久而息，节族久而绝，守法数之有司极礼而褫"，风俗具有清晰的时间特征，即时过境迁，风俗也会发生演变。这当然都是富有真理性的思想，也清清楚楚地解释出民俗与风土的密切联系。

据晁福林先生的研究[1]，俗在中国古代有两重含义，一是"习"，《说文解字》"俗，习也"[2]。"习"原指鸟的飞行练习，用到人事上就指仿效、传习，有延续、习染的含义。这种意义后来延伸为民群的习性、习惯。二是"欲"的含义，俗与"欲"在上古音义相通，俗常作欲解。毛公鼎上有一句话："告余先王若德，用印邵皇天，绸缪大命，康能四或（域），俗我弗作先王忧。"[3] 这里的"俗"，读为"欲"，导向之意。再

---

[1] 晁福林：《中国民俗史·先秦卷》，人民出版社2008年版，第1—3页。
[2] （汉）许慎：《说文解字》，中华书局1963年版，第165页。
[3] 北京图书馆金石组编：《北京图书馆藏青铜器铭文拓本选编》，文物出版社1985年版，图版第72页，释文第5页。

如，《礼记·缁衣篇》有："故君民者章好以示民俗，慎恶以御民之淫。"① 公元前300年左右的郭店楚简有《缁衣》篇，云："古（故）君民者章好以视（示）民欲。"② 由此确证俗与欲的通用。俗与欲同，就是说俗在古代社会有欲望的含义。后来汉人解说"俗"为人之情欲，即本此意。"俗，欲也，俗人所欲也。"③

在中国古代民俗史上，司马迁较早地认为风俗源于社会需要，具有鲜明的社会心理特征，他在《史记·乐书》中说："余至大行礼官，观三代损益，乃知缘人情而制礼，依人性而作仪，其所由来尚矣。"因此，司马迁主张统治者应该"因循为用""因民而作，追俗而制也"，要根据地理环境、民众心理和社会需求制定政策。他在《货殖列传》中明确提出了民众的心理需求是历史发展的动力的观点："人各任其能，竭其力，以得所欲，故物贱之征贵，贵之征贱，各劝其业，乐其事，若水之趋下，日夜无休时，不召而自来，不求而民出之。岂非道之所符，而自然之验耶？"因此，司马迁主张："故善者因之，其次利导之，其次教诲之，其次整齐之，最下者与之争。"

不过，如果我们承认民俗的养成既具有深厚的风土区域基础，又是民众群体心理需求的反映，那我们就会产生一个疑问，也就是不同区域的民俗的心理特征也必然有所差异，而这种差异的区域特征又是什么呢？

笔者认为，理解这一问题，如果运用瑞士心理学家荣格的集体无意识理论会更容易和方便一些。集体无意识是荣格在1922年《论分析心理学与诗的关系》一文中提出的分析心理学用语。指由遗传保留的无数同类型经验在心理最深层积淀的人类普遍性精神，简单地说，就是一种代代相传的无数同类经验在某一种族全体成员心理上的沉淀物，而之所以能代代相传，正因为有着相应的社会结构作为这种集体无意识的支柱。荣格认为人的无意识有个体的和非个体（或超个体）的两个层面。前者只到达婴儿最早记忆的程度，是由冲动、愿望、模糊的知觉以及经验组成的无意识；后者则包括婴儿实际开始以前的全部时间，即包括祖先生命的残留，

---

① （清）孙希旦：《礼记集解》卷52《缁衣》，中华书局1989年版，第1326页。
② 荆门市博物馆编：《郭店楚墓竹简》，文物出版社1995年版，第129页。
③ （清）王先谦：《释名疏证补》卷4《释言语》，上海古籍出版社1984年版，第189页。

它的内容能在一切人的心中找到，带有普遍性，故称"集体无意识"。集体无意识的内容是原始的，包括本能和原型。它只是一种可能，以一种不明确的记忆形式积淀在人的大脑组织结构之中，在一定条件下能被唤醒、激活。法国人类学家列维·布留尔指出："原始人的意识已经预先充满了大量的集体表象，靠了这些集体表象，一切客体、存在物体或者人制作的物品总是被想象成拥有大量神秘属性的。因而，对现象的客观联系往往根本不加考虑的原始意识，却对现象之间的这些或虚或实的神秘联系表现出特别的注意。原始人的表象之间的预先形成的关联不是从经验中得来的，而且经验也无力来反对这些关联。""这里，有一个因素是在这些关系中永远存在的。这些关系全都以不同形式和不同程度包含着那个作为集体表象之一部分的人和物之间的'互渗'。"①"集体无意识"作为一种典型的群体心理现象无处不在，并一直在默默而深刻地影响着我们的社会、人们的思想和行为，因而也是理解各种群体文化现象，特别是民俗文化现象的重要概念。

在奠定中华民族精神的古代文化典籍中，有一些著作可以粗略地展现风土与中华民族心理特征形成的关系。比如，《周易》在思维方法上常常习惯于从天道、地理的特定现象去得出人事的未来发展趋向。这种情况在"经"与"传"中都有相当鲜明的表现，而在《易传》中有时简直成为相当规范的通则。例如《象传》中的表述方式，都是把特定的天文、地理现象和预测的人文现象组合在一起，请看下面这些例子。象曰："天行健，君子以自强不息。"象曰："地势坤，君子以厚德载物。"象曰："云雷屯，君子以经纶。"象曰："山下出泉，蒙，君子以果行育德。"象曰："云上于天，雷，君子以饮食宴乐。"② 这就是一种典型的把地理、人文结合在一起的思考方式。另外，在古代中国，无论是在哲学、文学还是绘画等艺术中，人们对自然山水都表达着一种微妙而深切的感情，这是一种在人类的原始心理残迹、农耕社会的心理经验的影响下形成的文化观念对外在物象的主动选择。在这种选择的背后，隐含着古代先民对自然山水极其依恋的集体无意识，这种对自然山水极其依恋的心理意识与原始的心理残

---

① [法]列维·布留尔（Levg-Bruhl）：《原始思维》，丁由译，商务印书馆1985年版，第69页。
② 于贤德：《〈周易〉与民族审美文化》，《汕头大学学报》（人文版）1996年第1期。

迹、农耕社会的心理经验是一个互动的过程。① 这种思维方式在中国古人的思维中更为典型的表现还有孔子在《论语》中所宣扬的"智者乐水，仁者乐山"等思想。

再如，《诗经·秦风》部分对秦国民众心理的表现，也可以看作秦国风俗的心理基础。

《诗经·国风·秦风》里的《无衣》一诗，内容是这样的：

岂曰无衣？与子同袍。王于兴师，修我戈矛。与子同仇！
岂曰无衣？与子同泽。王于兴师，修我矛戟。与子偕作！
岂曰无衣？与子同裳。王于兴师，修我甲兵。与子偕行！

这首诗说的是什么意思呢？《毛诗》郑（玄）笺的解释，是这样的："《春秋》文（公）七年，晋人、秦人战于令狐。十年，秦伯伐晋。十二年，晋人、秦人战于河曲。十六年，楚人、秦人灭庸。《无衣》，刺用兵也。秦人刺其君好攻战，亟用兵，而不与民同欲焉。"这种"刺用兵"的解释，显然忽略了秦兵"修我戈矛。与子同仇"的跃跃欲试的心理。孔（颖达）疏虽然沿袭了百姓厌战的思路，但对郑笺的疏漏之处又做了一些弥补："君能与百姓同欲，故百姓乐致其死。至于王家于是兴师之时，百姓皆自相谓：修我戈矛，与子同为仇匹，而往征之。由上与百姓同欲，故百姓乐从征伐。今康公不与百姓同欲，非王兴师，而自好攻战，故百姓怨也。"意思是百姓厌战是真的，但如果国君能够与百姓共甘苦，特别是如果战争是王（大概是周王）的需要，百姓还是乐于为国家效命的。

其实，这首诗就是对秦兵好战的生动描写，是对秦国尚勇好战的国家风格和民众集体心理的艺术表现。《诗经》三百篇很多都是民间歌谣，笔者认为，《无衣》一诗就是典型的秦国民歌的一种，因为它所反映的其实是活生生的秦国统一六国前，国家尚武、民众好战喜功的民族尚武之风。我们知道，秦国起源于中国的西陲，自古就被中原王朝以夷狄视之。而且，秦国与汉唐正统观念中的夷狄，即先秦时期北方的少数民族如匈奴等，距离是很近的，双边的战争连绵不断，所以自古秦人就养成了尚武好

---

① 廖国伟：《原始心理残迹与农耕社会心理经验的折射——中国古代山水画的文化阐释》，《东方丛刊》2007 年第 4 期。

战的习性。《汉书·赵充国传》就指出:"秦汉已来,山东出相,山西出将。何则？山西天水、陇西、安定、北地处势迫近羌胡,民俗修习战备,高上勇力鞍马骑射。其风声气俗自古而然,今之歌谣慷慨,风流犹存耳。"

另外,秦国的政治改革,特别是秦孝公时期任用商鞅变法,实行奖励耕战的措施,更刺激了秦国百姓好战的习性。《史记·商君列传》里讲:"有军功者,各以率受上爵……宗室非有军功论,不得为属籍。……有功者显荣,无功者虽富无所芬华。"这在史书上,还有很多的资料可以证明。例如,《吴子·料敌》里说:"秦性强,其地险,其政严,其赏罚信,其人不让。"《战国策·魏策三》则讲:"秦与戎翟同俗,有虎狼之心,贪戾好利而无信,不识礼义德行,苟有利焉,不顾亲戚兄弟,若禽兽耳。"①《商君书·赏刑》:"是故(秦)民闻战而相贺也,起居、饮食所歌谣者,战也。"以至于最后形成了"民之见战也,如饿狼之见肉"的恐怖景象,每当有战争爆发时,秦国的男人们都摩拳擦掌,跃跃欲试,"父遗（勉励）其子、兄遗其弟、妻遗其夫皆曰:不得,无返"。简直是见猎心喜,丝毫没想到过自己的亲人也会在战争中死亡似的。这种好战的风气,正是秦国能够经过几代国君的富国强兵、厉兵秣马,最终在秦始皇手里实现"席卷海内,包举天下"的统一伟业的原因之所在。

20世纪70年代以来,秦始皇兵马俑的发现,让世人充分领略了秦国虎狼之师威猛雄壮的风采,在这些严整的战阵里,人们不难发现,很多士兵的嘴角都微微翘起,洋溢着一种耐人寻味的神秘笑容,这些士兵的微笑,也许正是秦国民众好战喜功的集体无意识的体现吧。民俗即民欲,民欲也有风土差异的论述,这就是生动的体现。

## 四 风土与区域民俗文化

风土一是气候因素,二是地质环境,它们一起构成了人类社会发展的历史舞台,不仅是研究任何区域内人们的民俗必须注意的自然条件,而且对于塑造民族历史和文化产生着巨大的影响。对于这一点,古今中外的许多著名学者和思想家都有着深刻的认识。

---

① 何建章:《战国策注释》卷24《魏策·魏将与秦攻韩》,中华书局1990年版,第907页。

前引《管子·水地》篇就在中国古籍中较早地论述了地理环境对人们性格好恶的影响。《管子·乘马篇》更把土地与人民的关系上升到"地者，政之本"①的高度，因而《汉书·食货志》才有"立民之道，著地为本"的说法。清代学者赵翼曾经用"地气"盛衰来解释中国历史发展的进程。他认为，中国古代政治文化的重心由关中转入洛阳、开封，最后又北移转到北京的发展演变，乃是"地气"使然，认为"地气之盛衰，久则必变。唐开元、天宝间，地气自西北转东北之大变局也"②。这种说法多少有些抽象和玄妙，如果不辅以详细的论证和解释恐难厌众心。不过，"百里不同风，千里不同俗"和"一方水土养育一方人"的俗语却要算得上中国人耳熟能详的了。唐代杜佑在《通典·边防典序》中则认为："覆载之内，日月所临，华夏居土中，生物受气正。其人性和而才惠，其地产厚而类繁，所以诞生圣贤，继施法教，随时拯弊，因物利用。三五以降，代有其人。君臣长幼之序立，五常十伦之教备，孝慈生焉，恩爱笃焉。主威张而下安，权不分而法一。生人大赘，实在于斯。"而四夷之地"其地偏，其气梗，不生圣哲，莫革旧风，诰训之所不可，礼义之所不及"③。这虽然有浓厚的华夷之辨的偏见色彩，但在揭示不同地域风土塑造出不同文化传统方面还是颇有意义的。

近代著名学者梁启超说过："地理和人民二者常相待，然后文明以起，历史以成。若二者相离，则无文明，无历史。其相关之要，恰如肉体与灵魂，相待以成人也。"④ 这种思想，或许是肇源于德国哲学家黑格尔的思想。黑格尔在其《历史哲学》里讲过："助成民族精神的产生的那种自然的联系，就是地理的基础……自然的联系似乎是一种外在的东西；但是我们不得不把它看作是'精神'所从而表演的场地，它也就是一种主要的，而且必要的基础。……在世界历史上，'精神的观念'在它的现实性里出现，是一连串外部的形态；每一个形态自称为一个实际生存的民族。但是这种生存的方面，在自然存在的方式里，属于'时间'的范畴，

---

① （春秋）管仲撰，（唐）房玄龄注：《管子》卷1《乘马篇》，《二十二子》，上海古籍出版社1986年版，第96页。
② （清）赵翼著，王树民校证：《廿二史札记校证》卷20《长安地气》，中华书局1984年版，第449页。
③ （唐）杜佑：《通典》卷185《边防典序》，中华书局1988年版，第4978页。
④ 梁启超：《中国史叙论》，《饮冰室合集·文集》六，中华书局1989年版，第4页。

也属于'空间'的范畴；每一个世界历史民族所寄托的特殊原则，同时在本身中也形成它自然的特性。……这些自然的区别第一应该被看作是特殊的可能性，所说的民族精神便从这些可能性里滋生出来，'地理的基础'便是其中的一种可能性。我们所注重的，并不是要把各民族所占据的土地当做是一种外界的土地，而是要知道这地方的自然类型和生长在这土地上的人民的类型和性格有着密切的联系。这个性格正就是各民族在世界历史上出现和发生的方式和形式以及采取的地位。……因为人类觉醒的意识，是完全在自然界影响的包围中诞生的……"[1] 黑格尔这种在充分注意到地理环境的历史演变（自然存在的时间范畴特征）和现实基础（自然存在的空间范畴特征）的认识基础上，总结出的自然环境是塑造民众性格和思维方式（即"民族精神"）的重要因素的看法，完全不同于简单片面的形形色色的地理环境决定论，对于我们正确认识中国古代的风土观具有重要启示意义。

日本学者和辻哲郎在吸收黑格尔历史哲学的基础上，又根据世界各地自然地理环境的差异和气候的不同，把风土分为季风、沙漠、牧场三种类型，并认为由于三种不同风土的类型而导致三种不同的历史类型，也因之产生三种不同的文化特征。即分别以南亚、西亚、欧洲为代表的季风、沙漠和草原型三种风土类型。

和辻哲郎认为，西亚处于沙漠地带，暑热伴随着干燥，自然界岩石叠嶂，了无情趣。迫于这种外在自然界死寂性的威胁，这个地区的居民与自然的关系呈现对抗性的态势。同样，因为沙漠地区恶劣的生存条件，团体合作变得十分重要，争夺草地和泉水成为生存和发展的重要条件。集体的严厉是必要的，单个的个体必须绝对服从集体，所以在沙漠地域，对外的积极战斗和对内的绝对服从是人们的传统生活方式。与西亚的干燥相比，南亚的季风气候突出的特征是"湿润"，动植物自由生长，到处生机盎然，人们的生活也富有情趣，他们对待自然采取宽容和顺从的态度。但湿润也带来了大雨、洪水、暴风等一些自然灾害。在接受自然的恩惠的同时，人们也不得不承受自然的暴力和威胁。在自然界如此巨大的压力下，人们渐渐习惯了顺从。另外，南亚持续单调的暑热使人们对季节的变幻也变得不敏感了，所以，人们逐渐形成了宽容和温顺的服从的生活方式。但

---

[1] [德] 黑格尔：《历史哲学》，王造时译，三联书店1956年版，第123页。

是，单调并不是意味着不具有多样性，事实上，与大自然的多样性和丰富性相对应的是人们感情的丰富，如印度人就因之形成一种思考的特性——从丰富多样的人生中学会体会和洞察。第三种风土类型的代表是牧场。牧场，从某种角度来说是温和、温顺的自然，不像沙漠和季风都是在力量上压倒人类的。欧洲的自然在对人类的支配上是温和的。它的风土是地中海型气候的典型体现，夏季的干燥和冬季的湿润循环交替。与日本的自然相比，和辻哲郎强调了地中海的平静、欧洲河流的悠缓、风向的固定规则等。在这种温柔的自然中，人比较容易地认识自然，掌握自然的规律，从而合理地利用自然。①

显然，和辻哲郎的三种风土类型的总结和比较研究是有局限性的。他把地势和气候看作塑造文明形态的决定力量，其观点近乎地理环境决定论，相较黑格尔的相关历史哲学缺乏辩证色彩。在中国古代，既注意到地理环境的差异，又注意到经济和心理的因素的中国古代的较为系统完备的风土观，还要属司马迁和班固这两位史学家。司马迁在《史记·货殖列传》中极为注意从地域和经济的因素来解释民众的心理特征和民俗爱好。他认为当时"关中好稼穑，殖五谷，陇蜀多商贸，汉都长安之民好取巧不务根本，三河之地因土地少，人口多，故其俗多节俭"，等等，而"楚越之地，地广人稀，饭稻羹鱼，或火耕而水耨，果蓏蠃蛤，不待贾而足，地埶饶食，无饥馑之患，以故呰窳偷生，无积聚而多贫。是故江、淮以南，无冻饿之人，亦无千金之家。沂、泗水以北，宜五谷桑麻六畜，地小人众，数被水旱之害，民好蓄藏，故秦、夏、梁、鲁好农而重民。三河、宛、陈亦然，加以商贾。齐、赵设智巧，仰机利。燕、代田畜而事蚕"②。这种把中国概括为山东、山西、江南、北方四个经济地理区域，并结合各地物产来阐释民俗民风的观点可以说是中国古代风土观的一个极大发展。

及至东汉，班固第一次用"地理"作篇名，在继承司马迁风土思想的基础上，采获旧闻，辑录了汉成帝时刘向所言的"域分"，朱赣所条的"风俗"，又"辑而论之"，独出机杼，把风土与民俗的关系论述得更为深刻。班固指出，"凡民函五常之性，而其刚柔缓急，音声不同，系水土之风气"。这就是说各地人民的生活方式、生活习惯都不能不受自然环境的

---

① 朱坤容：《和辻哲郎"风土文化论"成因浅析》，《浙江师范大学学报》2006年第6期。
② （汉）司马迁：《史记》卷129《货殖列传》，中华书局1959年版，第3270页。

制约，地理区域的不同，载入环境的差异，都使得各地民众的风俗习惯呈现多元丰富的特点。《汉书·地理志》的后论部分，实际上是一篇以《史记·货殖列传》为蓝本，而又加以补充、扩展，从而上升到一个新的高度的风土观文献，是比《史记·货殖列传》更加完备的中国古代风土观的总论。

在《汉书·地理志》中，班固首先从地理环境的差异对先秦、秦汉的风俗进行了区域划分。在地域上，以春秋战国之际的列国旧疆为基础，分为十五个区域：秦、魏、周、韩、郑、赵、燕、齐、鲁、宋、卫、楚、吴、越、粤。同时，在各类风俗区域中又划分出更小的区域。针对不同的区域，班固又注意对本区域自然地理环境的描述。如秦地，"有鄠、杜竹林，南山檀柘，号称陆海，为九州膏腴"，又如"天水、陇西，山多林木……及安定、北地、上郡、西河，皆迫近戎狄，修习战备，高上气力，以射猎为先"，等等。其次，班固认识到各区域地理环境的特殊性影响着各区域人们的性格品质，在一定程度上决定着人们最初的思想意识、行为方式以及生活习惯等。如秦地天水、陇西六郡，因"山多林木"，其民生活习惯"以板为屋室"，莽莽林海，交通不便也塑造了那里山民"民俗质木"的性格品质，又因为"迫近戎狄"的特殊地理位置，使他们时刻处于战备警戒状态，"修习战备，高上气力，以射猎为先"，培养成尚武、勇敢、好杀伐的民性。随着尚武风气愈演愈烈，到了西汉，"六郡良家子"大都被选拔到了羽林、期门这样的"特种部队"里去，因而能"名将多出焉"。再如郑、卫两地，素以淫风著称，班固也试图从地理环境上找原因。他说，郑"土狭而险，山居谷汲，男女亟聚会"，卫有"桑间濮上之阻，男女亦亟聚会，声色生焉"，"故俗称郑卫之音"。另外，班固还看到风土对民俗美恶的形成起着至关重要的作用。关中"为九州膏腴"的地理条件，使生活在这里的人民"好稼穑，务本业……农桑衣食之本甚备"。再如巴蜀地区"土地肥美，有江水沃野，山林竹木疏食果实之饶。……民食稻鱼，亡凶年忧，俗不愁苦，而轻易淫泆，柔弱褊厄"。楚"有江汉川泽山林之饶……果蓏蠃蛤，食物常足。故窳偷生，而亡积聚，饮食还给，不忧冻饿，亦亡千金之家"。又如赵、中山"地薄人众"，结果"丈夫相聚游戏，悲歌忼慨，起则椎剽掘冢，作奸巧，多弄物，为倡优。女子弹弦，游媚富贵，遍诸侯之后宫"。雁门、代郡、燕地等，因降水稀少，气候寒冷，且近北狄，使得人们"不事农商"，"好射猎"，

"其民鄙朴，少礼文"。而且，更为可贵的是，班固还注意到了同一地区由于不同的历史演变和统治者的教化之功，从而产生不同的民风转变的特点。比如他在谈到南阳风俗的时候，即指出："颍川、南阳，本夏禹之国。夏人上忠，其敝鄙朴。韩自武子后七世称侯，六世称王，五世而为秦所灭。秦既灭韩，徙天下不轨之民于南阳，故其俗夸奢，上气力，好商贾渔猎，藏匿难制御也。宛西通武关，东受江、淮，一都之会也。宣帝时，郑弘召信臣为南阳太守，治皆见纪。信臣劝民农桑，去末归本，郡以殷富。颍川，韩都，士有申子、韩非，刻害余烈，高仕宦，好文法，民以贪遴争讼生分为失。韩延寿为太守，先之以敬让；黄霸继之，教化大行，狱或八年亡重罪囚。南阳好商贾，召父富以本业；颍川好争讼分异，黄、韩化以笃厚。"因此，班固感叹道："君子之德风也，小人之德草也。"也就是在同一风土区域内，处于不同历史阶段和不同统治者的影响之下，其风俗也是会有发展变化的。

# 第 二 章

# 周处《风土记》研究

## 一 写作背景

  风土记是专门记载我国古代地理和风俗的历史文献，是一种历代传衍的民俗记录和民俗解释文献，在中国历史文献发展史上，尤以汉唐时期为盛。我国汉唐时期曾经涌现出许多著名的风土记著作，如周处的《风土记》、盛弘之的《荆州记》、杨衒之的《洛阳伽蓝记》、莫休符的《桂林风土记》，等等，其数量不下百余种。我国汉唐时期的风土记既不同于我国古代以记载人物传记、政治事件为主的正史，也不同于专记地理沿革和州郡设置的方志笔乘，具有鲜明的文献特点。和流传至今的一般古代地方志不同，中国古代风土记并不是单纯的地理书，它们还包含着历史、物产、传说、神话、歌谣等资料。可以说，在一定的地理空间叙述中，特别注重人的活动和人类文化的影响，是我国古代风土记最为显著的特点。汉唐时期是我国古代风土记发展的鼎盛时代，西晋周处《风土记》则是汉唐风土记中的代表著作。

### （一）魏晋南朝时期的宜兴周氏

  周处（236—297），字子隐，西晋阳羡人。祖父周宾是宜兴周氏第一代始祖，在吴国为官，任咨议参军，官至光禄大夫，广平（今属河北）太守。父亲周鲂年少时好学，足智多谋，被推举为孝廉，初任安徽宁国长，后调任浙江钱塘县侯，因平定叛寇有功，晋升为丹阳西部属国都尉。

  据《晋书》卷58《周处传》的记载，周处年轻时候，不求上进，性情蛮横，斗殴闹事，阳羡百姓把他同南山猛虎、荆溪恶蛟并称为三害。周处射死猛虎，又与恶蛟搏斗三日三夜，人们以为他死了，兴高采烈庆贺起来。这时，周处居然斩蛟回来了，看到乡亲们庆贺的不是因为他射了虎、斩了蛟，而是以为他死了，这才骤然醒悟乡亲们是多么憎恨自己啊！他便从此决心改过自新。周处后任吴国东观左丞。晋平定吴国后，周处出仕西晋，任新平（今陕西彬县）太守，他"抚和戎狄，叛羌归附"，雍州一带民众称颂其政绩卓著，赞美其德政，声名播扬。接着周处转为广汉（今甘肃文县）太守，在任内发现"多滞讼，有经三十年不决者，处详其枉直，一朝决遣"。后"以母年老罢归"。旋被任命为楚内史，还未到任，又被征为散骑常侍。散骑常侍为皇帝侍从官，权位在楚内史之上。但周处"辞大不辞小"，于是先到了楚国，为百姓做了一些有益的事情。他对楚地百姓"敦以教义，又检尸无主及白骨在野收而葬之"。然后才回朝就任散骑常侍，"及居近侍，多所规讽"。后担任御史中丞，在任内"正绳直笔，凡所纠劾，不避宠戚"，"梁王肜违法，处深文按之"。因处事"强直"，受到贵戚权臣排挤。晋惠帝元康六年（296）八月，氐人齐万年反叛，群臣构陷周处，皆曰"处，吴之名将子也，忠烈果毅"，故意怂恿朝廷派周处西征。晋元康六年，朝廷推贤，使隶夏侯骏西征。既而梁王肜为征西大将军、都督关中诸军事。伏波将军孙秀劝周处以母老病辞任，周处也知道司马肜定会报复陷害自己，但他认为臣子忠孝不能两全，"自以人臣尽节，不宜辞惮，乃悲慨即路，志不生还"。中书令陈准知道梁王肜将因宿怨而陷害周处，且认为"周处吴人，忠勇果劲，有怨无援，将必丧身"，建议朝廷诏孟观率精兵万人，为周处的前锋，否则梁王肜必定会让周处为前驱，丧命于敌手。周处慷慨赴死，出兵时赋诗明志曰："去去世事已，策马观西戎。藜藿甘梁黍，期之克令终。"言毕率五千兵士出战。当时，齐万年所率兵力有七万之众，屯于梁山。周处率兵"自旦及暮，斩首万级"，但寡不敌众。在危急时刻，与他一起受命征讨齐万年的振威将军卢播、雍州刺史解系没有出兵救援。周处的部下劝其退兵，周处按剑怒曰："此是吾效节授命之日，何退之为！且古者良将受命，凿凶门以出，盖有进无退也。今诸军负信，势必不振。我为大臣，以身殉国，不亦可乎！"[①] 最终弦绝矢尽，很快陷入重围之中，激战终日，他与五千将士战死疆场。

---

① 《晋书》卷58《周处传》，中华书局1974年版，第1571页。

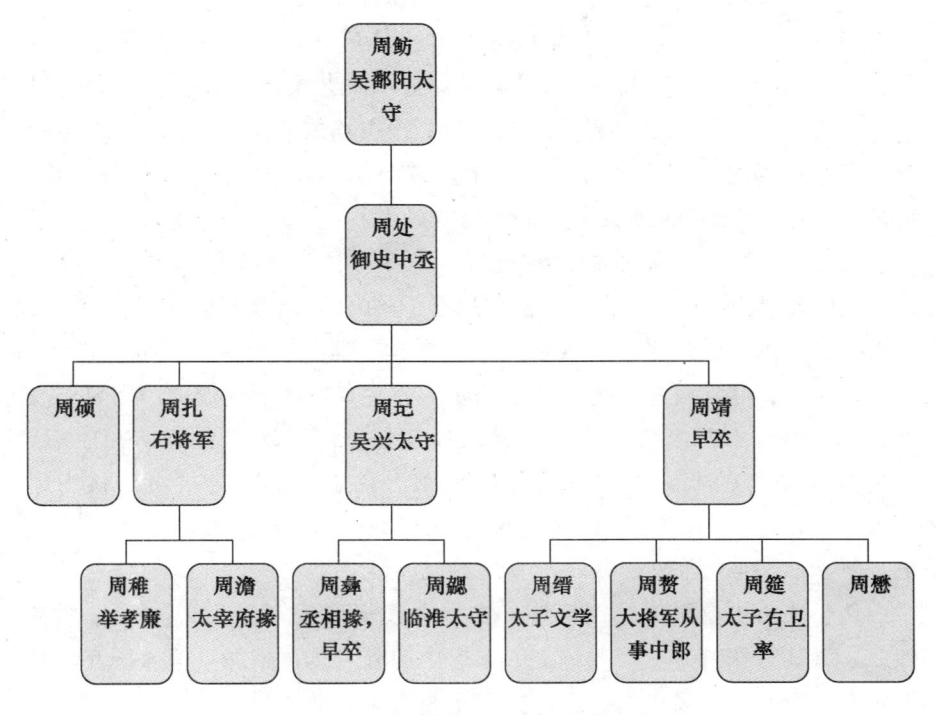

```
         ┌─────────────┐
         │   周鲂      │
         │ 吴鄱阳太守  │
         └──────┬──────┘
                │
         ┌──────┴──────┐
         │   周处      │
         │ 御史中丞    │
         └──────┬──────┘
                │
   ┌────────┬───┴────┬─────────┐
 ┌─┴─┐  ┌───┴──┐  ┌──┴───┐  ┌──┴───┐
 │周硕│  │周扎  │  │周玘  │  │周靖  │
 │   │  │右将军│  │吴兴太守│ │早卒  │
 └───┘  └──┬───┘  └───┬──┘  └──────┘
       ┌───┴──┐  ┌────┼────┬────┬────┐
     ┌─┴─┐┌──┴┐┌┴──┐┌┴──┐┌┴──┐┌┴──┐┌┴──┐
     │周稚││周澹││周彝││周勰││周缙││周赞││周筵││周懋│
     │举孝廉││太宰府掾││丞相掾，早卒││临淮太守││太子文学││大将军从事中郎││太子右卫率││    │
```

**图 2—1　魏晋时期宜兴周氏世系**①

　　周处不仅是孙吴、西晋时期的著名大将，而且自青年时期"励志而淫诗书"以后，也成为一个有学问的文人。《晋书》本传说他著有《默语》《吴书》，还撰写了《风土记》。正因如此，其功业和著述都受到时人的赞赏，甚至被人称为"良史之才"。如西晋西戎校尉阎缵称赞周处说："周全其节，令问不已。身虽云没，书名良史。"东晋太常贺循也说他："处履德清方，才量高出；历守四郡，安人立政；入司百僚，贞节不挠；在戎致身，见危授命。此皆忠贤之茂实，烈士之远节。"②周处的著作今均散佚，只有他所撰写的《风土记》一书，作为我国最早的一部专门介绍地方气候节令、风土习俗的著作，还在《太平御览》《水经注》《太平寰宇记》等古代文献中略存一二。

---

①　据王伊同《五朝门第·高门世系婚姻表》宜兴阳羡周氏世系表绘。
②　《晋书》卷 58《周处传》，中华书局 1974 年版，第 1571 页。

清人严可均认为周处《风土记》除"古地说《山海经》《水经》外，此为最旧，《三辅黄图》《华阳国志》并出其后"①。其卷帙，《隋志·经籍志》作三卷，《旧唐书·经籍志》《新唐书·艺文志》作十卷。之所以隋唐正史著录《风土记》卷数存在差异，严可均推测说："以史能之《咸淳毗陵志》考之，知石晋后有续补本，或旧志误据而新志沿之，故卷数增多耳。"真相如何，因其书久佚，已难确考。

周处《风土记》记述的地域范围，从今存的有限文字来看，大体可以说是以西晋扬州为主体的"吴越风土"的全面呈现，全书文字不多，然而亭邑、古迹、山水、节候、风俗、舟车、器服、物产、果实、草木、鸟兽、虫鱼，品类略备，史料丰富，实为今宜兴地区及附近的一部风土志书，可补地理志所未备，得到后人一致赞誉。刘知几《史通·补注篇》称其书"文言美词，列于章句，委曲叙事，存于细书"②，严可均认为周处《风土记》"正文协韵如古赋，而故实皆载于注"（严可均辑本《风土记·叙》），评价很高。

从相关历史典籍中钩沉索隐，在尽力搜辑周处《风土记》原文的基础上，对其写作背景、记载体例、思想内涵和文化贡献加以深入研究，对于研究汉唐时期的风土文献必然具有重要文化意义。

## （二）汉唐间江南风土文化圈的形成与演变

从时代背景看，周处生活于三国鼎立和魏晋禅代时期，他始仕于吴而被重用于晋，经历过孙吴灭亡的"国破"丧乱以及西晋初年统治者内部的政党之争，吴才晋用，最终因为当权朝臣的排挤而丧生于西晋平定民族起义的战事之中。他的仕宦经历，是魏晋时期，特别是西晋平吴后江南士人坎坷仕途的典型代表。

魏晋时期，如果作为一个可与南北朝对应的短时段的历史研究时期而言，应该始自汉献帝初平元年，即公元190年董卓之乱的发生，终于公元317年西晋灭亡，历时近130年。按照传统史观，西晋和东晋理应连为一

---

① （清）严可均：《铁桥漫稿》卷五《风土记·叙》，《续修四库全书·集部·别集类》，据浙江图书馆藏四禄堂刻本影印版，第6页。

② （唐）刘知几著，赵吕甫校注：《史通新校注·内篇·杂述》，重庆出版社1990年版，第322页。

体，作为一个时间单位，但实际上西晋和东晋不仅疆域有阔狭之别，而且在诸如门阀政治、南北对峙和主要政治矛盾及文化构成方面均存在一定差异，联系到本文研究的周处《风土记》的写作背景的具体问题上，把西晋而非两晋作为一体列为与汉魏对应的两个历史时期应该是较为合理的。

魏晋时期固然也有过西晋昙花一现的统一，但是混战与分裂始终处于时代的主导地位，这一历史时期，又可分为三国鼎立和西晋两个历史阶段。董卓之乱后，在黄河中下游地区活动的曹操经过不断地壮大军事、经济实力，利用挟持汉献帝的政治优势，扫平列强，逐步统一北方。公元208年，曹操南下准备兼并天下，但是在赤壁被孙权、刘备的联军打败。赤壁之战后，曹操退回北方，孙权巩固了在江东的地位，刘备则先据荆州部分地区，并西进夺得益州，三分天下的格局已定。220年曹丕建魏，不久刘备、孙权两人也称帝建国。三国中，魏的建国最早，共历三代五帝，存国45年。孙吴存国时间最长，从孙权为吴王（222）到孙皓降晋（280），前后计58年，历三代四帝。蜀汉只有刘备、刘禅父子两帝，存国42年（221—263）。西晋建立（265）之后十余年才完成统一大业。武帝死后，内乱频仍，并由此触发内迁的胡族首领举兵而起参加混战，最终灭亡西晋。西晋存国52年，历三代四帝。

汉末魏晋之际，政治的变革十分剧烈。《后汉书·儒林传》说："自桓、灵之间，君道秕僻，朝纲日陵，国隙屡启，自中智以下，靡不审其崩离。"这时期的政治和文化发展呈现两个特点：其一，在政治上，自东汉末期以来，皇权衰微，军阀与士族门阀的联合专政成为此后几代政权在政治上的经常状态；其二，政治的变革必然影响到文化。在思想上，因为皇权衰微，礼崩乐坏，传统儒学所赖以存在的统一、强大的皇权不复存在，对士族阶层的思想意识构成强烈的冲击，传统的儒家伦理和政治思想均面临着巨大的挑战和变革。

魏晋时期社会文化的发展特点，可以沿着两条脉络进行寻觅。这就是：（1）主导文化从儒学式微转变为三教并立。（2）地域文化从中原一脉发展成南北分别。首先，从汉末起，社会环境的巨变以及自身方面的原因，使得儒学式微。以玄学为先导的多种文化因素蓬勃生长，不但一变百草萧疏而为万木争荣，而且也为佛、道二教的迅速发展，扫清了道路。直到南北朝后期儒、释、道三家并立的主导文化格局初步形成。其次，由于分裂割据，特别是孙吴政权的长期存在，又使得自春秋以来的吴越文化在经过两汉的沉寂后再度萌发，江南文化的地域特征明显强化，文化和民俗的地域特色一再被人强调，甚至载诸于史籍。周处的《风土记》和其后宗懔的《荆楚岁时记》就是这种江南风俗文化地域化的典型著作。

本书所说的江南，是指六朝时期建邺（后改称为建康）周围的丹阳、宣城、毗陵、吴郡、会稽、余杭、东阳等吴中七郡地区。它大致包括以今太湖为中心，北临长江，东绝大海，西至皖南宣城，南及浙江宁绍金衢的长江下游一带。① 具体到周处而言，他的出生地和青少年时期耳濡目染的风俗区域，正是以无锡、阳羡、永宁一带为代表的太湖流域，也就是汉魏时期的江南重镇扬州地区。

《晋书·地理志》是这样介绍扬州风俗的："扬州于《禹贡》为淮海之地。在天官，自斗十二度至须女七度，为星纪，于辰在丑，吴、越得其分野。江南之俗，火耕水耨，食鱼与稻，以渔猎为业，虽无蓄积之资，然而亦无饥馁。其俗信鬼神，好淫祀，父子或异居，此大抵然也。江都、弋阳、淮南、钟离、蕲春、同安、庐江、历阳，人性并躁劲，风气果决，包藏祸害，视死如归，战而贵诈，此则其旧风也。自平陈之后，其俗颇变，尚淳质，好俭约，丧纪婚姻，率渐于礼。"②《通典·州郡典》对扬州风俗的介绍则略有不同："扬州人性轻扬，而尚鬼好祀。每王纲解纽，宇内分崩，江淮滨海，地非形势，得之与失，未必轻重，故不暇先争。然长淮、大江，皆可拒守。闽越逴阻，僻在一隅，凭山负海，难以德抚。永嘉之后，帝室东迁，衣冠避难，多所萃止，艺文儒术，斯之为盛。今虽闾阎贱品，处力役之际，吟咏不辍，盖因颜、谢、徐、庾之风扇焉。"③ 南北朝时期的北方人，对扬州风土文化的认识则颇多贬词。《魏书·僭晋司马叡传》载，扬州土风自春秋以来"俗气轻急，不识礼教"，汉魏两晋以来，也是"机巧趋利，恩义寡薄。家无藏蓄，常守饥寒"。所以"中原冠带呼江东之人，皆为貉子，若狐貉类云"。④ 这虽然属于南北对峙时期敌国的贬低之词，不可全部凭信，但也正说明了吴越地区独具特色的风土文化。

无论是《晋书》还是《通典》对扬州风土的介绍，都注意到在永嘉

---

① 谭其骧：《中国文化的时代差异和地区差异》，《复旦大学》1986 年第 2 期。
② 《晋书》卷 15《地理志·扬州》，中华书局 1974 年版，第 458—459 页。
③ （唐）杜佑著，王文锦等点校：《通典》卷 182《州郡典·扬州·风俗》，中华书局 1988 年版，第 4859—4860 页。
④ 《魏书》卷 96《僭晋司马叡传》，第 2092—2093 页。

南渡和隋平陈之后，以扬州为代表的江南地区的社会风气，曾有一个由"轻悍""好勇"到"怯懦""尚礼"的变化过程。这里面，包含着重要的历史信息。

江南社会风气的轻悍好斗，正是吴越文化的区域风俗特征。春秋时期，吴中七郡大致分属于"同气共俗"[①]，然而又交兵不已的吴越两国。"吴之于越也，接土邻境壤，交通属，习俗同，语言通。"[②] 其中，越人"水行而山处，以船为车，以楫为马，往若飘风，去则难从，锐兵任死"[③]。吴人则以"王刚猛以毅而行其令，百姓习于战守，将明于法"[④]，名震中原。他们崇尚好勇斗狠，鄙视恻隐忘仇，以所谓"不灭沥血之仇，不绝怀毒之怨，犹纵毛炉炭之上"[⑤] 作为人生信条。

战国时期，吴越之地尽为楚有。秦汉一统，中央政府先后在这里设置过以会稽、吴为名目的郡治，其后统归扬州管辖。《汉书·地理志》概括各地风俗时，评述吴地说："其民至今好用剑，轻死易发。"汉初，刘邦"患吴、会稽轻悍，无壮王以镇之，诸子少，乃立（刘）濞"[⑥]。不想，刘濞由此坐大，凭借吴地兵威竟自立为东帝。在平定七国之乱中，名将周亚夫亲自领教了吴人的强悍，被迫同意"吴兵锐甚，难与争锋"[⑦] 的说法。直到东汉末年仍是"江南精兵，北土所难，欲以十卒，当东一人"[⑧]。时光荏苒，江南地区虽然历尽沧桑，社会风气却依然如旧，没有大的变化。《晋书·五行志》就曾经这样概括孙吴风俗："吴之风俗，相驱以急，言论弹射，以刻薄相尚。"可见左思在《吴都赋》里讲的吴人"矫材悍壮，此焉比庐，捷若庆忌，勇若专诸，危冠而出，竦剑而趋"，并非尽是文学家的夸张之词，而是吴越之地数千年来的民风的一贯写照。[⑨]

---

[①] 俞纪东：《越绝书全译》卷6《范伯》，贵州人民出版社1996年版，第140页。
[②] 张双棣等译注：《吕氏春秋译注·贵直论·知化》，吉林文史出版社1987年版，第825—826页。
[③] 《越绝书全译》卷8《地传》，贵州人民出版社1996年版，第163页。
[④] （汉）赵晔著，苗麓点校：《吴越春秋》卷6《夫差内传》，江苏古籍出版社1999年版，第63页。
[⑤] 《吴越春秋》卷7《勾践入臣外传》，江苏古籍出版社1999年版，第119页。
[⑥] 《史记》卷106《吴王刘濞列传》，中华书局1959年版，第2821页。
[⑦] 同上书，第2831页。
[⑧] （晋）陈寿：《三国志》卷65《华核传》，中华书局1959年版，第1467页。
[⑨] 曹文柱：《六朝时期江南社会风气的变迁》，《历史研究》1988年第2期。

诸如扬州这样的"人性躁劲，风气果决"①的风俗区，在国家一统、政通人和的盛世局面之下，至多也只会被统治者看作应该多加关照的民风强悍之地，但在刚刚结束国土分裂的西晋前期，扬州的风俗和民众就不能不引起统治者的着意警惕和防范。

西晋统一后，江南叛乱屡起，晋武帝深为所扰，《晋书·华谭传》保存有他与臣下的一段策问：

> 策曰："吴蜀恃险，今既荡平。蜀人服化，无携贰之心；而吴人越睢，屡作妖寇。岂蜀人敦朴，易可化诱；吴人轻锐，难安易动乎？今将欲绥静新附，何以为先？"对曰："臣闻汉末分崩，英雄鼎峙，蜀栖岷陇，吴据江表。至大晋龙兴，应期受命，文皇运筹，安乐顺轨；圣上潜谋，归命向化。蜀染化日久，风教遂成；吴始初附，未改其他，非为蜀人敦悫而吴人易动也。然殊俗远境，风土不同，吴阻长江，旧俗轻悍。所安之计，当先筹其人士，使云翔闾阎，进其贤才，待以异礼，明选牧伯，致以威风；轻其赋敛，将顺咸悦，可以永保无穷，长为人臣者也。"②

尽管晋武帝与华谭之间对吴地动乱起因的看法不甚相同，但是他们都承认"吴人越睢""轻锐，难安易动"和"吴阻长江，旧俗轻悍"。为此，晋武帝恩威并施，一方面积极吸纳吴人参加西晋政权，另一方面又担心他们势力坐大，对他们严加防范，力争安定江南社会秩序。在对待江南士人的政治态度方面，多有复杂考虑。

《晋书·贺循传》载，"今扬州无郎，而荆州江南乃无一人为京城职者"③。郎之为官，在西晋朝廷实为清选。西晋王朝对于吴、蜀故国之人任高位者，十分警惕。如蜀人何攀平吴有功，任扬州刺史，"石崇表东南有兵气，不宜用远人，征拜大司农"④。西晋平吴后，对吴、蜀旧地固多防范，然对江南士人亦颇致意笼络。华谭对武帝策问"绥静新附以何为

---

① （唐）魏征等撰：《隋书》卷31《地理志》，中华书局1973年版，第886页。
② 《晋书》卷52《华谭传》，中华书局1974年版，第1450页。
③ 《晋书》卷68《贺循传》，中华书局1974年版，第1825页。
④ （晋）常璩著，刘琳校注：《华阳国志校注》卷11《后贤志》，巴蜀书社1984年版，第869页。

先",即建议"吴阻长江,旧俗轻悍。所安之计,当先筹其人士,使云翔阊阖,进其贤才,待以异礼"。但北方人士对南人的偏见,却经常在不经意间表露无遗。比如,蔡洪是吴郡人,晋初太康年间举秀才入洛,而洛中人谓"幕府初开,群公辟命,求英奇于仄陋,采贤俊于岩穴。君吴楚之士,亡国之余,有何异才,而应斯举"①。孟超为小都督,领万人,而敢公然斥骂作为河北大都督全军统帅之陆机为貉奴(《陆机本传》)。三国以来,北方即骂吴人为貉子,孙权、孙休皆尝蒙此称。《魏书》卷96《僭晋司马叡传》载:"中原冠带呼江东之人皆为貉子,若狐貉类云。"② 孟超易貉子为貉奴,益见其对江南士人之轻视。周处在仕晋之初,也亲身经历过这样的公然侮辱,《晋书·周处传》载:"及吴平,王浑登建邺宫酾酒,既酣,谓吴人曰:'诸君亡国之余,得无戚乎?'处对曰:'汉末分崩,三国鼎立,魏灭于前,吴亡于后,亡国之戚,岂惟一人!'浑有惭色。"③ 虽然周处以敏捷的应对为吴人挽回了一些颜面,但西晋政权统治者对江南士人的蔑视由此更可见一斑。因此,吴人在西晋平吴之后的政治境遇确实难逃尴尬的境地。

与周处同时的江南名士陆机、陆云兄弟,是孙吴名将陆逊之后,西晋时期著名的文学家,他们在吴亡之后入仕西晋,犹累受歧视和压抑。陆云《与戴季甫》书云:"江南初平,人物失叙。当赖俊彦,弥缝其缺。"《与杨彦明书》云:"东人近复未有见叙者,公进屈久,恒为邑罔。"《与陆典书》书中,不满之情更为明显,"吴国初祚,雄俊尤盛。今日虽衰,未皆下华夏也。……愚以东国之士,进无所立,退无所守。明裂眦苦,皆未如意。云之鄙姿,志归丘垄。草门闺窬之人,口睎天望之冀。至于绍季札之遐踪,结高肝于中夏,光东州之幽昧,流荣勋于朝野,所谓窥管以瞻天,缘木以求鱼也"。④ 在这种受歧视、压抑的境遇之下,江南士人的乡土意识和文化情怀不能不被再一次激活和生发。陆云答张士然诗中有"感念

---

① (宋)刘义庆著,(梁)刘孝标注,余嘉锡笺疏,《世说新语笺疏》上卷《言语篇》,中华书局1983年版,第83页。
② 《魏书》卷96《僭晋司马叡传》,第2092—2093页。
③ 《晋书》52《周处传》,中华书局1974年版,第1570页。
④ (清)严可均辑:《全晋文》卷103陆云《与戴季甫书》《与杨彦明书》《与陆典书书》,中华书局1958年版,第2047—2048页。

桑梓域，仿佛眼中人"①之句，就是对江南文化、风俗和曾经分疆立国的历史辉煌的怀念。周处对于这种情感，想来是会感同身受的。他在繁忙的政务之余，坚持撰写《默语》《吴书》和以吴越地区民俗风情为主的《风土记》，也就是这种区域文化意识的产物。

当然，周处《风土记》的产生，并不一定全是西晋初期作为亡国之余的原孙吴地区世家大族追念故土、自怜自艾的桑梓情怀的产物，相反地，却也极可能是吴地士人对其在西晋初期的政治影响，尤其是他们对于安定吴地以维护全国统一的巨大作用的政治自豪感的产物。

我们知道，江东的世家大族自东吴灭亡（280）后，并不因东吴政权的消灭而随着消灭；他们的庄园，仍旧是"牛羊掩原隰，田池布千里"；他们的庄园之内，仍旧是"僮仆成军，闭门为市"。他们的经济基础，一点儿也没有被动摇。固然，西晋政权笼络江东世家大族的工作做得还不够好，江东世家大族出仕中朝的大官还不够多。可是江东世家大族在江南的潜在势力与社会地位，依然有举足轻重之势，江东世家大族的武装组织，仍然是镇压农民起义和地方割据的主要力量。周处参加镇压齐万年起义发挥的即是这种作用，而他儿子周玘的"三定江南"，更奠定了吴土士人在西晋王朝中的重要地位。

什么是周玘的"三定江南"呢？

西晋惠帝太安二年（303）五月，长江、沔水之间，爆发以张昌为首的农民起义，农民军攻下扬州，进破江州，也袭破了徐州，一时声势浩大。后张昌在江夏战败，而义军却仍继续在扬、徐一带进行着顽强的斗争。周处之子周玘联络"江东人士"，推"东吴四姓"之首的吴郡顾秘为都督扬州九郡诸军事，成功击破农民起义军，这就是"一定江南"。公元305年，西晋朝廷任命的广陵相、右将军陈敏趁中原战乱，兴兵作乱，"东略诸郡，遂据有吴越之地"②，自称都督江东军事大司马、楚公，想建立割据江东的新政权。江东世家大族却以为陈敏"七第顽冗，六品下才"③，出身寒微，不甘心屈居其下，不愿拥戴他做江东之主。当西晋政府派兵讨伐陈敏之际，周玘、顾荣等起兵响应政府，攻杀陈敏。这就是

---

① 参见周一良《魏晋南北朝史札记》，中华书局1985年版，第72—73页。
② 《晋书》卷100《陈敏传》，中华书局1974年版，第2616页。
③ 同上。

"再定江南"。公元310年，吴兴人钱璓起兵，自称西平大将军、八州都督，率兵渡江而南，进攻义兴。周玘又联合了乡里地主武装，击灭钱璓。这就是"三定江南"。

有了周玘"三定江南"，西晋政权才稳定了江东的政局，后来的东晋政权，才有在江东建立偏安政权的基础。江南世家大族也因此在两晋政权中具备了突出的政治影响。义兴周氏最为辉煌的功业虽然是在周玘时创造出来的，但其高门望族的文学武功，却不能不说是由周处奠定的。

## 二　学术界关于周处的《风土记》辑佚工作

### （一）周处《风土记》的写作流传与散佚

周处《风土记》作为我国最著名的古代风土文献之一，虽然已经散佚不全，但仍然受到我国历代学者的重视。清人严可均认为周处《风土记》除"古地说《山海经》《水经》外，此为最旧，《三辅黄图》《华阳国志》并出其后"[①]。其卷帙，《隋志·经籍志》作三卷，《旧唐书·经籍志》《新唐书·艺文志》作十卷。对于这种卷帙变化，清代学者严可均认为："以史能之《咸淳毗陵志》考之，知石晋后有续补本，或旧志误据而新志沿之，故卷数增多耳。"[②]

周处《风土记》记述的地域范围，从今存的有限文字来看，大体可以说是以西晋扬州为主体的"吴越风土"的全面呈现，全书文笔优美，史料丰富，得到后人一致赞誉。关于本书的文学价值，刘知几的《史通·补注篇》称其书"文言美词，列于章句，委曲叙事，存于细书"，可以与挚虞的《三辅决录》、陈寿的《季汉辅臣赞》和常璩的《华阳国志》相媲美。对于本书的史料价值，严可均指出："或议其书，以震泽作雷泽，为舜渔处。以上虞有历山为舜耕处，未免失实。余谓方志与史同科，疑以传疑，信以传信，博征旧说，足广异闻。其言阳羡本名荆溪者，汉书功臣侯表高帝十二年十月以荆令尹灵常封阳羡侯，荆即荆溪，盖秦县。可

---

①　（清）严可均：《铁桥漫稿》卷五《风土记·叙》，《续修四库全书·集部·别集类》，浙江图书馆藏四禄堂刻本影印版，第6页。

②　同上。

补地理志所未备。……古地说自《山海经》《水经》外，此为最旧。《三辅黄图》《华阳国志》并出其后。"①

关于周处《风土记》写作的时间，严可均认为在三国孙吴时期："其书撰于吴时，故称大吴，或名孙权征用者变其词也。"② 关于此书散佚的时间，周诰《风土记》案认为在南宋时期："《隋书·经籍志》云：周子隐《风土记》三卷，《唐书·艺文志》云：晋平西将军周处《风土记》十卷，郑氏通志仍云三卷，至《宋史·艺文志》曰：常州《风土记》一卷注：不知作者。想是书自宋渡南后已亡佚无可征矣。故马氏通考经籍门竟无其书。"③

关于周处《风土记》流传后世的内容数量，元末明初的陶宗仪《说郛》内著录仅得20条，而其中3条非周处原文。"《说郛》意在广存书目，非肯细心搜罗者。"④ 并不是周处《风土记》流传于今的全部内容。明顾起元有志搜罗而未及遂其志，见周亮工《江宁府志摭佚》。清沈敕《荆溪外纪》搜采得42条，然"视他类书所引尚不及三之一，又未著采摭所自，无以征信"⑤。然清代学者周冕在读书之闲暇："值有征引《风土记》者必手录之。积数十年裒然成袟，然重复居多，错互尤其。暇时汇集各本细为校订，复者删之，讹者订之，得若干页藏诸箧中……录请泾川赵琴士先生订正。先生藏书最富，考核精当，又为增人数条。适二弟（周）之浩寄余《风土记拾遗考》一编，较余所辑益详且备。又云邑人路蒙山手辑数条。今已录来，亦宜增人。……并登载之，共计一百三十余条。……然未知此外尚有遗佚否"。严可均认为："《风土记》引见各书者尚多。余采得二百三十余事，省并复重，定著一卷。"⑥ 近代学者金武祥认为，清嘉庆年间，"金匮王进士谟于群籍十九种中采获九十七条，入所辑汉魏遗书钞别史地理书类。刊布未广，板已被毁。近于阳湖吕大令棒培

---

① （清）严可均：《铁桥漫稿》卷五《风土记·叙》，《续修四库全书·集部·别集类》，浙江图书馆藏四禄堂刻本影印版，第6页。

② 同上。

③ 周诰《风土记》案

④ 赵绍祖《风土记》跋

⑤ 周诰《风土记》案。

⑥ （清）严可均：《铁桥漫稿》卷五《风土记叙》，《续修四库全书·集部·别集类》，浙江图书馆藏四禄堂刻本影印版，第6页。

许得旧本，武祥复于他书采获若干条补王本之缺，其有同此一条两书引用互异者，仍兼收，以备参校。……虽纂辑无多，而时令、山川、古迹、物产略备，亦足以存古书梗概矣"①。

### （二）周处《风土记》的历代辑录

《风土记》自著述完成之日起，就产生了重要的文化影响，尤其对南北朝隋唐时期的地理书产生了重要的影响，南朝梁宗懔的《荆楚岁时记》最早引用了周处的《风土记》，此后，这部著作更屡见著录于隋唐时期的各种目录书中。比如，《隋书·经籍志·史部》就记载："《风土记》，三卷，晋平西将军周处撰。"②《旧唐书·经籍志》则载："《风土记》，十卷，周处撰。"③《新唐书·艺文志》同。在宋人所修的几大类书如《太平御览》《初学记》《白孔六帖》中，周处《风土记》更是被屡次引用，可见周处《风土记》直到北宋前期纂修四大类书之际，都是完整存在着的。但自北宋以后，周处《风土记》便不再见诸我国古代书目文献的著录，此书与汉唐时期众多的地理书一样，最终都归于散佚的命运。

但是由于周处《风土记》的开拓之功，更因其所记江南地区风俗的鲜明特征，足以从多方面补正史和集部文献之不足，所以它还是不断受到人们的重视。据史料记载，后人共有8种周处《风土记》辑本。元末明初陶宗仪、清王谟、清章宗源、清严可均、民国张国淦、民国金武祥等辑本分别对周处《风土记》进行了辑补、校刊、考证。其中元末明初陶宗仪《说郛》辑本辑引《风土记》佚文20条；清王谟《汉唐地理书钞》辑本题为《阳羡风土记》，列在王谟本人所计划的《汉唐地理书钞》第三册的"汉魏迄唐诸郡国地理书记"部分，可惜王谟生前未及刊刻，其书稿也已不存，今已不知其所得几何④；严可均周处《风土记》辑本则存佚未详，据其序载，引230余事，如其存于今日，则当为迄今内容最丰富之周

---

① 金武祥：《补校王谟辑〈阳羡风土记〉序》。
② 《隋书》卷33《经籍志·史》，中华书局1973年版，第982页。
③ 《旧唐书》卷50《经籍志》，《新唐书·艺文志》。周处《风土记》的卷帙，《隋书·经籍志》作三卷，《旧唐书·经籍志》《新唐书·艺文志》作十卷。《隋书》在前而《唐书》在后，而卷帙反而前少后多，此最为可疑，也很值得进一步加以探究。惜乎《风土记》今已十不存一，管窥蠡测，很难对此问题给出答案。
④ （清）王谟：《汉唐地理书钞》，中华书局1961年版，第15页。

处《风土记》辑本；《永乐大典》辑本辑佚 5 条；金武祥校刊王谟补辑本补录 9 条；《荆溪外纪》辑本引 42 条；《忠义集》辑本录 133 条；《国山周氏世谱》辑本在《忠义集》辑本基础上删去重复 2 条，增入 11 条；《汉学堂知足斋丛书·风土记》辑本引载 20 条。各种辑本中所辑的内容多有重复，也有羼入而并非属周处《风土记》的；还有同一辑文而出处不同有待考证的，虽"所得者仅十之二三，然……品类略备"（严可均辑本《风土记·叙》）。不过，即使如此，古代学人为周处《风土记》辑佚所奠定的学术基础仍然是弥足珍贵的。

此外，今人刘毅纬在前人的基础上撰《汉唐方志辑佚》一书，书名、规模多同于王谟《汉唐地理书钞》的内容，可惜周处《风土记》在刘书中亦付诸阙如，此最为令人不解。无锡市史志办组织有关人士从大量的文献资料，如唐宋类书《北堂书钞》《艺文类聚》《白孔六帖》《太平御览》《初学记》《春秋正义》《舆地纪胜》《古今合璧事类备要》等；子、史书及经注为辑周秦两晋古书的资料，如《史记》《汉书》《春秋繁露》等；有以六朝、唐人史注为辑佚文的资料，如裴骃《史记》集解、李善《文选注》等；还有一批全国州、郡、县地方志资料，如元代的至顺《镇江志》、至正《金陵新志》、至正《无锡志》，明代嘉定《镇江志》、景定《建康志》、咸淳《毗陵志》、绍定《吴郡志》、《大明一统志》、永乐《常州府志》、成化《重修毗陵志》、正德《慧山记》等古籍文献中，钩沉索隐，辑得周处《风土记》佚文 150 条，辑录者并对不同文献所辑相似佚文加以考证辨惑，如"仲夏长风扇暑。注云：此节东南常有风，俗名黄雀长风"。这条佚文就汇集了 10 种文献，其中正文引自《初学记》等 3 部书，"校拾"引自《玉烛宝典》等 7 部书，做法相当谨严。不过，周处《风土记》辑佚，当以其书散佚前后的唐宋古籍如《太平御览》等为主，辑佚《阳羡风土记》的编者们，以《风土记》散佚很久以后的明清方志为辑佚文献，并以其中不同于《太平御览》等《风土记》佚文作为不同的异文，则有悖古籍辑佚的基本原则，这种做法不能不让人们对其 150 条《风土记》佚文数量采取慎重对待的态度。而且，周处《风土记》在《晋书》、《隋书》、新旧《唐书》中均无《阳羡风土记》的名称，《阳羡风土记》之名实最早见于唐刘知几之《史通·补注篇》，这说明其是后起之名。因此，从尊重史实的角度来说，辑本还是名之为周处《风土记》为宜，而不应该模仿刘知几《史通》和王谟《汉唐地理书钞》的做法，在书名前冠以"阳羡"二字。

关于周处《风土记》，笔者为了研究的方便，也曾自己动手从《太平御览》为主的唐宋古籍中做过一番辑佚工作，因资料和学力所限，去除内容相似的重复佚文，共得136条，不揣浅陋，对不同佚文的重复、异同稍作校订，作为自己研究的参考资料。附录于本书之后，以求教于方家。

## 三　周处《风土记》的地域特色

今存周处《风土记》牵涉到具体地名或大概的地理区域以及独具特色的气候现象和风物土产的佚文，大约有以下几条，为了说明周处《风土记》所载风土习俗的区域特征，本文将其胪列于下，并结合《晋书·地理志》等对这些地名、气候和物产简单地做些笺释。

**（一）《风土记》所涉地名略考**

周处《风土记》所涉及的地名，有具体郡县名称八处，山（终南山）一处，太湖、漳水等湖泊、河流的名字各一处，此外还有三处以南中、北人、越为名的大概的地域名称。下面，结合具体史料，对这些地名的方位、归属和所属文化区域特征，略作说明。

1. 阳羡

　　周处《风土记》曰：阳羡①本无荆溪。吴郡郡境，震泽之会也，其地理则三江之雄润，五湖之腴表。②

　　周处《风土记》曰：阳羡邑者，盖吴郡之名境，原则平坦，高阜冈若伏龙也。③

　　《风土记》曰：阳羡县西南有泉，常有紫黄色浮见水上，出金之地也。④

　　《风土记》曰：阳羡县令袁起生有神灵，无疾暴亡。殡敛已竟，

---

① 《舆地志》曰："吴越之间谓荆为楚，秦以子楚改为阳羡。其地本名小震，居在荆溪之北，故云阳羡。"见《太平御览》卷170《州郡部·江南道上·常州》，第827页。
② 同上。
③ 《太平御览》卷57《地部·原》，第278页。
④ 《太平御览》卷70《地部·泉水》，第331页。

风雷冥晦，失起丧柩。山下居民夜闻山下有数十人，晨往山上，见起棺柩。俄而潜藏，惟有石冢、石坛今在。①

《风土记》曰：阳羡县令袁起生有神异，无病而亡。冢东面有屏风，盖神之所坐。②

《风土记》曰：阳羡县有袁君冢，坛边有数枚大竹，高二三丈。枝皆两两。枝下垂，如有尘秽，则扫拂，坛上恒净洁。③

《风土记》曰：阳羡袁君庙有祈雨者，则祝称神命，常赐芝草。草菌也。便以神前酒杯灌地，以大羹杯复之。有须，发杯，而菌生。今犹然。④

阳羡为今存周处《风土记》提到最多的地名，西晋时期属于义兴郡。阳羡也是周处的祖籍，但《晋书·周处传》称周处为"义兴阳羡"人，这其实有点颠倒时空，本末倒置。按《晋书·周玘传》称："玘三定江南，开复王略，帝嘉其勋，以玘行建威将军、吴兴太守，封乌程县侯。吴兴寇乱之后，百姓饥馑，盗贼公行。玘甚有威惠，百姓敬爱之。期年之间，境内宁谧。帝以玘频兴义兵，勋诚并茂，乃以阳羡及长城之西乡、丹杨之永世别为义兴郡，以彰其功焉。"《晋书·地理志》则载："吴郡，陈置吴州。平陈，改曰苏州，大业初复曰吴州。统县五，户一万八千三百七十七。""乌程，旧置吴兴郡。平陈，郡废，并东迁县入焉。"由此可见，阳羡旧属吴兴郡，后因周处的儿子周玘有"三定江南"的功勋，才和西乡、丹阳等地别立为义兴郡的。唐代学者杜佑在《通典·州郡典》里介绍晋陵郡义兴县时说："汉阳羡县故城在南。晋以周玘行义讨石冰，割吴兴之阳羡并长城之北乡为义兴郡，以表玘功。隋平陈，废郡为义兴县。有太湖、滆湖、洮湖。荆溪，周处斩蛟于此。有君山、章山、国山。"⑤ 总之，无论周处祖籍阳羡归属如何，他生活于太湖流域的扬州地区则是无可置疑的。

按阳羡为今江苏宜兴市。宜兴简称宜，地处江苏省南端、沪宁杭三角

---

① 《太平御览》卷 551《礼仪部·棺》，第 2495 页。
② 《太平御览》卷 701《服用部·屏风》，第 3129 页。
③ 《太平御览》卷 962《竹部·竹》，第 4271 页。
④ 《太平御览》卷 998《百卉部·菌》，第 4418 页。
⑤ （唐）杜佑：《通典》卷 182《州郡·古扬州下·晋陵郡》，中华书局 1988 年版，第 4826—4827 页。

中心，东面太湖水面与苏州太湖水面相连，东南临浙江长兴，西南界安徽广德，西接溧阳，西北毗连金坛，北与武进相傍。滆湖镶嵌其间，三氿（西氿、团氿、东氿）相伴市区两侧。宜兴地势南高北低，西南部为低山丘陵，北部为平原区，东部为太湖渎区，西部为低洼圩区，其地为典型的江南水乡区域。

2. 无锡

周处《风土记》曰：武王追封周章于吴，又封章小子斌于无锡也。①

无锡在西晋属于毗陵郡。《晋书·地理志》载："（扬州）毗陵郡吴分会稽无锡已西为屯田，置典农校尉。太康二年，省校尉为毗陵郡。统县七（丹徒、曲阿、武进、延陵、毗陵、暨阳、无锡），户一万二千。"无锡始于西汉高祖五年（前202）建县，属会稽郡。三国时，孙吴废无锡县，分无锡县以西为屯田，置毗陵典农校尉。西晋太康二年（281）复置无锡县，属毗陵郡。无锡在西晋时期毗邻阳羡。

3. 余姚

《风土记》曰：舜支庶所封，故曰余姚。②

余姚在西晋属于会稽郡。《晋书·地理志》载："（扬州）会稽郡秦置。统县十（山阴、上虞、余姚、句章、鄞、鄮、始宁、剡、永兴、诸暨），户三万。"余姚历史悠久，境内有河姆渡古文化遗址。秦时建县，东汉建安五年（200）始筑县城，为浙东古县城之一。据《太平寰宇记》所载：唐初"余姚之境东包明州，西辖上虞，为越州巨镇"，一度升为姚州。今隶属浙江宁波市。

4. 虞、上虞

《风土记》曰：舜，东夷之人，生于桃丘妫水之□，损石之东。

---

① 《太平御览》卷170《州郡部·江南道·常州》，第827页。
② 《太平御览》卷171《州郡部·江南道·明州》，第833页。

旧说言舜上虞人也。虞即会稽县，距余姚七十里，始宁上虞，南乡也，后为县。……今吴北亭虞滨，在小江里，县复五十里对小江北岸。①

上虞历史悠久。相传虞舜避丹朱之乱来此。夏帝少康后属越国，战国时期楚灭越后属楚，秦王嬴政二十五年（前222）置上虞县，属会稽郡。新王莽始建国元年（9），废上虞入会稽县，属会稽郡。东汉建武（25—56）初恢复上虞县，属会稽郡。永建四年（129），分上虞南乡入始宁县，同属会稽郡，历三国两晋南北朝不变。隋开皇九年（589），废上虞、始宁入会稽县，先后属吴州、越州、会稽郡。唐初，今上虞境仍为会稽县的一部分，属越州。

5. 始宁、剡

周处《风土记》曰：旧说，舜葬上虞。又记云：耕于历山，而始宁、剡②二县界上，舜所耕田于山下，多柞树，吴越之间名柞为枥，故曰历山。③

按始宁、剡在西晋时期与余姚一样属会稽郡。会稽郡两晋时的地域范围，经过东汉顺帝永建四年（129）的重新调整，已经划小，其地域为山阴（今绍兴）、诸暨、上虞、剡、余姚、句章（今宁波）、永兴（今萧山）、鄞（今鄞州区）、鄮（原鄞县东）、始宁十县。相当于今浙江省绍兴市、宁波市加上萧山一带。

6. 永宁

周处《风土记》曰：小曰舟，大曰船。温麻五会者，永宁县出豫林，合五板以为大船，因以"五会"为名也。"晨凫"，即青桐大

---

① 《太平御览》卷81《皇王部·帝舜有虞氏》，第379页。
② 《晋书》卷15《地理志》："会稽郡秦置。（统县十，户三万。）川阴。（会稽山在南，上有禹冢。上虞有仇亭，舜避丹朱于此地。）余姚。（有句余山在南。）句章。（鄞有鲒埼亭。）鄮、始宁、剡、永兴、诸暨。"中华书局1974年版，第461页。
③ （北魏）郦道元著，（民国）杨守敬、熊会贞疏，段熙仲点校，陈桥驿复校：《水经注疏》卷4《河水注》"又南过汾阴县西"条，江苏古籍出版社1989年版，第305页。

船名，诸葛恪所造鸭头船也。①

关于永宁，《晋书·地理志》载："明帝太宁元年（323），分临海立永嘉郡，统永宁、安固、松阳、横阳等四县，而扬州统丹杨、吴郡、吴兴、新安、东阳、临海、永嘉、宣城、义兴、晋陵十一郡。"据此则晋代永宁县属于永嘉郡，永嘉郡则隶属于扬州。按，永宁县为东汉永和三年（138）分章安县所置，治所在今浙江温州市。隋开皇九年（589）改名永嘉。东晋、南朝时为永嘉郡治所。

7. 豫章

《风土记》曰：豫章新涂县②令，刻印而误作涂。③

关于豫章，《晋书·地理志》载："（江州）豫章郡汉置。统县十六（南昌、海昏、新淦、建城、望蔡、永修、建昌、吴平、豫章、彭泽、艾、康乐、丰城、新吴、宜丰、钟陵），户三万五千。"据此，西晋豫章郡有新淦县而无新涂县，周处《风土记》所载新涂当为新淦之误。

按豫章，古郡名，据郦道元《水经注》载："汉高祖六年，始命灌婴以为豫章郡治。"在夏朝，南昌地区为"三苗"族居住区域，三苗为炎帝神农氏后裔，即后来的古越族。在唐、虞、夏、商、周时期，南昌地域属古扬州之域。春秋战国时期，南昌地域先后为吴、越、楚势力范围。秦代南昌地属九江郡。据郦道元《水经注》载："汉高祖六年，始命灌婴以为豫章郡治。"三国孙策定豫章，奠定孙吴割据的基础。西晋分扬州为扬州、江州。豫章郡被划归江州。南朝人雷次宗在《豫章记》中说"豫章，水路四通，山川特秀，咽扼荆楚，翼蔽吴越"。唐人王勃在其《滕王阁序》中也写道："豫章故郡，洪都新府。星分翼轸，地接衡庐。"豫章的地理位置十分重要。所谓豫章郡，即今江西省，这也是广义而言的豫章概念。狭义而言，豫章指今南昌地区一带。汉高帝六年（约于公元前201年），设豫章郡（赣江原称豫章江），郡治南昌，下辖18县，分别为南

---

① 《太平御览》卷770《舟部·叙舟》，第3413页。
② 《晋书》卷15《地理志·扬州》，第462页。
③ 《太平御览》卷683《仪式部·印》，第3051页。

昌、庐陵、彭泽、鄱阳、余汗、柴桑、赣、新淦、南城、宜春、雩都、艾、安平、海昏、历陵和建成等，分布地域为赣江、盱江、信江、修水、袁水沿岸，与今日的江西省大致相当。汉武帝时划全国为13个监察区，称13部州，此时的江西属扬州部。新莽始建国元年（9），将豫章郡易名九江郡。东汉、三国、晋、南北朝，以郡名则为豫章，以郡治所名则为南昌。隋开皇九年（589）罢豫章郡置洪州，治南昌县。唐至德元年（756），豫章郡名改称章郡。唐朝贞观年间，在长江中下游地区设置了江南道，公元733年唐玄宗又分为江南东道、江南西道。江南东道历经演变，现在已属江苏、安徽两省；江南西道则以江西之名延续了下来，进而也逐渐取代了"豫章"作为江西地区的行政名称。

8. 南郡

周处《风土记》曰：南郡细李，四月先熟。①

南郡汉置，属荆州，统县江陵、当阳、华容、鄀、枝江、旌阳、州陵、监利、松滋、石首，户五万五千。按《晋书·地理志》载："荆州……六国时，其地为楚。及秦，取楚鄢郢为南郡，又取巫中地为黔中郡，以楚之汉北立南阳郡，灭楚之后，分黔中为长沙郡。汉高祖分长沙为桂阳郡，改黔中为武陵郡，分南郡为江夏郡。武帝又分长沙为零陵郡。及置十三州，因旧名为荆州，统南郡、南阳、零陵、桂阳、武陵、长沙、江夏七郡。后汉献帝建安十三年，魏武尽得荆州之地，分南郡以北立襄阳郡，又分南阳西界立南乡郡，分枝江以西立临江郡。及败于赤壁，南郡以南属吴，吴后遂与蜀分荆州。于是南郡、零陵、武陵以西为蜀，江夏、桂阳、长沙三郡为吴，南阳、襄阳、南乡三郡为魏。而荆州之名，南北双立。蜀分南郡，立宜都郡，刘备没后，宜都、武陵、零陵、南郡四郡之地悉复属吴。魏文帝以汉中遗黎立魏兴、新城二郡，明帝分新城立上庸郡。孙权分江夏立武昌郡，又分苍梧立临贺郡，分长沙立衡阳、湘东二郡。孙休分武陵立天门郡，分宜都立建平郡。孙皓分零陵立始安郡，分桂阳立始兴郡，又分零陵立邵陵郡，分长沙立安成郡。荆州统南郡、武昌、武陵、宜都、建平、天门、长沙、零陵、桂阳、衡阳、湘东、邵陵、临贺、始兴、始安

---

① 《太平御览》卷968《果部·李》，第4294页。

十五郡,其南阳、江夏、襄阳、南乡、魏兴、新城、上庸七郡属魏之荆州。及武帝平吴,分南郡为南平郡,分南阳立义阳郡,改南乡顺阳郡,又以始兴、始安、临贺三郡属广州,以扬州之安成郡来属。"① 据此,则南郡虽然在魏晋时期设置分合不一,但均属于汉魏时期的荆州辖区。按三国孙吴政权的南郡郡治在江陵县,即今湖北荆州市江陵县。

表 2—1　　　周处《风土记》所涉郡县地名情况

| 地名 | 晋时所属郡 | 晋时所属州 | 今地 | 备注 |
|---|---|---|---|---|
| 阳羡 | 义兴郡 | 扬州 | 江苏省无锡宜兴市 | 有太湖、滆湖、洮湖、荆溪 |
| 无锡 | 毗陵郡 | 扬州 | 江苏省无锡市 | 与阳羡毗邻 |
| 余姚 | 会稽郡 | 扬州 | 今浙江省宁波余姚市 | 《风土记》提到的虞、鄞、鄮、始宁、剡等与余姚一样均统属于西晋会稽郡 |
| 虞、上虞 | 会稽郡 | 扬州 | 今浙江省绍兴上虞市 | 与余姚毗邻 |
| 始宁、剡 | 会稽郡 | 扬州 | 今浙江省宁波市 | |
| 永宁 | 永嘉郡 | 扬州 | 今浙江温州市 | |
| 豫章 | 豫章郡 | 江州 | 今江西省南昌市 | 属于汉魏时期的扬州 |
| 南郡 | 南郡 | 荆州 | 今湖北荆州市江陵县 | 湖北荆州市江陵县 |

## 9. 太湖

《风土记》曰:太湖山中有洞穴,傍行地中,无所不通,谓之洞庭。②

太湖古名震泽,位于长江、钱塘江下游三角洲上,面积2420平方公里,是仅次于鄱阳湖和洞庭湖的我国第三大淡水湖。

---

① 《晋书》卷15《地理志》,中华书局1974年版,第454页。
② 《太平御览》卷54《地部·穴》,第263页。

古太湖初形成时范围很大。根据历史及地质调查资料分析，它的北岸大致在常州经江阴至常熟一线，南达杭州湾北岸，东至昆山、金山一带，西临溧阳、宜兴、长兴的丘陵地区。以后，由于长江三角洲的不断东伸，大量泥沙沉积下来，使原来相连的古潟湖逐渐淤积，形成介于长江与钱塘江之间的太湖平原，也就是长江三角洲的主体。《尚书·禹贡》有"淮海惟扬州……三江既入，震泽底定"①的记载。后世学者如晋庾阐、顾夷及唐代张守节等，均认为三江即指太湖下游入海的三条水道娄江、松江及东江。古代太湖湖区面积远较目前为小，今太湖以东、以北诸湖荡大都不存在。据成书于战国至东汉时期的《越绝书·吴地传》记载，"太湖周三万六千顷"，汉制每顷当今 70 亩，共折含 252 万亩，1680 平方公里，只相当于今日太湖面积的 70%。②唐宋以后，由于长江三角洲的下沉以及泥沙在河口地带大量堆积，原来宣泄太湖水入海的三江，也在海潮的倒灌下"向之欲东导于海者反西流，欲北导于江者反南下"③，导致太湖水体面积扩大。

与西晋时期太湖流域相关的，也是《通典·州郡典》特别注释的，就是周处祖籍义兴境内的几处大的湖泊，如洮湖、滆湖等，在汉唐时期，它们或被称为五湖。周处《风土记》曰："阳羡本无荆溪。吴郡郡境，震泽之会也，其地理则三江之雄润，五湖之腴表。"④《史记·河渠书》载"于吴，则通渠三江五湖"，对于五湖，历来各家解释不一。有以五湖即指太湖，如张勃《吴录》载，"五湖者，太湖之别名，以其周行五百余里，故以五湖为名"；"或说以太湖、射贵湖、上湖、洮湖（洮湖一名长塘湖，在主乌）、滆湖为五湖"。⑤以五湖乃指以太湖为主的湖群还有韦昭，他认为"太湖边有游湖、莫湖、胥湖、贡湖，就太湖为五湖"，他所指的这几个湖都在太湖东岸的湾口；另一说："胥湖、蠡湖、洮湖、滆湖，就太湖为五。"其中除太湖东岸湾口的胥湖外，蠡湖在今苏州市北；洮湖即今金坛县南长荡湖；滆湖即今太湖西北、常州

---

① （汉）孔安国传，（唐）孔颖达疏：《尚书正义》卷 6《禹贡》，第 147 页。
② 南京地理研究所：《太湖综合调查初步报告》，科学出版社 1965 年版。
③ （宋）范成大撰，陆振岳点校：《吴郡志》，卷 19《水利》，江苏古籍出版社 1999 年版，第 263 页。
④ 《太平御览》卷 170《州郡部·江南道上·常州》，第 827 页。
⑤ 《太平御览》卷 66《地部·湖》，第 313 页。

市西南的滆湖。郦道元《水经注》的五湖还包括射贵湖，又名芙蓉湖，在今常州、无锡、江阴之间，已于明宣德年间湮废。按太湖流域的洮湖、滆湖，在西晋时期都在扬州的义兴郡境内，也就是周处家乡阳羡的本土湖泊。

10. 南中

《风土记》曰：南中六月则有东南长风，风六月止，俗号黄雀长风。时海鱼变为黄雀，因为名也。①

按此处之南中，非指三国两晋时期的益州南中郡，因为此文中所提到的六月黄雀风，是我国东南沿海海洋季风的产物，与四川内陆的气候截然不同（详见下文"黄梅雨"与"黄雀风"）。又东晋王献之与人书云："南中佳音——，小慰解数月也。吾甚忧虑卿，君何如耶？献之。"② 据此，则南中当为两晋南朝时人在非正式的文章或口语中对江南或南方地区的统称，其大概区域，笔者推测，当属今天的浙江、江苏一带，也就是两晋南朝时期的扬州、江州地区。

11. 越

《风土记》曰：越俗定交有礼，皆于大树下封坛，祭以白犬，咒曰："卿虽乘车我戴笠，后日相逢下车揖。"③

越，又称戉越，它的最早来源，是因在这个地区生活的先民广泛使用扁平穿孔石斧——"戉"的缘故，"越"是"戉"的假借字，后来遂自名为越族。早期越人的活动范围，"南至于句元（今浙江诸暨），北至于御儿（今嘉兴），东至于鄞（今宁波鄞县），西至于姑蔑（今太湖）"④。我国古文献中关于古越族的记述也相当多。上古时期，对越地影响最大的要算贤明的君主舜了。相传，舜因避尧之子丹朱之乱，曾到古越地会稽巡

---

① 《太平御览》卷9《天部·风》，第45页。
② （清）严可均辑：《全上古三代秦汉三国六朝文·全晋文》卷27 王献之《书信》，中华书局1958年版，第1617页。
③ 《太平御览》卷543《礼仪部·揖》，第2462页。
④ 邬国义等译注：《国语译注》卷20《越语上》，上海古籍出版社1994年版，第590页。

狩，会稽山因此而有虞舜巡狩台。舜的七个儿子也分别封在余姚、上虞等地。所以这里至今仍有百官桥、舜山等地名，上虞的余姚江又名舜江。越地对舜的怀念是深厚的。设有多处虞舜庙，如上虞、余姚、绍兴等地，都有祭祀舜的遗风遗俗。禹是继舜之后对越影响深远的人物，从族系上，司马迁认为"越为禹后"，近人又有人认为"禹为越后"，不管如何说，越和禹有十分相近的族系关系，相传大禹治水成功后，曾到越地茅山大会诸侯，论功行赏。茅山也由此更名为会稽山。山阴处有禹穴，为禹葬所，司马迁就曾"上会稽，探禹穴"，后世还在这里修建了禹庙。在我国古代，越文化很早就被看作与吴文化具有很高的相似性，吴越文化也就被当作了一个文化与风俗区。比如，《吕氏春秋》中说吴越两国"语言通"，《吴越春秋》也说"吴与越同音共律"。正因如此，在周处《风土记》中，往往也是不辨吴越，直接把两地风俗当作一处介绍的。

12. 北方

  周处《风土记》云：正旦当生吞鸡子一枚，谓之练形。又晨啖五辛菜以助发五藏气，则行之久矣。胶牙者，盖以使之牢固不动，今北人亦如之，熬麻子大豆兼糖散之。①

周处生活在三国鼎立的孙吴政权和魏晋禅代后西晋统一天下的初期，他所说的北人和南人，和我们通常理解的以长江、淮河一线划界的中国传统的南北划界既有联系，又有略微的不同。统而言之，周处心目中的南北之分，是以三国时期的疆域为界线的。

三国的疆域，是三分东汉天下的产物。东汉十三州：司隶、豫州、冀州、兖州、徐州、青州、荆州、扬州、益州、凉州、并州、幽州、交州。三国疆域的情况，据《通典·州郡典》记载："魏氏据中原，有州十三：司隶、荆、荆河②、兖、青、徐、凉、秦、冀、幽、并、扬、雍。有郡国六十八。东自广陵、寿春、合肥、沔口、西阳、襄阳，重兵以备吴；西自陇西、南安、祁山、汉阳、陈仓，重兵以备蜀。蜀主全制巴蜀，置益、梁

---

① 《太平御览》卷29《时序部·元日》，第137页。
② 王鸣盛：《十七史商榷》卷42《三国志四·三国疆域》，云："荆河者，《禹贡》'荆河惟豫州'，本是豫州而改称者。杜佑避唐代宗讳也。"凤凰传媒出版集团2008年版，第241页。

二州，有郡二十二，以汉中、兴势、白帝，并为重镇。吴主北据江，南尽海，置交、广、荆、郢、扬五州，有郡四十有三。以建平、西陵、乐乡、南郡、巴丘、夏口、武昌、皖城、牛渚圻、濡须坞，并为重镇。其后得沔口、邾城、广陵。自三国鼎立，更相侵伐，互有胜负，疆境之守，彼此不常，才得遽失，则不暇存也。"① 大体来说，三国之中，魏得北方，蜀得西南地区，吴得东南地区。三国之中，如果以孙吴疆域为着眼点，则曹魏在北、蜀汉在西，由于孙吴与蜀汉为盟友，故吴人心目中的中国南北分界线，当就是孙吴、蜀汉与曹魏的边界线，从东到西，大体上是以东自广陵、寿春、合肥、沔口、西阳、襄阳，西向陇西、南安、祁山、汉阳、陈仓这样一条军事分界线为南北分界线的。

按叙述魏晋南北朝地理与风俗史书的集大成之作《隋书·地理志》分上、中、下三卷，重点记载了魏晋南北朝时期中国各地的行政区划与风土习俗。《隋书·地理志》比较了南北朝后期梁、陈、齐、周和隋五代的各地风俗，认为兖、徐、青三州尚儒，兖州"有周孔遗风，多好儒学"；徐州"贱商贾，务稼穑，尊儒慕学，得洙泗之风"；青州"多务农桑，崇尚学业，归于俭约"。尚儒风气次于兖、徐、青三州的是豫、冀二州。关西雍州地区"人物混淆，华戎杂错"；河西地区则"地接边荒，多尚武节"。长江上游，蜀地"颇慕文学"，"人多工巧"，"其边野富人，多规固山泽，以财物雄使夷僚"；巴地则"质朴无文"，"好祀鬼神，尤多忌讳，崇重道教"。长江中游的荆州，"率敬鬼，尤重祠祀之事"，唯有襄阳"多衣冠之绪，稍尚礼义经籍"。长江下游的扬州，地域广大。其中淮南地区"尚淳质，好俭约，丧纪婚姻，率渐于礼"。江南岭北大抵"信鬼神，好淫祀"；而吴中"君子尚礼，庸庶敦庞，故风俗澄清"；其余地区风教皆不及吴中，尽管也是"君子善居室，小人勤耕稼"，但豫章等郡妇女"暴面市廛，竞分铢以给其夫"，丈夫举孝廉即逐其前妻，岭南地区，"人性轻悍，易兴逆节"。而俚、僚等少数民族则既"质直尚信"，又"重贿轻死，唯富为雄"，"父子别业，父贫乃有质身于子者"，"俗好相杀，多构仇怨"。从《隋书·地理志》的记载中我们不难看出，该文的作者其实大体上是按照关陇、中原与江南三大区域来记叙中国各地的风俗现象的，而这三个区域中，关陇与中原合在一起，正是三国时期曹魏统治的大体区

---

① （唐）杜佑：《通典》卷171《州郡典·州郡序》，中华书局1988年版，第4457页。

域，而江南则是孙吴统治的故地。明白了这一点，我们也就读懂了魏晋南北朝时期的风俗文化的地域差异，也就可以明白周处《风土记》中南人与北人、南方与北方为什么经常被作为一个风俗比较参照区域的深刻含义了。

总之，从周处《风土记》今存佚文所提到的地名来看，在具体的郡县地名中，阳羡、无锡、余姚、虞、上虞、始宁、剡、永宁、豫章、南郡分属魏晋时期的扬州、荆州、江州三州，其中扬州所属郡县最多，分别属义兴、毗陵、会稽、永嘉四郡，另外荆州南郡、江州豫章郡各一处，其中，江州又属于晋朝从扬州里析出的一州，如果从东汉十三州郡的角度来说，豫章郡仍然可以看作扬州的属地。这样，周处《风土记》中所涉的具体郡县地名，就可以看作分属于扬、荆二州。其中，阳羡、无锡、余姚、虞、上虞等扬州各县，又是西晋时期太湖流域周边或毗邻接壤，或距离很近的一块区域，这片区域，是春秋战国以来形成的江南吴越文化区的核心地带。在周处《风土记》中，则径称为"越"。不过，在周处《风土记》中，也提到了漳水和终南山等地，终南山属魏晋时期的雍州，大体上即属于今天的陕西省，漳水则流经并、冀二州，即今天的山西、河北境内，属于汉魏时期的关中和关东地区，也就是传统意义上的中国北方地区。这说明，周处《风土记》所记载的风土民情，虽然主要以扬州为代表的吴越地区为主，但也兼及中国的北方地区的山川风土，是不能简单地将其限定在阳羡一隅的。

### （二）周处《风土记》所载气候略考
黄雀风、榆荚雨和黄梅雨。

> 《风土记》曰：南中六月则有东南长风，风六月止，俗号黄雀长风。时海鱼变为黄雀，因为名也。[1] 又曰：仲夏长风扇暑。注云："此节东南常有风至，俗名黄雀长风。"[2]
>
> 周处《风土记》曰：榆荚雨（春雨），黄雀风，濯枝雨（六月之风雨也）。[3] 又曰：六月有大雨，名濯枝雨。

---

[1]《太平御览》卷9《天部·风》，第45页。
[2]《太平御览》卷22《时序部·夏中》，第107—108页。
[3]《太平御览》卷10《天部·雨》，第51页。

周处《风土记》曰：仲夏雨濯枝荡川。注云：此节常有大雨，名濯枝。又曰：梅熟时雨，谓之梅雨。①

周处《风土记》曰：夏至之日雨，名曰黄梅雨。②

黄雀风又名信风、雀风、落梅风，周处《风土记》明言其为"南中"六月，也就是江南地区的特有气候现象。黄雀风是我国南方盛夏时节发生的强劲而持久的东南季风。又《初学记》卷一引周处《风土记》："五月风发，六月乃止。黄雀风，是时海鱼变为黄雀，因以名之。"可见，黄雀风的兴起和来去皆有一定的时间范围，即农历五月到六月之间。由于古代海船航行主要依靠风力，冬季的偏北季风不利于从南方来的船舶驶向大陆，只有夏季的偏南季风才能使它们到达中国海岸。因此，在沿海地区偏南的夏季风又被称作舶风。北宋苏东坡《船舶风》诗中即有："三时已断黄梅雨，万里初来船舶风"之句。"三时"指的是夏至后半月，即七月上旬。黄雀风在我国南方之所以"五月风发，六月乃止"是与东南季风形成的气候机制有关的。东南季风是东亚季风的夏季风，它的成因是由于海陆热力差异大而形成的，是由海洋上的夏威夷高压吹向陆地上的印度低压形成的。影响着世界四分之一的地区，太平洋的东亚季风和印度洋季风最为显著。我国东南季风进慢退快主要是因为在6月副热带高气压带行进到长江流域时，会受到来自北方冷气流的阻挡，形成一个月的准静止锋，延缓了向北推移的时间。同时，我国东南季风因受太平洋低压力量强弱的影响，登陆时间不同，给大陆带来降水也有差异。

榆荚雨：周处《风土记》谓榆荚③雨为"春雨"，《荆楚岁时记》载："去冬节一百五日，即有疾风暴雨，谓之寒食。"将暴雨的天气称为寒食节，其语不仅搭配不伦，语义也殊不可解。按我国古代江淮地区春季寒食节前后多阴雨连绵，周处《风土记》的榆荚雨或即指此。宋代诗人苏轼有《寒食雨》五言古诗二首，其一云："自我来黄州，已过三寒食。年年欲惜春，春去不容惜。今年又苦雨，两月秋萧瑟。卧闻海棠花，泥污胭脂

---

① 《太平御览》卷22《时序部·夏中》，第108页。
② 《太平御览》卷22《时序部·夏至》，第111页。
③ 《太平御览》卷20《时序部·春》引《氾胜之书》曰："三月榆荚雨，高地强土可种木。"可见榆荚雨多发生在三月。

雪。暗中偷负去，夜半真有力。何殊病少年，病起头已白。"苏轼至黄州三年，每年寒食，皆淫雨霏霏，寒食雨之得名，或即由此。如果再联系到《荆楚岁时记》的记载"去冬节一百五日，即有疾风暴雨"的大雨，就应该称为寒食雨，或者"榆荚雨"。

黄梅雨："黄梅雨"又称"梅雨"或"濯枝雨"。关于"濯枝雨"之得名，除周处《风土记》的记载以外，唐韩鄂《岁华纪丽·五月》："芒种之日，螳螂之生，风名黄雀，雨曰濯枝。"梅雨或黄梅雨是在中国史籍中较为多见的名称。如《初学记》引南朝梁元帝《纂要》"梅熟而雨曰梅雨"。唐柳宗元《梅雨》"梅实迎时雨，苍茫值晚春"等。梅雨通常发生在我国农历节气的芒种后第一个丙日到小暑后第一个未日之间，也就是每年公历的6月6—15日至7月8—19日之间。由于这一时段的空气湿度很大，百物极易受潮霉烂，故人们给梅雨起了一个别名，叫做"霉雨"。李时珍在《本草纲目》中更明确指出："梅雨或作霉雨，言其沾衣及物，皆出黑霉也。"明代谢在杭的《五杂俎·天部》记述："江南每岁三四月，苦霪雨不止，百物霉腐，俗谓之梅雨，盖当梅子青黄时也。自徐淮而北则春夏常旱，至六七月之交，愁霖雨不止，物始霉焉。"[①]

梅雨降水属于夏季风降水，具体而言，它是西南季风带来的降水。世界上，只有我国长江中下游两岸，大致起自宜昌以东、北纬29度至33度的地区，以及日本东南部和朝鲜半岛最南部有黄梅雨出现，在我国则是长江中下游特有的天气现象。梅雨是东亚大气环流在春夏之交季节转变期间的气候现象，我国气象学家陶诗言和叶笃正指出，东亚梅雨是季风现象之一，梅雨的开始（入梅）与东亚大气环流的季节变化，特别是夏季风的爆发相联系。东亚夏季风深入中国大陆东南部，并在北纬30度附近与北方冷空气交汇形成梅雨锋，东亚进入梅雨期。国外学者Nagata和Ogura则指出，梅雨锋常每年6月下旬到7月上旬出现在中国长江流域到日本岛范围内，并沿北纬30度附近向东北方延伸。科学研究发现，形成梅雨锋暴雨的大气环流条件一般包括：（1）在亚洲的高纬度地区对流层中部有阻塞高压或稳定的高压脊，大气环流相对稳定少变；（2）中纬度地区西风环流平直，频繁的短波活动为江淮地区提供冷空气条件；（3）西太平洋副热带高压有一次明显西伸北跳过程，500hPa副高脊线稳定在北纬20度

---

① （明）谢肇淛：《五杂俎》卷1《天部》，上海书店出版社2001年版，第10页。

至25度之间，暖湿气流从副高边缘输送到江淮流域。在这种环流条件下，梅雨锋徘徊于江淮流域，并常常伴有西南涡和切变线，在梅雨锋上中尺度系统活跃。不仅维持了梅雨期连续性降水，而且为暴雨提供了充沛的水气，造成丰沛的夏季降水，是为梅雨。①

总之，通过以上的分析可知，周处《风土记》所提到的"黄雀风""榆荚雨"和"黄梅雨"，都是我国江南地区特别是江淮荆楚一带即周处家乡一带特有的天气现象。其中，黄雀风和黄梅雨之间还存在密切的因果关系，它们都是受季风影响的独特天气现象。

### (三) 周处《风土记》所载物产略考
1. 茱萸

> 《风土记》曰：茱萸，椒也。九月九日成熟，色赤可彩。世俗亦以此日折茱萸。费长房云："以插头鬓，可避恶。"②

周处《风土记》不止一次提到茱萸，关于茱萸，《说文》曰："椒，似茱萸，出淮南。"③《本草纲目》说："茱萸南北总有，入药以吴地者为好，所以有吴（茱萸）之名也。今处处有之，江浙、蜀汉尤多。木高丈余，皮青绿色。叶似椿而阔厚，紫色。三月开红紫细花。七月、八月结实似椒子，嫩时微黄，至熟则深紫。或云：颗粒紧小，经久色青绿者，是吴茱萸；颗粒大，经久色黄黑者，是食茱萸。恐亦不然。按周处《风土记》云：俗尚九月九日谓之上九，茱萸到此日气烈熟色赤，可折其房以插头，云辟恶气御冬。又《续齐谐记》云：汝南桓景随费长房学道。长房谓曰：九月九日汝家有灾厄，宜令急去，各作绛囊盛茱萸以系臂上，登高饮菊花酒，此祸可消。景如其言，举家登高山，夕还见鸡、犬、牛、羊一时暴死。长房闻之曰：此代之矣。故人至此日登高饮酒，戴茱萸囊，由此

---

① 关于梅雨成因的介绍，系据赵思雄、陶祖钰、孙建华、贝奈芳等的《长江流域梅雨锋暴雨机理的分析研究》第一章《梅雨锋暴雨的环流特征》（气象出版社2004年版，第8—18页）的研究结论概括。

② 《太平御览》卷960《木部·茱萸》，第4260页。

③ （汉）许慎撰，（清）段玉裁注：《说文解字注·木部·椒》，上海古籍出版社1988年版，第245页。

尔。……（主治）温中下气，止痛，除湿血痹，逐风邪，开腠理，咳逆寒热。"① 所谓的吴茱萸之"吴"，应该就是《说文》提到的淮南扬州一带，也就是周处《风土记》所一再提到的吴越之地。

2. 芋

《风土记》曰：博士芋，蔓生，根如鸡鸭卵。②

关于芋，《太平御览·果部》引《汝南先贤传》曰："袁安，字召公，除阴平长。时年饥荒，贸苍菜食租入不毕，安听使输芋，曰：'百姓饥困，长何得食谷？'先自引芋，吏皆从之。"又曰："薛包归先人蒙侧种稻芋，稻以祭祠，芋以充饥。耽道说礼，玄虚无为。"③ 李时珍说芋又名土芝和蹲鸱。《本草纲目》云："《史记》：卓文君云：岷山之下，野有蹲鸱，至死不饥。《注》云：芋也。盖芋魁之状，若鸱之蹲坐故也。芋魁，《东汉书》作芋渠。（陶弘景曰）芋，钱塘最多。生则有毒，味蓝不可食。种芋三年，不采则成栢芋。又别有野芋，名老芋，形叶相似如一，根并杀人。……芋有六种：青芋、紫芋、真芋、白芋、连禅芋、野芋也。其类虽多，苗并相似。茎高尺余，叶大如扇，似荷叶而长，根类薯蓣而圆。其青芋多子，细长而毒多，初煮须灰汁，更易水煮熟，乃堪食尔。白芋、真芋、连禅、紫芋，并毒少，正可煮啖之，兼肉作羹甚佳。蹲鸱之饶，盖谓此也。野芋大毒，不可啖之。关陕诸芋遍有，山南、江左惟有青、白、紫三芋而已。……种类虽多，大抵性效相近。蜀川出者，形圆而大，状若蹲鸱，谓之芋魁。彼人种以当粮食而度饥年。江西、闽中出者，形长而大。其细者如卵，生于魁旁，食之尤美。凡食芋并须栽莳者。其野芋有大毒，不可食。（宗奭曰）江浙、二川者最大而长。京洛者差圆小，然味佳，他处不及也。……芋属虽多，有水、旱二种：旱芋山地可种，水芋水田莳之。叶皆相似，但水芋味胜，茎亦可食。芋不开花，时或七八月间有开者，抽茎生花黄色，旁有一长萼护之，如半边莲

---

① （明）李时珍：《本草纲目》卷32《果部·吴茱萸》，人民卫生出版社2006年版，第1528—1529页。
② 《太平御览》卷975《果部·芋》，第4321页。
③ 同上。

花之状也。"① 据此，可知芋是一种可以充饥，因而在灾荒之年可以代替粮食作为食物的一种农产品。芋有水芋、旱芋两种，旱芋又有种植和野生的区别。芋这种作物在宋、元、明时期虽然遍产于关陕、山南、江左诸地，但据南朝名医陶弘景的说法，则以产于两晋南朝时期的会稽郡钱塘县即今浙江杭州附近为最多。周处《风土记》里所说的博土芋，应该就是当时扬州所出产的芋。

3. 柞

　　周处《风土记》曰：旧说舜葬上虞。又《记》云：耕于历山。而始宁、剡二县界上，舜所耕田，在于山下，山多柞树。吴越之间名柞为枥，故曰历山。②

按柞木是生于我国南方山中的一个树种，李时珍《本草纲目》介绍柞木曰："柞木生南方，细叶，今之作梳者是也。此木处处山中有之，高者丈余。叶小而有细齿，光滑而韧。其木及叶丫皆有针刺，经冬不凋。五月开碎白花，不结子。其木心理皆白色。"周处《风土记》明确指出，他所讲的柞树出产于越地始宁、剡二县交界的历山上，自是吴越特色风土物产之一。

4. 柑、橘

　　《风土记》曰：甘，橘之属，滋味甜美特异者也。有黄者，有赭者。赭者谓之壶甘。③

按李时珍《本草纲目》云："橘柚生江南及山南山谷，十月采。柚之皮厚味甘，不似橘皮味辛苦。其肉亦如橘，有甘有酸。酸者名胡柑。今俗谓橙为柚，非矣。……孔安国云：小曰橘，大曰柚，皆为柑也。橘柚今江浙、荆襄、湖岭皆有之。木高一二丈，叶与枳无辨，刺出茎间。夏初生白花，六七月成实，至冬黄熟。……夫橘、柚、柑三者相类而不同。橘实

---

① 《本草纲目》卷 27《菜部·芋》，第 1363—1364 页。
② 《太平御览》卷 958《木部·柞》，第 4251 页。
③ 《太平御览》卷 966《果部·甘》，第 4284 页。

小，其瓣味微酢，其皮薄而红，味辛而苦。柑大于橘，其瓣味甘，其皮稍厚而黄，味辛而甘。柚大小皆如橙，其瓣味酢，其皮最厚而黄，味甘而不甚辛。如此分之，即不误矣。按《事类合璧》云：橘树高丈许，枝多生刺。其叶两头尖，绿色光面，大寸余，长二寸许。四月着小白花，甚香。结实至冬黄熟，大者如杯，包中有瓣，瓣中有核也。宋韩彦直著《橘谱》三卷甚详，其略云：柑橘出苏州、台州，西出荆州，南出闽、广、抚州，皆不如温州者为上也。……《周礼》言橘逾淮而北变为枳，地气然也。"①又云："柑未经霜时犹酸，霜后甚甜，故名柑子。汉李衡种柑于武陵洲上，号为木奴焉。……柑生岭南及江南。树似橘，实亦似橘而圆大，皮色生青熟黄。……柑，南方果也，而闽、广、温、台、苏、抚、荆州为盛，川蜀虽有不及之。其树无异于橘，但刺少耳。柑皮比橘色黄而稍厚，理稍粗而味不苦。橘可久留，柑易腐败。柑树畏冰雪，橘树略可。此柑、橘之异也。……案韩彦直《橘谱》云：乳柑，出温州诸邑，惟泥山者为最，以其味似乳酪故名。彼人呼为真柑，似以它柑为假矣。其木婆娑，其叶纤长，其花香韵，其实圆正，肤理如泽蜡，其大六七寸，其皮薄而味珍，脉不粘瓣，食不留滓，一颗仅二三核，亦有全无者，譬之香雾噀人，为柑中绝品也。"② 由此可见，柑、橘都是橘属水果，柑、橘形似而大小味道稍异，柑和橘都主要出产于江南苏州、台州、荆州及华南闽、广、抚州等地，但又以温州所产质量最上，苏州、台州都属于西晋时期的扬州，特别是温州，更属于周处在《风土记》中所提到的永宁县，而永宁县则属于西晋扬州的永嘉郡。

5. 李

周处《风土记》曰：南郡细李，四月先熟。③

关于李这种水果，《本草纲目》说："罗愿《尔雅翼》云：李乃木之多子者，故字从木、子。……今人呼干李为嘉庆子。按韦述《两京记》云：东都嘉庆坊有美李，人称为嘉庆子。久之称谓既熟，不复知其所自

---

① 《本草纲目》卷30《果部·橘》，第1459页。
② 《本草纲目》卷30《果部·柑》，第1464—1465页。
③ 《太平御览》卷968《果部·李》，第4294页。

第二章 周处《风土记》研究 81

矣。……李类甚多。京口有麦李，麦秀时熟，小而肥甜，核不入药。姑熟有南居李，解核如杏子形者，入药为佳。……李处处有之。……李，绿叶白花，树能耐久，其种近百。其子大者如杯如卵，小者如弹如樱。其味有甘、酸、苦、涩数种。其色有青、绿、紫、朱、黄、赤、缥绮、胭脂、青皮、紫灰之殊。其形有牛心、马肝、奈李、杏李、水李、离核、合核、无核、匾缝之异。其产有武陵、房陵诸李。早则麦李、御李，四月熟。迟则晚李、冬李，十月、十一月熟。又有季春李，冬花春实也。按王祯《农书》云：北方一种御黄李，形大而肉厚核小，甘香而美。江南建宁一种均亭李，紫而肥大，味甘如蜜。有擘李，熟则自裂。有糕李，肥粘如糕。皆李之嘉美者也。"① 据此，则李是在中国南北东西各地都普遍可以出产的一种水果，南方的京口（今江苏镇江）、姑苏（今江苏苏州）等吴越故地都产佳李。不过，周处《风土记》在此处明言四月先熟的细李产于南郡，即西晋时期的荆州地区，属于荆楚的地域范围，但也属于传统的江南地区。

6. 梅

周处《风土记》曰：夏至之雨，名为黄梅雨。②

关于梅，《本草纲目》说："梅实生汉中山谷。五月采实，火干。今襄汉、川蜀、江湖、淮岭皆有之。……陆机《诗疏》云：梅，杏类也。树、叶皆略似杏。叶有长尖，先众木而花。其实酢，曝干为脯，入羹臛齑中，又含之可以香口。子赤者材坚，子白者材脆。范成大《梅谱》云：江梅，野生者，不经栽接。花小而香，子小而硬。消梅，实圆松脆，多液无滓，惟可生啖，不入煎造。绿萼梅，枝跗皆绿。重叶梅，花叶重叠，结实多双。红梅，花色如杏。杏梅，色淡红，实扁而斑，味全似杏。鸳鸯梅，即多叶红梅也。"③ 据此，则梅产于中国的陕西汉中、四川及长江淮河以南地区。前面在讨论周处《风土记》所讲黄梅雨时，已经说明了黄梅雨是江淮一带特殊的气象，如此，因"黄梅"而得名的黄梅雨之梅，

---

① （明）李时珍：《本草纲目》卷29《果部·李》，人民卫生出版社2006年版，第1408页。
② 《太平御览》卷970《果部·梅》，第4300页。
③ 《本草纲目》卷29《果部·梅》，第1416页。

自然指的是江淮一带出产的梅子了。

### 7. 橙

《风土记》曰：橙，柚属也，而叶正圆。①

橙是中国南方特产的水果，《本草纲目》载："陆佃《埤雅》云：橙，柚属也。……树似橘而叶大，其形圆，大于橘而香，皮厚而皱，八月熟。……橙产南土，其实似柚而香，叶有两刻缺如两段，亦有一种气臭者。……案《事类合璧》云：橙树高枝，叶不甚类橘，亦有刺。其实大者如碗，颇似朱栾，经霜早熟，色黄皮厚，蹙衄如沸，香气馥郁。其皮可以熏衣，可以芼鲜，可以和菹醢，可以为酱齑，可以蜜煎，可以糖制为橙丁，可以蜜制为橙膏。嗅之则香，食之则美，诚佳果也。"② 周处《风土记》对橙子的介绍非常简单，但所讲内容却与《本草纲目》的记载完全一致。

### 8. 枇杷

《风土记》曰：枇杷，叶似栗，子似杏，小而丛生，四月熟。③

枇杷，李时珍《本草纲目》阙载，但《太平御览·果部·枇杷》引用了大量汉唐时期的历史文献对其说明："《广志》曰：'枇杷，冬华，实黄，大如鸡子，小者如杏，味甜酢，四月熟，出犍为。'仲长统《昌言》曰：'今人主不思甘露醴泉之涌，而患枇杷、荔枝之腐，亦鄙矣！'《晋宫阁名》曰：'华林园，枇杷四株。《风土记》曰：枇杷，叶似栗，子似杏，小而丛生，四月熟。'《南中八郡志》曰：'南安县出好枇杷。'《广州记》曰：'枇杷、若榴，参乎京都。'《华山记》曰：'华山讲堂西头，有枇杷园。'《荆州记》曰：'宜都出大枇杷。'《唐书》曰：'建中元年，诏山南之枇杷，江南之甘、橘、藕，岁为次第贡者，取一次以供庙飨，余皆

---

① 《太平御览》卷971《果部·橙》，第4303页。
② 《本草纲目》卷30《果部·橙》，第1466页。
③ 《太平御览》卷971《果部·枇杷》，第4304页。

罢。'"① 这些记载说明，枇杷是汉唐时期常见的一种果品，它出产于犍为（犍为郡魏晋属益州，在今四川省境内）、华山（西晋属雍州，今陕西西安华阴县）、洛阳（西晋首都洛阳宫中有华林园）、宜都（魏晋属于荆州，在今湖北宜昌宜都市）等地，从唐德宗建中四年（783）诏中以"山南之枇杷"对"江南之甘橘"的措辞来看，枇杷应该主要是产于魏晋时期我国西北和西南地区的一种果品。

综上所述，周处《风土记》里所讲的水果树木共有七种，其中，芋产于钱塘，即西晋时期扬州会稽郡钱塘县，柞树出产于越地始宁、剡二县交界处的历山，也产于西晋时期扬州的会稽郡，甘、橘产于永宁县，属于西晋扬州的永嘉郡。细李产于西晋时期的荆州南郡，梅自古及今都是我国江淮地区的特产，地理上在西晋应该属于荆州、扬州地区，橙虽然并非江淮地区的特产，但却是产于我国的江南地区。枇杷在周处《风土记》中所提到的水果中地位特殊，因为它应该主要是产于魏晋时期我国西北和西南地区的一种果品，是唯一不在周处所生活的吴地越俗区域的土俗物产。

《新唐书》所载的江南道常州、湖州、苏州、杭州和越州等地的土物贡品，可以与周处《风土记》所载的果木风物相互证明。比如，《新唐书·地理志》记载上述各地的土贡物品主要有：常州（晋陵郡）土贡：紬、绢布、纻、红紫绵巾、紧纱、兔褐、皂布、大小香秔、龙凤席、紫笋茶、署预。苏州（吴郡）土贡：丝葛、丝绵、八蚕丝、绯、绫布、白角簟、草席鞋、大小香秔、柑、橘、藕、鲻皮、饭腊、鸭胞、肚鱼、鱼子、白石脂、蛇粟。湖州（吴兴郡）土贡：御服、乌眼绫、折皁布、绵紬、布、纻、糯米、黄糯、紫笋茶、木瓜、杭子、乳柑、蜜、金沙泉。杭州（余杭郡）土贡：白编绫、绯绫、藤纸、木瓜、橘、蜜姜、干姜、苣、牛膝。越州（会稽郡）：宝花、花纹等罗、白编、交梭、十样花纹等绫，轻容、生谷、花纱、吴绢、丹沙、石蜜、橘、葛粉、瓷器、纸、笔。② 而《吴郡志》也记载说："唐之土贡，考之《唐书》，所贡丝、葛、丝绵、八蚕丝、绯、绫布、白角簟、草席鞋。大小香秔、柑、橘、藕、鲻皮、饭腊、鸭胞、肚鱼、鱼子、白石脂、蛇粟。《六典》又有红偏（纶）巾、蛇床子。《图经》及《九域志图叙》，唐贡：丝绵、丝布、八蚕丝、朱绫等

---

① 《太平御览》卷971《果部·枇杷》，第4304页。
② （宋）欧阳修、宋祁撰：《新唐书》卷45《地理志》，中华书局1975年版，第1056页。

外,又有丝布、菱、米、柑、橘、藕、灯心席、灯心草、鞋子、口味三十七。鰡鱼条、魾鱼条、鱼春子焉。二鱼条疑即鰡皮、鲛腊,春子疑即鱼子也。《大唐国要图》又载,苏州贡:丝绢、绫绢、鸟眼绫衫、段罗、纡布、折皂布、柑子、橘子、菱角。"①

上述记载中,虽然诸如䌷、绢、纻、丝、绫等丝织品和丹沙、石蜜、纸、笔等特色物产是周处《风土记》所失载的,但是这几处一些共同的果木贡品如柑、橘、乳柑等却是在周处《风土记》中一再出现的。这些可以充分证明周处《风土记》的吴越地域特色。

**(四)周处《风土记》与宗懔《荆楚岁时记》的岁时风俗比较**

岁时是民间文化中传承性最强的部分,也是民族文化中最有共性的部分,尤其是在中国这样的农业国家,四季转换,物候变迁,对农人的生产活动和岁时生活必将产生重要的影响,每年丰收与农闲的庆祝活动和时间,在不断重演中沉淀成难以变易的岁时节日。从历史的角度看,岁时节日虽然有在传承过程中趋同的特点,但在一定发展阶段,特别是在不同区域内,却也会因自然条件的差异和文化环境的不同,在内容和形式上被烙上鲜明的地方色彩。周处《风土记》所记载的吴越岁时习俗与南朝梁宗懔《荆楚岁时记》所记载的荆楚地区的岁时民俗的区别与相似,在地域文化上皆有深刻的历史成因。

周处《风土记》包含着丰富的岁时习俗记载,而且由于它撰于孙吴时期,比宗懔所写的《荆楚岁时记》时间大概早了三百年的时间。这三百年间,历史风云变幻,政权嬗替频繁,南北文化在对峙中交流融合,即使是江南政权内部区域,其文化也存在一个渐进的发展变化过程。这种变化,既表现为上层社会意识形态的儒学到玄学的流变,也表现为佛道二教的大规模发展及其在民众中日趋深入的影响,相应的也必然表现为社会下层风俗文化的继承与更新。周处《风土记》与宗懔《荆楚岁时记》写作的时间不同,书中所涉的区域也不相同。在写作时间方面,周处(236—297),三国时吴人,280年吴亡后仕晋,据严可均考证,《风土记》撰于吴时,时间大概应该在周处20岁后至孙吴灭亡前,即公元256年至280

---

① (宋)范成大撰,陆振岳点校:《吴郡志》卷1《分野》,江苏古籍出版社1999年版,第6页。

年之间。宗懔（约500—563）①，南朝梁人，承圣三年（554），殁于北周②，后思念乡土，撰《荆楚岁时记》。③ 据此，《荆楚岁时记》当撰于554—563年，时间正比《风土记》的撰作时间迟约三百年。周处《风土记》所记载的吴越风土与宗懔《荆楚岁时记》所载的荆楚风俗区域毗邻，民风有许多同异之处，无疑，周处《风土记》与宗懔《荆楚岁时记》因为时代的先后，可以作为我们考察这种变化的最佳历史文本。

周处《风土记》与宗懔《荆楚岁时记》共同记载的节日为元日、上巳、端午、七夕、重阳和腊日。

1. 元日

关于元日，周处《风土记》记载说："月正元日，百礼兼崇。疫口宿，或奉始送终。乃有鸡子五熏，炼形祈表。注云：岁名。疾疠之鬼，严洁宿为明朝新旦也。此旦皆当生吞鸡子，谓之炼形。又当迎晨啖五辛菜，以助发五藏气而求福之中。"④ 而《荆楚岁时记》则记载说："正月一日是三元之日也。《春秋》谓之端月。鸡鸣而起，先于庭前爆竹，以辟山臊恶鬼。长幼悉正衣冠，以次拜贺。进椒柏酒，饮桃汤。进屠苏酒，胶牙饧。下五辛盘。各进一鸡子。造桃板著户，谓之仙木。凡饮酒次第，从小起（梁有天下，不食荤，荆自此不复食鸡子，以从常则）。今北人亦如之：熬麻子、大豆，兼糖散之。帖画鸡户上，悬苇索于其上，插桃符其傍，百鬼畏之。又，以钱贯系杖脚，回以投粪扫上，云令

---

① 萧放：《荆楚岁时记研究》，北京师范大学出版社2000年版，第2页。
② 《梁书》卷41《宗懔传》："宗懔，字符懔。八世祖承，晋宜都郡守，属永嘉东徙，子孙因居江陵焉。懔少聪敏好学，昼夜不倦，乡里号为'童子学士'。普通中，为湘东王府兼记室，转刑狱，仍掌书记。历临汝、建成、广晋等令，后又为世祖荆州别驾。及世祖即位，以为尚书郎，封信安县侯，邑一千户。累迁吏部郎中、五兵尚书、吏部尚书。承圣三年，江陵没，与毅俱入于周。"
③ 宋金龙指出："魏恭帝二年（555），宗懔约于此年撰《荆楚岁时记》一卷。晁公武《郡斋读书志》'荆楚岁时记'条，称'梁吏部尚书宗懔撰'。按宗懔为梁吏部尚书在承圣三年七月至十一月。考此书记述荆楚岁时风俗时，时与北方对比，如言'今北人此日设麻羹豆饭'（《太平御览》卷42引），疑宗懔被俘，入长安后，寄人篱下，追思故乡，故有此作，且与现实（'今北人'）相比。"见宋金龙校注《荆楚岁时记》，山西人民出版社1987年版，第10页。
④ （清）黎庶昌辑，（隋）杜台卿撰：《玉烛宝典》卷1《正月·孟春》引佚文，江苏广陵古籍刻印社影印《古逸丛书》本，第415页。

如愿。"① 相对而言，周处《风土记》只是记载了吴越元日生吞鸡子和晨啖五辛菜的节日避疫和祈福习俗，内容较为简略。《荆楚岁时记》记载的荆楚元日习俗的民俗事项则丰富多彩，除食鸡子以外，还有爆竹，拜年，饮椒柏酒、屠苏酒、桃汤，进敷于散，服却鬼丸，贴桃符、画鸡，等等。相较而言，《风土记》记载的吴越元日民俗只局限于避疫和祈福的范围，《荆楚岁时记》所记载的荆楚民俗则增加了很多巫术、鬼神的色彩。

2. 上巳

关于上巳节，周处《风土记》记载说："汉末有郭虞者，有三女，一女以三月上辰，一女以上巳二日，而三女产乳并亡。迄今时俗以为大忌，故到是月是日，妇女忌讳，不复止家，皆适东流水上，就通远地禊祓，自洁濯也。"② 《荆楚岁时记》则记载说："三月三日，士民并出江渚池沼间，为流杯曲水之饮。是日，取鼠麴汁蜜和粉，谓之龙舌䉽，以厌时气。"相较而言，《风土记》叙述了汉末郭虞女儿的传说，并说明上巳禊祓的原因是因为三月三日是妇女的恶月和恶日。《荆楚岁时记》除增加了用龙舌䉽厌时气的习俗以外，更指出上巳节是"士民"的节日，其节日民俗实践者的主体已经不局限于女性了，而其内容也变成了在野外江河边为曲水流觞之会。按《荆楚岁时记》的"士民"二字，各版本记载不同，据宋金龙先生的研究发现，《广秘笈本》本作"四民"，《初学记》卷四作"土人"，《太平御览》卷30作"四人"，也即四民，"四民"，即士、农、工、商。③ 无论文字如何差异，都足以证明宗懔所处的梁代，上巳节已经成为全民节日了。根据杜公瞻的注释："《韩诗》云：'唯溱与洧，方洹洹兮。唯士与女，方秉蕳兮。'注谓'今三月桃花水下，以招魂续魄，祓除岁秽。'"我们可以了解到，士女聚会于河畔以祓除不祥，才是上巳

---

① 本书所引内容系据《汉魏六朝笔记小说》所收黄益元点校《荆楚岁时记》（上海古籍出版社1999年版，第1046—1061页），据该书校注说明云："书先后有明万历二十年（1592）《广汉魏丛书》本、万历四十三年（1615）《宝颜堂秘籍》（十集）本、《说郛》本、《四库全书》本、《丛书集成》本、《四部备要》本（据《广汉魏丛书》本校刊）等。其中《四部备要》祖本为时间较早的《广汉魏丛书》，故取作整理底本，参校其余诸本，遇有异文，择善而从。"本书据以引用系因其简要便览，个别部分内容的酌补，系根据宋金龙校注《荆楚岁时记》（山西人民出版社1987年版）补，增补内容已用括号标明，不再一一说明。《荆楚岁时记》的注文系隋杜公瞻所作，注文前有"按"字标识，极易识别。因系隋朝注文，故本文比较时从略。
② 《太平御览》卷30《时序部·三月三日》，第144页。
③ 宋金龙校注：《荆楚岁时记》，山西人民出版社1987年版，第39页。

节的原初意义，因而周处《风土记》的记载更接近于古风。① 虽然，从《荆楚岁时记》的隋人杜公瞻的注释中，我们也可以了解到荆楚上巳节也包含禊祓祈福的内涵，但毕竟两地上巳节的民俗事项存在较大的差别。

3. 端午

周处《风土记》对端午节的叙述极为详瞻："仲夏端午，方伯协极亨，惊用角黍、龟鳞顺德。注云：端，始也，谓五月初五也。四仲为方伯，俗重五月五日，与夏至同。鸭，春孵雏到夏至月，皆任唊也。先此二节一日，又以菰叶裹黏米杂粟，以淳浓灰汁煮之令熟。二节日所尚唊也。又煮肥龟，令极熟，擘择去骨，加盐豉、苦酒、苏蓼，名为葅龟，并以薤荠用为朝食，所以应节气。裹黏米，一名粽，一名角黍。盖取阴阳相苞裹未分散之象也。龟骨表肉里，外阳内阴之形。鳝鱼又夏出冬蛰，皆所以因像而放，将气养和辅替时节者也。② 造百索系臂，一名长命缕，一名续命缕，一名辟兵缯，一名五色缕，一名五色丝，一名朱索。又有条达等织组杂物，以相赠遗。采艾悬于户上，蹋百草，竞渡。是月俗多，禁忌盖屋及暴荐席。"③ 而《荆楚岁时记》原文对端午节的叙述则较为简略："五月五日，四民并蹋百草，又有斗百草之戏。采艾以为人，悬门户上，以禳毒气。是日，竞渡，采杂药。是日竞采杂药。以五彩丝系臂，名曰辟兵，令人不病瘟。又有条达等织组杂物以相赠遗。取鸲鹆教之语。"周处《风土记》的记载说明，端午与夏至在吴越人看来是同等重要的节日，其节日饮食习俗有食鸭、唊葅龟、吃粽子，织百索相赠，采艾悬于户上，还有踏百草、竞渡等娱乐活动。《荆楚岁时记》的记载与此多同，但却没有食鸭、唊葅龟、吃粽子的记载，这也是二者存在的细微差别。

4. 七夕节

周处《风土记》："夷则应履曲，七齐河鼓礼，元吉。注云：七月俗重是日，其夜洒扫于庭，露施几筵，设酒脯时果，散香粉于筵上，荧厘为

---

① 关于此点，杜公瞻注引《续齐谐记》的内容尤足以说明："晋武帝问尚书挚虞曰：'三日曲水，其义何指？'答曰：'汉帝时，平原徐肇以三月初生三女，而三日俱亡，一村以为怪，乃相携之水滨盥洗，遂因流水以滥觞，曲水起于此。'帝曰：'若此谈，便非嘉事。'"所以，女性禳灾祈福才是汉魏以来上巳节的主要内涵。

② （清）黎庶昌辑，（隋）杜台卿校：《玉烛宝典》卷5《五月·仲夏》，江苏广陵古籍刻印社影印《古逸丛书》本，第459页。

③ （唐）徐坚等：《初学记》卷4《岁时部下·五月五日》，中华书局1962年版，第74页。

稻祈，请于河鼓、织女。言此二星神当会。守夜者咸怀私愿，或云，见天汉中有弈弈正白气如地，河之波漾而辉辉有光耀五色，以此为征应。见者便拜，而愿乞富乞寿，无子乞子，惟得乞一，不得兼求，三年乃得言之。或云颇有受其祚者。① 魏时人或问董勋云：'七月七日为良日，饮食不同于古，何也？'勋云：'七月黍熟，七日为阳数，故以黍为珍。今北人惟设汤饼，无复有黍矣。'"②《荆楚岁时记》："七月七日，为牵牛、织女聚会之夜。是夕，人家妇女结彩缕，穿七孔针。或以金银翰石为针，陈瓜果于庭中以乞巧，有喜子网于瓜上，则以为符应。"关于七夕节的记载，《风土记》与《荆楚岁时记》最大的不同在于汉末魏晋时期吴越地区的七夕是妇女的祈福、求子节，而《荆楚岁时记》所载的七夕是妇女乞巧节。两者因由相同，形式相近，但节日内涵存在明显差异。

5. 九月九日

周处《风土记》："（无射绍侯，上九考祥。注曰：）俗上九月九日，谓为上九，茱萸到此日，气烈熟色赤，可折。茱萸囊以插头，云辟恶气，御冬。"③《荆楚岁时记》："九月九日，四民并籍野饮宴。今世人九日登高饮酒，妇人带茱萸囊，盖始于此。"关于重阳节的记载，周处《风土记》各条佚文强调的都是人们于次日佩戴茱萸以辟恶气，而无登高饮宴的习俗。《荆楚岁时记》虽然也有佩戴茱萸的记载，但主体已是妇女，其他"四民"野宴的习俗，也非周处《风土记》所有，显见梁时荆楚与魏晋时吴越的重阳节庆内容是不同的。

6. 腊日

周处《风土记》："进清醇以告蜡，竭恭敬于明祀，乃有藏弶。注云：弶盖妇人所作金环，以锴指而缝者也。（义阳④）腊日祭祀后，优妪儿童，各随其侪为藏弶之戏。分二曹以效胜负，以酒餐具。如人偶即敌对，人奇者即使奇人为游附，或属上曹，或属下曹，名为飞鸟，以齐二曹人数。一

---

① （清）黎庶昌辑，（隋）杜台卿：《玉烛宝典》卷7《七月·孟秋》，江苏广陵古籍刻印社影印《古逸丛书》，第476页。

② 《太平御览》卷31《时序部·七月七日》。此条佚文又见《说郛》卷60上，"今北人"，《说郛》作"今此日"，其余文字相同。

③ 《太平御览》卷991《药部·茱萸》，第4386页。

④ （唐）欧阳询撰，江绍楹校：《艺文类聚》卷74《巧艺部·藏钩》，上海古籍出版社1982年版，第1280页。

弧藏在数十手中,曹人当射知所在。一藏为(一)筹,五筹为一赌。提者捕得推手出弧,五筹尽,最后先为负,赌主部便起拜谢胜朝。(击)壤者,以木作(之),前广后锐,长尺三四寸,其形如覆。(腊)节,僮少以为戏也,(分部如掷博也。)(将戏,先侧一壤于地,遥于三四十步,以手中壤击之,中者为上部。)尧时有八九十老人,击而歌曰:'日出而作,日入而息,凿井而饮,耕田而食,帝何力于我哉?'"①《荆楚岁时记》:"十二月八日为腊日。谚语:'腊鼓鸣,春草生。'村人并击细腰鼓、戴胡头、做作金刚力士以逐疫。金刚力士,世谓佛家之神。其日,并以豚酒祭灶神。汉阴子方,腊日见灶神,以黄犬祭之,谓之黄羊。阴氏世蒙其福,俗人竞尚,以此故也。岁前,又为藏弧之戏。俗云此戏令人生离,有禁忌之家则废而不修。"关于腊日习俗,周处《风土记》与宗懔《荆楚岁时记》的共同之处是腊祭的习俗和藏弧之戏的游戏。不同的是,周处《风土记》还记载了击壤的游戏,为《荆楚岁时记》所阙载。《荆楚岁时记》记载的村人击腰鼓,戴胡头,作金刚力士以逐疫的节日活动,则在周处《风土记》中完全没有,二者存在一些差别。

除上述二书共同记载的节日以外,周处《风土记》和宗懔《荆楚岁时记》还存在许多不同的节日,其中《风土记》有记载而《荆楚岁时记》阙载的唯一的节日是七月二十五日,其节俗为:"每岁七月二十五日,种类四集于庙。扶老携幼,环宿其旁,凡五日。祠以牛羸,酒鲊椎歌,欢饮即还,惟不用犬云。"②《荆楚岁时记》记载而《风土记》所无的节日更多,计有人日、立春、正月十五、春分、社日、寒食、二月八日佛诞节、四月八日浴佛节、伏日、七月十五日盂兰盆节、八月十四等。其中,立春、社日、寒食等节日在中国古代历史悠久,影响很大,周处《风土记》的阙载似乎是因为相关记载散佚的原因,而诸如佛诞节、浴佛节和盂兰盆节则必然是随着佛教在中国广泛传播特别是在我国江南地区传播开来之际才会成为民俗节日的,在周处所处的孙吴时期和西晋早期,佛教在以建康为中心的地域还只是初传时期,其宗教民俗节日自然不会输入江南地区,

---

① 《太平御览》卷584《乐部·壤》。录文中"( )"中内容系分别据《太平御览》卷755《工艺部·击壤》和《文选》卷26谢灵运《初去郡》注补。

② (明)陶宗仪纂:《说郛》卷60上,见《文渊阁四库全书》元《子部·杂字类·杂纂之属》。

所以这些节日在周处《风土记》中本来就是应该没有记载的。其他如《荆楚岁时记》记载的正月十五节俗，更是两汉至隋唐时期荆楚地区所独有的节日，不仅吴越地区无此节俗，中国北方其他地区的相关节俗也多与此不同。

由于文献的散佚或失载，我们已经很难通过对周处《风土记》与宗懔《荆楚岁时记》的记载来对魏晋南北朝时期吴越和荆楚地区的岁时习俗作出更为细致和全面的比较了。但是，通过上面简单的列举和分析我们也可以看出，魏晋南北朝时期吴越地区与荆楚地区在岁时节日方面的异同还有几个特点值得注意。

其一，魏晋南北朝时期吴越与荆楚岁时民俗具有很多的一致性，特别是在元日、上巳、端午、七夕、重阳和腊日几个重要节日，不仅时间相同，主要的节日民俗事项也高度一致。比如，元日的食鸡子、五薰炼形的习俗，上巳的江边祓禊的习俗，端午的竞渡习俗，七夕的女性许愿祈福习俗，重阳佩戴茱萸避恶的习俗和腊日的祭祀以及藏弶游戏习俗等，都具有相似性。

其二，魏晋南北朝时期吴越与荆楚岁时民俗的差异性。周处《风土记》关于七月二十五日民众庙会祭祀和宴饮歌舞的习俗，为汉唐时期岁时文献所独有的记载。而有关佛教的三大节日佛诞节、浴佛节和盂兰盆节则根本为周处《风土记》所失载，也不可能在三国孙吴统治区域内出现。

其三，周处《风土记》记载的岁时节日还不够系统，后世许多重要的岁时节日在这部书里都没有出现，其一年的节日季节均匀性的特点还没有显现。而宗懔《荆楚岁时记》所记载的节日，基本奠定了中国传统岁时节日的体系，它所记载的节俗，除正月十五日节日习俗的内容以外，也基本就是后世节日习俗的主要内容。

其四，周处《风土记》记载的岁时节日与宗懔《荆楚岁时记》记载的岁时节日不仅具有很强的区域风土特征，也具有明显的时代风俗文化差异。关于《荆楚岁时记》的岁时特征及其形成的原因，学者萧放在其《荆楚岁时记研究》一书中，作了深入的探讨和分析。他指出，南朝时期荆楚岁时文化体系的形成，具有三个方面的原因：一是区域原因，即荆楚地域文化传统的影响；二是时代原因，即六朝时期民众生活方式的新变化；三是时间性质变化的原因，即岁时性质由先秦时期的王官授时到两汉时期的贵族庄园之时,再到六朝时期民众生活时间的自我掌控。① 这些精辟之论值得本文借鉴。不过,该书关注的焦点在于荆楚,而周处《风土记》所涉及的吴越地区在历史上与荆楚毗邻,地域风土同中有异,异中有同,作为两种相邻的风土文化类型,譬如一枚硬币的两面,正可对照研究,互相发明,以揭示周处《风土记》风土文化所融摄的区域和时代的深层成因。

**(五)吴越文化与荆楚风土文化的地理成因**

文化的形成,既是一个历史的过程,又有鲜明的地域特色。风俗习尚是一种历史现象,也是一种文化现象。风俗习惯归根结底要受经济活动的制约,在经济活动中一个必要的条件就是地理环境。地理环境的差异,是造成各区域经济面貌、社会环境差异的一个因素,影响着经济和社会的发展。故而,地理因素、自然条件以及社会、历史等多方面的原因,使吴越文化、吴越风情具有鲜明的地域特点。吴越自古山明水秀,风光旖旎,吴越风土就植根于这秀美、恬静的水乡山色之中,显露出鲜明的地域特色。

周处《风土记》所描述的吴越文化作为长江下游统一的区域文化,形成于春秋时期。春秋时期,以钱塘江为界,北岸为吴国,南岸为越国,吴越纷争,史有盛传。然而,吴与越同族同语。实乃一族而两国,吴越连称,即指今天浙江一带。

中国古代地理学者常以分野来划分地域,关于吴越地区的分野星度,宋代范成大在其《吴郡志》里讲:"黄帝分星次:斗十一度至婺女七度曰须女,又曰星纪。于辰在丑,谓之赤奋若。于律为黄钟。斗建在子,今吴越分野。费直分星次:斗十度至女五度为星纪。于辰在丑。吴越分野属扬州。蔡邕分星次:斗六度至须女二度,谓之星纪,大雪、冬至居之。吴越之分野。陈卓、范蠡、鬼谷、张良、诸葛亮、谯周、京房、张衡分星次分野:斗、牵牛、须女、吴、越、扬州;九江入斗一度,庐江入斗六度,豫章入斗十度,丹阳入斗十六度,会稽入牛一度,临淮入牛四度,广陵入牛八度,泗水入女一度,六安入女六度。唐一行所分星次分野:南斗、牵牛,星纪之次也。丑初起斗九度,中斗二十四度,终女四度。其分野:自

---

① 参见萧放《荆楚岁时记研究》,北京师范大学出版社2000年版,第二、第三章。

庐江、九江、负淮水之南，尽临淮、广陵至于东海。又逾南河，得汉丹阳、会稽、豫章郡，西滨彭蠡，南涉越州，尽苍梧、南海。古吴、越及东南百越之国，皆星纪分也。南斗在云汉之下流，殷淮海之间为吴分。牵牛在南河浸远，故其分野自豫章东连会稽，南逾岭徼，为越分。"①

由于吴越地区的历史、文化、地理的特异，所产生的民俗文化也具有独特的色彩。左思《吴都赋》云："有吴之开国也，造自太伯，宣于延陵。盖端委之所彰，高节之所兴。建至德以创洪业，世无得而显称。由克让以立风俗，轻脱鷑于千乘。若率土而论都，则非列国之所觊望也。"②《隋书·地理志》讲："扬州于《禹贡》为淮海之地。……吴、越得其分野。江南之俗，火耕水耨，食鱼与稻，以渔猎为业，虽无蓄积之资，然而亦无饥馁。其俗信鬼神，好淫祀，父子或异居，此大抵然也。……丹阳旧京所在，人物本盛，小人率多商贩，君子资于官禄，市廛列肆，埒于二京，人杂五方，故俗颇相类。京口东通吴会，南接江湖，西连都邑，亦一都会也。……宣城、毗陵、吴郡、会稽、余杭、东阳，其俗亦同。然数郡川泽沃衍，有海陆之饶，珍异所聚，故商贾并凑。其人君子尚礼，庸庶敦厐，故风俗澄清，而道教隆洽，亦其风气所尚也。"③魏晋以后，特别是永嘉南渡之后："帝室东迁，衣冠避难，多所萃止，艺文儒术，斯之为盛。"④北方大批士族和劳动民众南迁，带来了中原文化。南北文化广泛交流，南北民俗融合，使这里的民俗更显丰富多彩。

相对于吴越，《荆楚岁时记》所涉及的荆楚地域也是一个极具特色的风俗文化区域。

"荆""楚"连称，最初只是族名。一说，荆、楚同义。从历史上的实际情形来看，既有单称"荆"或"楚"的，也有连称"荆楚"或"楚荆"的。如《诗·商颂·殷武》云："维女（汝）荆楚，居国南乡。"这个"荆楚"就是族名，泛指处于长江中游地区的土著居民。又如，《楚辞·大招》云："自恣荆楚，安以定只。"这里的"荆楚"就是地名，而有广狭两义之分：广义的"荆楚"指楚国，狭义的"荆楚"则是指楚国

---

① （宋）范成大撰，陆振岳点校：《吴郡志》卷1《分野》，江苏古籍出版社1999年版，第4页。
② 《文选》卷5《京都赋·吴都赋》。
③ 《隋书》卷31《地理志》，中华书局1973年版，第673—674页。
④ （唐）杜佑：《通典》卷182《州郡典·扬州》，中华书局1988年版，第4850页。

故地。按照杨守敬《荆州府志》的考证，汉唐时期荆州辖区屡有变迁，其基本情况如下。

汉：领江夏、南郡、零陵、桂陵、武陵五郡，长沙一国，治汉寿。

东汉：领南阳、南郡、江夏、零陵、桂阳、武陵，长沙改国为郡，刺史治汉寿。汉末，刘表为荆州牧，治襄阳。

蜀：领南郡、武陵、零陵、宜都四郡，治公安。

吴：领南郡、宜都、建平、江夏、武昌、武陵、天门、长沙、衡阳、湘东、零陵、始安、邵陵、桂阳、始兴、临贺，治江陵。

魏：领南阳、南襄、义阳、江夏、襄阳、魏兴、新城、上庸，治宛。

按：魏州，大半在豫州之境。

晋：领江夏、南郡、襄阳、南阳、顺阳、义阳、新城、魏兴、上庸、建平、宜都、南平、武陵、天门、长沙、衡阳、零陵、邵陵、桂阳、武昌、安成，治江陵。

宋：领南郡、南平、天门、宜都、巴东、汶阳、南义阳、新兴、南河东、建平、永宁、武宁，治江陵。

齐：领南郡、南平、天门、宜都、南义阳、河东、汶阳、新兴，治江陵。

魏：领南阳、顺阳、新野、东恒农、汉广、襄阳、北清。恒农，太延中治上洛，太和中治穰城。

梁：领南郡，旋陷于西魏，封为藩国，置江陵总管府。

陈：与梁划江为界，别置荆州于公安，领南平、宜都、罗、河东，治公安。

隋：开皇初，废总管。七年，并梁又置。二十年，改为荆州总管。大业初废。荆州领南郡、夷陵、竟陵、沔阳、沅陵、武陵、清江、襄阳、春陵、汉东、安陆、永安、义阳、九江、江夏、澧阳、巴陵、长沙、衡山、桂阳、零陵、熙平。

唐：武德四年，平萧铣，改为荆州。五年，州置大总管府，管荆、辰、郎、澧、东松、沈、基、复、巴、睦、崇、硖、平十三州，统潭、桂、交、循、夔、高、康、钦、尹九州，七年，改大总管为都督，督荆、辰、澧、郎、东松、岳、硖、玉八州，仍统潭、桂、交、夔、高、钦、尹等七州，八年，废玉州，以当阳县来属。贞观元年，废郢州，以章山来属。二年,降为都督,惟督前七州,其桂、寻等七州不统。①

　　杨守敬指出:"荆州为《禹贡》九州之一。春秋时楚拓地至泗上,两汉刺史跨有江湖。三国进裂,荆州为用武之地,孙、刘东西并分,魏、吴南北双立,而疆域愈扩。晋室东迁,以荆、杨为天下根本,有'西陕'之号,非时望名贤,不居此郡。隋、唐之际,置大总管,开府江陵。上元元年,又置南都。官寮制置,一准两京,至以使相为尹,可捎一盛矣。逮及有宋,始兴湖、湘并重,所辖州郡,稍以分割,然屯兵置使,仍为要区。……此荆州因革之大较也。"② 总之,汉魏南朝时期,荆州"南接五岭,北据汉川"③,处于长江的中游,北接中原,东毗江东,地方数千里,战略地位十分重要,区位特色十分鲜明。

　　就文化特征来说,荆楚文化的主源是楚文化,楚文化与其主体居民浮沉与共。一方面,楚国是春秋战国时期足以与强秦抗衡的头号大国,也是屈原、老子、项羽、刘邦等人的故乡。楚地的文化,以奇谲浪漫见称。先秦时代,楚国已融合了南方各族文化。加之楚地是南北交通的交会点,南北文化都在此发生影响,使楚地形成多元而开放的混合型南方主流文化。另一方面,楚地是中国农业文明起源之一。在多元的文化环境和富足的生活条件下,楚人和楚文化得以充分发展,形成鲜明的文化区域和民俗特点。秦汉时期,楚文化不仅衰落,楚国故地所在的长江中游,也被中原人士视为"险远"④之处。比如,在荆楚北部的江夏,就被中原士人认为"江夏大邦,而蛮多士少"⑤。东汉晚期,北方动乱,人才南流,荆楚文化才有了较多的生气。这其实与刘表治下的荆州有很大关系。在东汉末年,刘表治下的荆州一直比较安定。《后汉书》称:"(刘表)于是开土遂广,南接五岭,北据汉川,地方数千里,带甲十余万。初,荆州人情好扰,加四方骇震,寇贼相扇,处处麋沸。表招诱有方,威怀兼治,其奸猾宿贼更为效用,万里肃清,大小咸悦而服之。……关西、兖、豫学士归者盖有

---

　① (清)杨守敬:《荆州府志》卷1《荆州表》,见谢承仁编《杨守敬集》第五册,湖北人民出版社、湖北教育出版社,1988年版,第948页。
　② (清)杨守敬:《荆州府志》卷1《荆州表》,第949页。
　③ (南朝宋)范晔撰:《后汉书》卷74《刘表传》,中华书局1965年版,第2421页。
　④ 《后汉书》卷44《张禹传》,第1498页。
　⑤ 《后汉书》卷61《黄琼传》,第2040页。

千数。"①

西晋取代魏国，吞灭蜀国，然后再对付都于建业的吴国。司马懿曾说："荆楚轻脱，易动难安。"② 他的继承者西晋君臣，大致能慎重对待荆州。从东晋经宋、齐、梁、陈，南方与北方又变相地重演了吴与晋的故事，以荆州之得失卜存亡。史学家沈约曾经说："江左以来，树根本于扬越，任推毂于荆楚。扬土自庐、蠡以北，临海而极大江；荆部则包括湘、沅，跨巫山而掩邓塞。民户、境域，过半于天下。"③ 荆楚的蛮人，此时大炽。南阳盆地的西部有"丹、浙二川蛮"，其他地方就更多了。其中，"豫州蛮，廪君后也，盘瓠及廪君事，并具前史。西阳有巴水、蕲水、希水、赤亭水、西归水，谓之五水蛮，所在并深岨，种落炽盛，历世为盗贼。北接淮、汝，南极江、汉，地方数千里"。④ 在鄱阳湖平原和周围的山区，还有所谓"傒人"，他们是或多或少汉化了的越人。⑤ 可以说，正是这种汉越杂处、蛮夷混居的民族分布格局，才造就了荆楚地区风土文化的丰富性和多元性。

吴越和荆楚，其文化阈限并非泾渭分明，而是因地域的关系存在异中有同，你中有我，我中有你的关系。吴楚二地，自古就有所谓"越楚"的合称。《史记正义》对"越楚"一词解释说："越灭吴则有江淮以北，楚灭越兼有吴越之地，故言'越楚'也。"⑥《史记·货殖列传》在划分经济和风俗区域时，也是把吴楚两地作为一个大的风俗区域同时又区分出内部三个风俗类型来叙述的："越、楚则有三俗。夫自淮北沛、陈、汝南、南郡，此西楚也。其俗剽轻，易发怒，地薄，寡于积聚。江陵故郢都，西通巫、巴，东有云梦之饶。陈在楚夏之交，通鱼盐之货，其民多贾。徐、僮取虑，则清刻，矜己诺。彭城以东，东海、吴、广陵，此东楚也，其俗类徐、僮。呴、缯以北，俗则齐，浙江南则越。夫吴自阖庐、春申、王濞三人招致天下之喜游子弟，东有海盐之饶，章山之铜，三江、五

---

① 《后汉书》卷74《刘表传》，第2421页。
② 《晋书》卷1《宣帝纪》，中华书局1974年版，第3页。
③ （南朝梁）沈约撰：《宋书》卷66《王敬弘何尚之传》，中华书局1974年版，第1739页。
④ 《宋书》卷97《蛮夷列传》，中华书局1974年版，第2398页。
⑤ 参见张正明等《荆楚文化志》，上海人民出版社1998年版，第2—15页。
⑥ 《史记》卷129《货殖列传》，中华书局1959年版，第3267页。

湖之利，亦江东一都会也。"① 这种叙述，无疑可以为我们理解吴楚两地风俗的同质与差异提供合理的历史切入点。

## 四 周处《风土记》体例考

### （一）两汉地理书对周处《风土记》的影响

汉唐时期的地理书，名号虽然纷繁，但以称某某地记者为多，这种地记的内容，也多以山脉河流、地理沿革、风土人情、奇人异士等方面的内容为主。这种记述内容和体例，实际上是受两汉以来《史记·货殖列传》《汉书·地理志》等正史地志和《风俗通义》影响而产生的，但又在许多方面与正史地志存在不同之处。

《汉书·地理志》包括上、下两分卷，是班固新制的古代历史地理之杰作。此志，首先叙述汉以前的地理沿革，着重写了《禹贡》九州和《周官》九州；接着叙述西汉的地理，以郡国为条，用本文加注的形式，依次写各郡国及其下属县、道、侯国的地理概况，诸如郡县的民户、人口，废置并分更名的历史，各项特产，都尉、铁官、盐官、工官等治所，山川湖泽，关塞要隘，名胜古迹，道里交通，等等；并总记了西汉平帝时郡、国、县、道、侯国的总数，全国的幅员，土地面积，定垦田、不可垦地，可垦不可垦地，民户、人口总数等；然后又仿照《史记·货殖列传》写各地风俗特产的方法，写了各个地域历史、民生和风俗特点。《汉书·地理志》在中国史学史上第一次系统地把地理与"风俗"结合在一起，以求对历史的叙述更加立体、全面和生动，既取得了空前的史学成就，也为汉唐时期地理书的编纂开启了先河。

《汉书·地理志》的体例，以当时行政区划为纲，首叙古九州地理，次叙汉郡国概况，分为山川、户口、水利、关塞、古迹、职官等部类；最后述各地风俗，体例相当谨严。《隋书·经籍志》评价《汉书·地理志》说："其州国郡县山川夷险时俗之异，经星之分，风气所生，区域之广，户口之数，各有攸叙，与古《禹贡》《周官》记所相埒。"② 班固自己则说："先王之迹既远，地名又数改易，是以采获旧闻，考迹《诗》、《书》，

---

① 《史记》卷129《货殖列传》，中华书局1959年版，第3267页。
② 《隋书》卷33《经籍志》，中华书局1962年版，第988页。

推表山川，以缀《禹贡》《周官》《春秋》，下及战国、秦、汉焉。"① 班固在这里所讲的，是他在讲述历代州郡地理沿革时，考证了《诗经》《尚书》里面的有关记载，来接续《尚书·禹贡》和《周礼》《春秋》等著作的相关地理沿革的内容。但是在讲汉代州郡设置和各地风土习俗时，他又有何依据呢？

《隋书·经籍志》云："武帝时，计书既上太史，郡国地志固亦在焉。"其后，"刘向略言地域，丞相张禹使属朱赣条记风俗，班固因之作《地理志》"②。朱赣撰著的《地理书》是成书于西汉末年的一部记述地理风俗的总志，刘知几《史通·杂述》云："《地理书》者，若朱赣所采，浃于九州；阚骃所书，殚于四国。斯则言皆雅正，事无偏党者矣。"这说明，在班固的《汉书·地理志》之前，已经有朱赣的《地理书》这样专述全国各地风俗的专门文献存在，班固的《汉书·地理志》在讲汉代各州风俗部分的内容，是直接借鉴了朱赣《地理书》的研究成果。但将州郡沿革和地理风俗结合在一起，并不是一加一等于二的简单工作，而是凸显了班固据地理以见风俗的观念，体现了班固史学中自然与人文的统一，地理与风俗的统一，政情与民心的统一的深刻思想。比如，《汉书·地理志》在描写各地风俗时，特别注重采录先秦和汉代的民间歌谣来印证当地的风土民情。如《汉书·地理志》在述陇西古俗："天水、陇西，山多林木，民以板为室屋。及安定、北地、上郡、西河，皆迫近戎狄，修习战备，高上气力，以射猎为先。故秦诗曰'在其板屋'；又曰'王于兴师，修我甲兵，与子偕行'。及《车辚》《四载》《小戎》之篇，皆言车马田狩之事。"③ 这种在史书中重视采择民间歌谣的做法，与中国古人对歌谣与风俗关系的认识有关，有很深的历史渊源。《隋书·经籍志》说："古者圣人在上，史为书，瞽为诗，工诵箴谏，大夫规诲，士传言而庶人谤。孟春，徇木铎以求歌谣，巡省观人诗，以知风俗。过则正之，失则改之，道听途说，靡不毕纪。"④ 这说明，早在很久远的历史时期，中国古代的统治者就特别注重民间歌谣的舆论作用和社会影响。西汉君臣自武帝起，

---

① 《汉书》卷28《地理志》，中华书局1962年版，第1543页。
② 《隋书》卷33《经籍志》，中华书局1962年版，第987—988页。
③ 《汉书》卷28《地理志》，中华书局1962年版，第1644页。
④ （唐）魏征等撰：《隋书》卷34《经籍志》，中华书局1973年版，第1012页。

又在一定程度上恢复古人采诗观风的做法,《汉书·礼乐志》记载:"至武帝定郊祀之礼,祠太一于甘泉……乃立乐府,采诗夜诵,有赵、代、秦、楚之讴。"关于这段史料,颜师古则作了具体的解释:"采诗,依古遒人徇路,采取百姓讴谣,以知政教得失也。"① 中国古代的统治者之所以如此重视民间歌谣,主要还是意识到歌谣在社会和政治中的重要作用。这正如《隋书·文学传序》所说:"上所以敷德教于下,下所以达情志于上,大则经纬天地,作训垂范,次则风谣歌颂,匡主和民。或离谗放逐之臣,途穷后门之士,道轗轲而未遇,志郁抑而不申,愤激委约之中,飞文魏阙之下,奋迅泥滓,自致青云,振沉溺于一朝,流风声于千载,往往而有。是以凡百君子,莫不用心焉。"②《汉书·韩延寿传》记载说,韩延寿为淮阳太守,治颍川。颍川多豪强,故民多怨仇。"延寿欲更改之,教以礼让,恐百姓不从,乃历召郡中长老为乡里所信向者数十人,设酒具食,亲与相对,接以礼意,人人问以谣俗,民所疾苦"。颜师古解释说:"谣俗谓闾里歌谣,政教善恶也。"③ 这说明,歌谣是风俗民情的重要指标,已经成为西汉君臣的思想共识。所以,汉代学者应劭就说:"风者,天气有寒暖,地形有险易,水泉有美恶,草木有刚柔也。俗者,含血之类,像之而生,故言语歌讴异声,鼓舞动作殊形,或直或邪,或善或谣也。"④《汉书·地理志》大量采录歌谣叙述各地风土民俗,实际上和汉唐时期的郡国书与风土记是有深刻的内在关联性的。

另外,东汉时期大量出现的郡国书,也在一定程度上为汉唐地理书的出现提供了有益的借鉴。

东汉以降,以郡国州县为范围编撰的各类史地杂著名目繁多,唐代学者刘知几《史通·杂述》将之列为十流:"一曰偏纪,二曰小录,三曰逸事,四曰琐言,五曰郡书,六曰家史,七曰别传,八曰杂记,九曰地理书,十曰都邑簿"⑤。在这十个流派中以郡书、地理书与后世风土记和地

---

① 《汉书》卷22《礼乐志》,中华书局1962年版,第1045页。
② 《隋书》卷76《文学传序》,中华书局1973年版,第1729页。
③ 《汉书》卷76《韩延寿传》,中华书局1962年版,第3210—3211页。
④ (汉)应劭:《风俗通义》,载(明)程荣纂辑《汉魏丛书》,吉林大学出版社1992年影印明万历新安程氏刊本,第637页。
⑤ (唐)刘知几著,赵吕甫校注:《史通新校注·内篇·杂述》,重庆出版社1990年版,第580页。

方志关系较为密切。《隋书·经籍志》载："后汉光武，始诏南阳，撰作风俗，故沛、三辅有耆旧节士之序，鲁、庐江有名德先贤之赞。郡国之书，由是而作。"① 刘知几说："汝、颍奇士，江、汉英灵，人物所生，载光郡国。故乡人学者，编而记之，若圈称《陈留耆旧》、周斐《汝南先贤》、陈寿《益部耆旧》、虞预《会稽典录》，此之谓郡书者也。"② 汉晋郡书大都散佚无传，据诸书著录，汉代有《沛国耆旧传》《巴蜀耆旧传》《益州耆旧杂传记》《三辅耆旧传》《鲁国先贤传》《京兆耆旧传》《会稽贡举簿》《陈留耆旧传》《陈留风俗传》《南阳风俗传》《南阳文学官志》《荆州文学记官志》《汉中耆旧传》《兖州山阳先贤赞》；魏晋时期有《广州先贤传》《汝南先贤传》《豫章烈士传》《益部耆旧传》《襄阳耆旧记》。郡书以人物列传为内容，实为地方人物志。这些郡国之书，今天也大多已经散佚，但从仅存的资料来看，这些书虽然大多侧重记载郡国乡贤耆旧的事迹，还不能完全突破中国古代史书以人物纪传为主的体例风格，但其中有不少著作也注重阐发当地风俗，而这后一方面的特点，则为汉唐地理书所汲取和光大。

总之，《史记·货殖列传》对全国六大风俗区的划分与叙述，《汉书·地理志》对各个郡国地理风俗的论述，乃至后汉时期郡国书中的风土人物统一的叙事特点，都为汉唐地理书，特别是像周处《风土记》这样专述一州风土民情著作的出现，奠定了一定的基础。

#### （二）周处《风土记》与汉唐地记、地方志的区别与联系

体例为著书的体制和义例。体制是指一书的纲目组织方法，义例是指著书的编撰学识基础，二者相依相存。体例古称"凡例"，这门学识，我国有悠久的历史。明顾炎武《日知录》说："《左传》言凡者，皆凡例也。"唐刘知几《史通》说，"夫子修经，始发凡例。"③ 司马迁做《史记》，参酌古今，"发凡起例"，创为全史。体例和现在的历史编撰学颇为相似。凡著书所制定的去取义例，必有原则，使阅者能知其旨归。故体例

---

① 《隋书》卷33《经籍志》，中华书局1973年版，第982页。
② （唐）刘知几著，赵吕甫校注：《史通新校注·内篇·杂述》，重庆出版社1990年版，第581页。
③ （唐）刘知几著，赵吕甫校注：《史通新校注·内篇·序例》，重庆出版社1990年版，第208页。

为著书者所必要，也是读书者所必知。宋郑樵说："学之不专者，为书之不明也，书之不明，类例之不分也。"古今任何著述和书籍，其体例与内容都是统一的。因而，根据体例的不同，人们将流传至今的古代文献分为不同部类，如经、史、子、集等。周处《风土记》在体例与内容上有何特殊之处呢，他在中国古代文献中居于何等位置呢？

考察一下《隋书·经籍志》和《四库全书总目》的分类可知，我国汉唐时期的风土记是被作为经、史、子、集四部之一的史部的分支类别的。稍微不同的是汉唐风土记在《隋书·经籍志》中是直接作为史部分支的地理类而与《元和郡县图志》等方志被一起著录的，在《四库全书总目》中，风土记这一文献类别则被分为两个类别，即时令类和地理类。其中，在地理类中，风土记又分别隶属于杂记之属（如《岭表录异》等）、外纪之属（如《大唐西域记》等）、杂记之属（如《荆楚岁时记》《桂林风土记》等）、古迹之属（如《洛阳伽蓝记》等）、异闻之属（如《山海经》等），不一而足。近人李泰棻的《方志学》说："往昔方志一门，学者皆归诸地理书类，以纪昀之卓识，其所总裁之《四库全书》，亦收方志入地理。"① 由此亦可见，虽然风土记作为一种独特的文献种类在中国古典文献中被广泛记载和著录，但关于风土记的文献类别和学术定位却并没有一个统一的标准。这恰恰说明，我国汉唐时期的风土记，是中国传统文献发展过程中涌现出的一种新类别。历史上，与汉唐风土记体裁相似、内容相近的是汉唐图经和地理书。

我国古代方志的变革，可分为古代方志、宋元方志、明清方志三个阶段。这三个阶段的方志体例及记载内容，各有不同。汉唐地理书的出现，可以说是其中一个极为关键的环节，而风土记的出现，更对汉唐地理书乃至后世地方志的体例、内容产生了重要的影响。

地方史志应包括地方史和地方志，明代王世贞《通州志》序："今志犹古史也。古者千乘之国，与附庸之邦，皆有史官，以掌记时事，第不过君卿大夫言动之一端。而所谓山川、土地、民物、风俗、兵防之类，另有图籍以主之，则无所不备矣。"② 可见，在中国古代史以记事为主，志为述地，主要记载疆域、山川、人物、名胜、风土、人情、文物等。在中国

---

① 李泰棻：《方志学》，商务印书馆1934年版，第33页。
② （明）林云程、沈明臣纂修：《通州志·序》，齐鲁书社1997年版，第4页。

古代文献发展史上，史的出现先于志。《周礼·春官》言外史"掌四方之志"，可见周代即有专职史官，史书记叙一定起源更早。著名的晋《乘》、楚《梼杌》和鲁《春秋》就是古代的地方史。虽然有学者指出《山海经》实为我国古代地志的滥觞[1]，但中国古代严格意义上的志书应该是起源于秦汉时期，当时对这类文献的称呼为"图经"。[2] 清包慎言《校刊汉书地理志补注》序说："秦并兼四海，分为郡县，汉因秦制；先王之迹既远，地名又数改易。是以采获旧闻，考迹《诗》《书》，推表山川，以缀夏周春秋战国，下及秦汉。而颜氏（颜师古）说之曰：中古以来说地理者多矣，或解释经典，或撰述方志，竟为新异。"[3] 有谓汉萧何得秦"图籍"，但晋裴秀《禹贡九州地域图》序说："丞相萧何尽收秦之图籍。今秘书既无古之地图，又无萧何所得。"[4] 有谓"图经"始于东汉，汉时的舆图，由司空之官掌管，还不公开，至后汉初，光武帝案图以封诸子。后人认为"图经"始于东汉，皆以此为据。但"图经"和"舆图"有所不同，自秦汉以后郡县有图志，山水有经；"经"是脉络之意，图经是联合郡县舆图脉络相通之意，而非沿袭经书之名。合"图""经"而成一书是为"图经"，案图是指地图，经是以文字疏通脉络之意，而非沿袭经书之

---

[1] 清孙星衍撰《山海经新校正后序》说"自汉以来未有知山海经为地理书"，这自然是具有卓识之论，但《山海经》一书，所记多离奇怪诞，因此《四库全书》列于小说异闻之属，则是中国古代目录和文献学家对此书的通常分类，是具有一定的合理性的。

[2] 关于史志起源的问题，清毕沅《醴泉县志》序说："一方之志始于《越绝》，后有常璩《华阳国志》。"清洪亮吉《澄城县志》序说："方志始于《越绝书》。"《越绝书》《华阳国志》这两种书，都是汉以后的人所作。关于《越绝书》，《新唐书·艺文志》与《宋史·艺文志》均作子贡撰，（宋）陈振孙《直斋书录解题》认为此书杂记吴越之事，下及秦汉，当为战国以后之人所作。《四库全书提要》始考证为后汉袁康与吴平同撰。此书的篇目分内传四、内经二、外传十三，合十九篇。它的体例和内容，属于地方史性质。《华阳国志》起于鱼凫蚕丛，中包汉中公孙述二刘、蜀汉，下及李氏父子，非为一国记载，完全是地方史性质。《隋书·经籍志》以《华阳国志》入于霸史，后人多沿其例。清章学诚则认为：此书"非为一国记载，又非地志、图经；入于霸国固非，而入于地理尤非。斯乃杂史支流，限于方隅者耳"。又有人认为中国古代方志起源于"风俗传""耆旧传"等书，如后汉的《南阳风俗传》《襄阳耆旧传》，魏周斐的《汝南先贤传》等书，但这些书，察其内容，写的都是地方性的人物传，实际应该是古代史书的一种。参见陈光贻《中国方志学史》（福建人民出版社1998年版）和仓修良《方志学通论》（齐鲁书社1990年版）的相关论述。

[3] 此序见常熟瞿风起藏铁琴铜剑楼旧抄本，又见吴卓偭撰《汉书地理志补注》。

[4] （清）严可均辑：《全晋文》卷33裴秀《〈禹贡九州岛地域图〉序》，中华书局1958年版，第2048页。

名。合"图"和"经"而成为"图经",大概始于晋人裴秀。他曾撰《禹贡九州地域图》,图久佚,犹存自序一篇。挚虞又仿《禹贡》撰《畿服经》170卷,有王谟辑本,其书体例分州、郡、县、山水、乡、亭、城、道里、土田、民物、风俗、先贤、旧好诸门,较为完整。这种体例的创制,对于魏晋南北朝时期的地理书的出现,无疑奠定了发展的基础。

对于魏晋南北朝时期大量出现的地理书,唐代学者刘知几说:"九州土宇,万国山川,物产殊宜,风化异俗,如各志其本国,足以明此一方。若盛弘之《荆州记》、常璩《华阳国志》、辛氏《三秦》、罗含《湘中》。此之谓地理书者也。"[①] 汉魏时期的地理书或曰记,或曰志,故有地记、地志之称。以记为名的,据《中国古方志考》等书考,西汉有王褒《云阳记》,东汉有李尤《蜀记》、朱珧《九江寿春记》、应劭《十三州记》、杨孚《临海水土记》、卢植《冀州风土记》等,魏晋南北朝时期主要有魏阮籍《秦记》和《宜阳记》、杨元凤《桂阳记》,蜀谯周《三巴记》、僧仁显《华阳记》,吴顾启期《娄地记》、顾微《吴县记》,两晋陆机《洛阳记》、张勃《吴地记》《太康地记》、裴秀《冀州记》、潘岳《关中记》、顾微《广州记》、顾夷《吴郡记》、罗含《湘中记》、袁山松《宜都山川记》,南朝宋孔灵符《会稽记》、刘澄之《鄱阳记》、雷次宗《豫章古今记》、邓德明《南康记》、盛弘之《荆州记》、郭仲产《荆州记》、山谦之《丹阳记》,南朝齐陆道瞻《吴地记》、黄闵《武陵记》和《沅陵记》,南朝梁任昉《地记》、鲍坚《武陵记》、伍安贫《武陵记》,南朝陈顾野王《建安地记》等;以志为名的,东汉有陈术《益州志》,三国有蜀谯周《益州志》和吴韦昭《吴郡国志》等,两晋有常璩《华阳国志》、何晏《九江志》、常宽《蜀志》、佚名《永宁地志》和《会稽郡十域地志》等,南北朝有宋《元嘉六年地志》、董览《吴地志》、沈怀远《南越志》,齐佚名《地志》、崔慰祖《海岱志》,梁萧绎《荆南地志》,陈顾野王《舆地志》等。在这种学术发展背景之下,在魏晋南北朝时期还出现了专述某项事物的山水记、异物志、风土记一类著作,如记一方山水的《永初山川记》《宜都山川记》,记物产异同的《凉州异物志》《扶南异物志》《南方草木状》。而记一域风俗的《风土记》等著作也就应运而生了。

---

[①] (唐)刘知几著,赵吕甫校注:《史通新校注·内篇·杂述》,重庆出版社1990年版,第581页。

迄至周隋之间，为编全国性地理志，汇集了各种名称的地记、地方史以及地理书、舆图，较系统地编成全国性图经。至唐宋时由中央编"图志"，将地图与方志结合起来，才有了通记全国地理风俗的"一统志"，如李吉甫的《元和郡县图志》，但《元和郡县图志》记叙内容简单，主要内容仅限于地方性质区划的组成和地名沿革。这种至宋代编州邑志，为区别于官修"图经"体例，才产生了门类完整、事物浩繁的方志。如乐史的《太平寰宇记》就具备疆域、山川、名胜、建置、职官、赋税、物产、乡里、风俗、人物、艺文、灾异等门类，和专记一事一物的汉唐图经地志和风土记等地理书已经显然不同。

地理书以晋代挚虞作《畿服经》开其端，在汉唐时期，特别是魏晋南北朝时期得到了很大的发展，几乎各个重要地区都有"风俗记"或"风土记"，边远地区则有"异物志"。此外，记山水还有"水道记""山水记"。如王范《交广二州记》、顾启期《娄地志》、韦昭《三吴郡国志》、顾夷《吴郡记》、郭璞《临安志》、朱育《会稽土地记》、周处《风土记》等。这个时期由于地记的数量很多，且卷数少，不便于保存和流传，因此，南齐陆澄（425—494）搜集了160家地记著作，按地区编成《地理书》149卷，目录1卷。梁人任昉（460—508）又在陆澄《地理书》的基础上，增加84家著作，编成《地记》252卷。陈代顾野王抄录各家之书编为《舆地志》。至隋大业中普诏天下各郡条记风俗、物产、地图，编成《诸郡土俗物产》151卷，又编《区宇图志》129卷，《诸州图经集》100卷。汉唐地理书的编纂，其名号、数量和规模不可谓不弘富。但这些书籍，随着新兴地方志的出现，在唐朝以后，渐趋散佚。宋代郑樵《通志·地理略》序说："州县之设，有时而更，山川之形，千古不易，所以《禹贡》分州必以山川定经界，使兖州可移，而济河之兖不能移。使梁州可迁，而华阳黑水之梁不能迁，是故《禹贡》为万世不易之书。后之史家主于州县，州县移易，其书遂废。"① 由于这种原因，所以唐以前的地志流传绝少。

关于汉唐地理书的体例和内容，自古以来就有不同的看法。杜佑在《通典·州郡典》序中也说："凡言地理者，在辨区域，征因革，知要害，察风土，如诞而不经，偏记杂说，何暇遍举。注曰：谓辛氏《三秦记》，

---

① （宋）郑樵著，王树民点校：《通志二十略·地理略》，中华书局1995年版，第509页。

常璩《华阳国志》、罗含《湘中记》、盛弘之《荆州记》之类，皆自述乡国灵怪，人贤物盛，参以他书，则多纰缪，既非通论，不暇取之矣。"①认为汉唐地理书偏记杂说，荒诞不经。清人姚振宗在《隋书经籍志考证》卷20"《豫章旧志》"条曰："案汉魏六朝地理之书，大体略如《华阳国志》之体，有建置，有人物，有传有赞，而注意于人物者为多。自来著录之家，务欲各充其类，以人物为重者则入之传记，以土地为重者则入之地理，抑或一书而两类互见，不避复重，或裁篇而分类录存，不嫌割裂。各随其意，各存其是，初无一定之例也。"姚振宗在研究分析大量魏晋六朝地记的情况下指出当时地理之书，"大体略如《华阳国志》体"，不过有的"以人物为重"，有的"以土地为重……而注意于人物者为多"。②清代著名学者孙诒让在为所辑《永嘉郡记》写的序中也曾明确指出："（《永嘉郡记》）天水以后，传帙既亡，地学之儒，甄录尚众，或称《永嘉地记》，或称《永嘉记》，记亦作志，斯并文偶省曷，谊相通暇，楄署任情，讨严匪要。"③但在他所引十七部地记之中，内容为人物者竟达十部之多，这就说明在孙诒让的眼里，汉唐时期的地记，当以人物为主。清人王谟对汉唐地理书进行了大量的辑佚工作，在辑佚过程中，对汉唐地理书的体例内容，有着不同凡见的看法，辑佚时，并且有沿革的标准和原则。王谟在《汉唐地理书钞·凡例》中说："是书编次门目既有先后，故同一《冀州记》也，卢植记主地理，故列前，荀绰记主人物，故列后，同一《冀州论》也，卢毓论主地理，故列前，何晏论主人物，故列后，且同一习凿齿《襄阳记》也，而以记地理者居前，记耆旧者居后，同一谯周《巴蜀志》也，而以志地理者居前，志异物者居后，体例则然，非有参差舛错。"④

究竟汉唐地理书是传统的纪传体史书的支流，还是别有内涵和意义的新型风土文献呢，我们只有在比较中才有鉴别。

在汉唐地理书中，我们选择了盛弘之的《荆州记》作为与周处《风

---

① （唐）杜佑：《通典》卷171《州郡典》，中华书局1988年版，第4451页。
② （清）姚振宗：《隋书经籍志考证》卷20《史部》，《二十五史补编》，中华书局1955年版，第5346页。
③ 政协瑞安文史资料委员会编，（清）孙诒让辑：《永嘉郡记》（校集本），1993年版，第7页。
④ （清）王谟：《汉唐地理书钞·凡例》，中华书局1961年版，第5页。

第二章　周处《风土记》研究　　105

土记》比较的一个蓝本，以求探讨汉唐地理书与风土记的内容同异之处，因其在时代、区域方面与周处《风土记》接近，且辑本内容尚称丰富。

另外，近代在敦煌石室所发现的唐代《沙州地志》，虽是残本，但对研究唐代方志极有贡献。《沙州地志》修成于唐开元时，距今已1200多年。从它所存的部分，如城制、道路、县学、社稷坛、杂神、寺庙、冢、古城、祥瑞、歌谣、古迹等门，都作了详略不同的记载，也可以作为考察汉唐地理书与周处《风土记》体例内容异同的重要参考文献。

### （三）周处《风土记》体例考略

关于周处《风土记》的体例，严可均认为：在写作方式方面，"其正文协韵如古赋，而故实皆载于注，注即子隐自撰。征用者多取注而略正文，故今所辑，注居十之九"[①]。对于周处《风土记》的"文言美词，列于章句；委曲叙事，存于细书"，清代学者章宗源在写作体例上给予了细致的分析，他指出："按《初学记》岁时部：正月元日食五辛练形。注曰：辛菜所以助发五脏也。庄子曰，春日饮酒茹葱以通五脏。仲夏长风扇暑。注曰：此节东南常有风至，俗名黄雀长风。仲夏濯枝澑川。注曰：此节常多大雨，名濯枝。《太平御览》时序部：榆荚雨。注曰：春雨。黄鹤风，濯枝雨。注曰：六月之雨也。此引周处《风土记》皆分晰正文及注。他如：鲸鲵，海中大鱼也，俗说出入穴即为潮水。（《春秋左传》宣公正义）舜耕于历山，山多柞树，吴越名柞为历，故曰历山。（《水经》河水注）蕊香菜根似茆根，蜀人所谓葙香。（《文选》南都赋注）石发，水苔也，青绿色，皆生于石。（《文选》江赋注）笈，谓学士所以负书箱，如冠箱而卑者也。（《一切经音义》卷一）大水有小口，别通口浦。（《广韵》卷三）茱萸，楸也。九月九日熟，色赤，可采时也。（《艺文类聚》木部）璿衡即今之浑仪也。古者以玉为之，转运者为机，持正者为衡。（《御览》天部，文《北堂书钞》仪饰部作'转运者为衡'，削'持正'句。）此皆注文。若月正元日，百礼兼崇。（《初学记》岁时部）舡舸单乘载数百斛。（《北堂书钞》舟部）戟为五兵雄。（《史记》司马相如传索隐。《书钞》武功部曰：'戟长一丈三尺，奋扬俯仰能兼五兵'。当即此句

---

[①]　（清）严可均：《铁桥漫稿》卷五《风土记·叙》，《续修四库全书·集部·别集类》，浙江图书馆藏四禄堂刻本影印版，第6页。

注文。）此皆正文。又《北堂书钞》舟部曰：若乃越腾百川，济江泛海，其舟则温麻。五会东甄，晨凫青桐梧樟，航疾乘风，轻帆电驱。此类赋体所谓'文言美词'也。至《御览》服章部：美朱爽之轻履，蔑尤舄之文章。（《书钞》衣冠部亦引此二句）爽，藤也，赤色，以为履行。山草，便于用靴，故越人重之。又，羽族部：鸣鹤戒露，此鸟警，至八月白露流于草上，适适行声。因即高鸣相警，移徙所宿处。（《艺文类聚》鸟部同）此皆正文及注同引，而脱去'注曰'二字。然分别观之，自可考见。"[1] 章宗源认为，诸书引《风土记》有分析正文、注文者，有单引注文者，有单引正文者，有正文及注同引而脱去"注曰"二字者。这种正文以韵文的方式提纲挈领，注文以散文的形式详细阐释的体例，正是周处《风土记》的基本体例特征，章宗源的结论是符合实际的。

　　在内容分类方面，因周处《风土记》久亡，篇次无考。由周处六十一世孙周之冕辑修的《忠义集》卷2《孝侯风土记》分为岁时、地理、人事、武功、器物、居处、服饰、饮食、植物、动物九个门类；《国山周氏世谱》卷51《孝侯风土记》辑本的门类不变，类目名称稍有修正，改"武功"为"武备"，"器物"为"器用"。门类确定的依据，正如周诰在《国山周氏世谱》卷51《孝侯风土记》辑本末指出："因思孝侯原书未必不分类，编次因仍以类编，辑其次第，则本《唐类函》，以其为钦定《渊鉴类函》所本故也。若《艺文类聚》等书固为古远，然次第尚欠详备，故宁从其近。"陶宗仪《说郛》、沈敕《荆溪外纪》、金武祥补校王谟《风土记》等辑本也分类排列，但未列类目名称。严可均在《风土记》辑本叙中指出，"其（书）久亡，所得见者仅十之二三，然而亭邑、古迹、山水、节候、风俗、舟车、器服、物产、果实、草木、鸟兽、虫鱼，品类略备，原次无可考，即以此区分，取便检阅"[2]。上面对于周处《风土记》类例的划分，应该以严可均的划分较为符合古代学者修志的惯例，故为本文所借鉴。我们根据现存周处辑佚内容，在严可均对周处《风土记》分类的基础上略加修改[3]，概括周处《风土记》的内容类别如下，并各举一

---

[1] （清）章宗源：《隋书经籍志考证》，《二十五史补编》，中华书局1955年版，第4980页。
[2] （清）严可均：《铁桥漫稿》卷5《风土记·叙》，《续修四库全书·集部·别集类》，据浙江图书馆藏四禄堂刻本影印版，第6页。
[3] 严可均辑本今已不存，其内容已不可见，其所列举的类例，今天《风土记》佚文中已经不见，故有略加调整的必要。

例，以明其证。

周处《风土记》体例：

（1）郡邑，（2）山水，（3）气候，（4）风俗，（5）岁时，（6）舟车，（7）器物，（8）服饰，（9）饮食，（10）果实，（11）草木，（12）鸟兽，（13）虫鱼，（14）武备，（15）居处，（16）人物。

（1）郡邑

周处《风土记》曰：阳羡本无荆溪。吴郡郡境，震泽之会也，其地理则三江之雄润，五湖之腴表。①

（2）山水

《风土记》曰：阳羡县东，有太湖，中有包山，山下有洞穴，潜行地中，云无所不通，谓之洞庭地脉也。②

（3）气候

《风土记》曰：南中六月则有东南长风，风六月止，俗号黄雀长风。时海鱼变为黄雀，因为名也。③

（4）风俗

《风土记》曰：越俗，性率朴，意亲好合，即脱头上手巾，解仪间五尺刀以与之为交。拜亲跪妻，定交有礼，俗皆当于山间大树下，封土为坛，祭以白犬一、丹鸡一、鸡子三，名曰"木下鸡犬五"。其坛也，人畏不敢犯也。祝曰："卿虽乘车我戴笠，后日相逢下车揖。我虽步行卿乘马，后日相逢卿当下。"④

（5）岁时

《风土记》曰：仲夏端五，端，初也。俗重此日与夏至同。先节一日，又以菰叶裹黏米，以栗枣灰汁煮令熟，节日啖。煮肥龟令极熟，去骨加盐豉麻蓼，名曰葅龟。黏米一名粳，一曰角黍，盖取阴尚阳包裹未之象也。龟表肉里，阳内阴外之形，所以赞时也。⑤

---

① 《太平御览》卷170《州郡部·江南道上·常州》，第827页。
② （唐）欧阳询：《艺文类聚》卷9《水部下·湖》，上海古籍出版社1982年版，第168页。
③ 《太平御览》卷9《天部·风》，第45页。
④ 《太平御览》卷406《人事部·叙交友》，第1877—1878页。
⑤ 《太平御览》卷31《时序部·五月五日》，第146页。

（6）舟车

周处《风土记》曰：小曰舟，大曰船。温麻五会者，永宁县出豫林，合五板以为大船，因以"五会"为名也。"晨凫"，即青桐大舡名，诸葛恪所造鸭头舡也。豫章栀桃诸木，皆以多曲理盘节为坚劲也。浩漂者，言船之在水，如莲花散落浮于川也。①

（7）器物

《风土记》曰：璇衡，即今浑仪。云古者以玉为之，转运者为机，持正者为衡。一说以良玉为管，中有光，盖取明以助远察。②

（8）服饰

《风土记》曰：美朱爽之轻履，蔑龙舄之文章。爽，藤也，赤色，缘木而长，大如箭杆。越人以为屐，经以青芒，行山草，便于用靴，故越人重之。③

（9）饮食

《风土记》曰：精淅米，十取七八，淅使青，蒸而饭色乃紫绀，于东流水饭食，而洗除不祥。④

（10）果实

周处《风土记》曰：南郡细李，四月先熟。⑤

（11）草木

夜合《风土记》曰：夜合，叶晨舒而暮合。一名合昏。⑥

（12）鸟兽

《风土记》曰：鸣鹤戒露。此鸟性警，至八月白露降，流于草上，滴滴有声，因即高鸣相警，移徙所宿处。⑦

《风土记》曰：阳羡县前有大桥，下有白獭。将有兵动，獭出穴口，向人噪也。⑧

---

① 《太平御览》卷770《舟部·叙舟》，第3413页。
② 《太平御览》卷2《天部·浑仪》，第11页。
③ 《太平御览》卷698《服章部·屐》，第3117页。
④ 《太平御览》卷850《饮食部·饭》，第3801页。
⑤ 《太平御览》卷968《果部·李》，第4294页。
⑥ 《太平御览》卷958《木部·夜合》，第4254页。
⑦ 《太平御览》卷916《羽族部·鹤》，第4061页。
⑧ 《太平御览》卷912《兽部·獭》，第4042页。

(13) 虫鱼

周处《风土记》云：土宿，大蜂也。骆各，小蜂。啮断其翅，使塘土以广其室。观其穴口聚土多，知其贫富。人掘其子，煮而食之。①

周处《风土记》曰：阳羡谷，五月以薤蒸鳝而食。凡鳝鱼夏出冬蛰，亦以将气养和实时节也。②

(14) 武备

周处《风土记》曰：戟长一丈三尺，奋扬俯仰，乍跪乍立，兼五兵而能，乃谓名人。③

(15) 居处

（宜兴）县有九亭，今三可识，其六不知其所。④

宅亦曰第，言有甲乙之次第也。一曰出不由里门，面大道者名曰第。⑤

(16) 人物

《风土记》曰：阳羡县令袁起生有神灵，无疾暴亡。殡敛已竟，风雷冥晦，失起丧柩。山下居民夜闻山下有数十人，晨往山上，见起棺柩。俄而潜藏，惟有石冢、石坛今在。⑥

**(四) 盛弘之《荆州记》与周处《风土记》体例比较**

《荆州记》，宋盛弘之撰。弘之，里籍不详，仕临川王侍郎。《隋书·经籍志》：《荆州记》三卷，宋临川王侍郎盛弘之撰。《太平御览经史图书纲目》：盛弘之《荆州记》。按魏晋南北朝时期《荆州记》有多种，如晋范汪撰《荆州记》、庾仲雍《荆州记》、郭仲产《荆州记》与宋刘澄之《荆州记》，还有佚名《荆州土地记》等。其中，盛弘之所撰《荆州记》是今存内容最多的，因而也是最有可能窥其体例的。按：荆州，刘宋时治江陵，即今湖北江陵。

---

① 《北堂书钞》卷158《地部·穴篇》。
② 《太平御览》卷937《鳞介部·鳝鱼》，第4165页。
③ 《太平御览》卷353《兵部·戟下》，第1622页。
④ （宋）王象之：《舆地纪胜》卷6《常州·景物下》，（台北）文海出版社有限公司1971年版，第71页。
⑤ （唐）徐坚等：《初学记》卷24《居处部·宅第》，中华书局1962年版，第578—579页。
⑥ 《太平御览》卷551《礼仪部·棺》，第2495页。

清人陈运溶发现，盛弘之《荆州记》内容，"每条皆注明古郡县"，故其辑本盛弘之《荆州记》，是按照《晋书·地理志》所载荆州郡县的次序，次第编入其内容的。① 刘毅纬《汉唐方志辑佚》，模仿了这种做法，而未明言。这种体例，或者比较接近于盛弘之的原著，但究竟是否属实，今天已很难考证清楚，得出定论。按《晋书·地理志》所载西晋荆州的郡县情况如下。

（1）江夏郡，统县七：安陆、云杜、曲陵、平春、邔、竟陵、南新市。

（2）南郡，统县十一：江陵、编、当阳、华容、鄀、枝江、旌阳、州陵、监利、松滋、石首。

（3）襄阳郡，统县八：宜城、中庐、临沮、邔、襄阳、山都、邓城、鄾。

（4）南阳郡，统县十四：宛、西鄂、雉、鲁阳、犨、淯阳、博望、堵阳、叶、舞阴、比阳、涅阳、冠军、郦。

（5）顺阳郡，统县八：酂、顺阳、南乡、丹水、武当、阴、筑阳、析。

（6）义阳郡，统县十二：新野、穰、邓、蔡阳、随、安昌、棘阳、厥西、平氏、义阳、平林、朝阳。

（7）新城郡，统县四：房陵、绥阳、昌魏、沶乡。

（8）魏兴郡，统县六：晋兴、安康、西城、锡、长利、洵阳。

（9）上庸郡，统县六：上庸、安富、北巫、武陵、上廉、微阳。

（10）建平郡，统县八：巫、北井、秦昌、信陵、兴山、建始、秭归、沙渠。

（11）宜都郡，统县三：夷陵、夷道、佷山。

（12）南平郡，统县四：作唐、孱陵、南安、江安。

（13）武陵郡，统县十：临沅、龙阳、汉寿、沅陵、黚阳、酉阳、镡城、沅南、迁陵、舞阳。

（14）天门郡，统县五：零阳、溇中、充、临澧、澧阳。

（15）长沙郡，统县十：临湘、攸、下隽、醴陵、刘阳、建宁、吴

---

① 见（清）陈运溶辑《麓山精舍辑本》盛弘之《荆州记》序，清王谟辑《汉唐地理书钞》附，中华书局1961年版，第379页。

昌、罗、蒲沂、巴陵。

（16）衡阳郡，统县九：湘乡、重安、湘南、湘西、烝阳、衡山、连道、新康、益阳。

（17）湘东郡，统县七：酃、茶陵、临烝、利阳、阴山、新平、新宁。

（18）零陵郡，统县十一：泉陵、祁阳、零陵、营浦、洮阳、永昌、观阳、营道、春陵、泠道、应阳。

（19）邵陵郡，统县六：邵陵、都梁、夫夷、建兴、邵阳、高平。

（20）桂阳郡，统县六：郴、耒阳、便、临武、晋宁、南平。

（21）武昌郡，统县七：武昌、柴桑、阳新、沙羡、沙阳、鄂、官陵。

（22）安成郡，统县七：平都、宜春、新谕、永新、安复、萍乡、广兴。

总计西晋时期的荆州统辖共计22郡，155个县。今各种辑本盛弘之《荆州记》内容由于散佚严重，辑本内容均不可能涵盖西晋时期如此之多的郡县。事实上，无论是陈运溶麓山精舍辑本，还是今人刘毅纬的辑本，都是从江陵县开始的，也就是从荆州的南郡江陵县开始的。江夏郡及其属县的内容概付诸阙如。据此则其他郡县的散佚情况可以推知一二。

如果盛弘之的《荆州记》原本真的是以郡县为顺序来叙述荆州地理风土的话，那么其体例与周处《风土记》差别就十分明显。双方的体例也就无所较其异同了。但如果我们从今本盛弘之《荆州记》所涉及的内容作为体例的话，也可以整齐有序，且可以与周处《风土记》的体例相对照。今存盛弘之《荆州记》[①] 以荆州郡县境内的山川为主线，逐县介绍其境域内的山水、关塞、文物、古迹、人物等，旁及礼仪、岁时、风俗、歌谣、传说等，其类例虽然不可尽考，但以介绍山川为主的特点十分突出，这点与周处《风土记》内容的繁复构成了鲜明的对比。根据现有材料的具体内容，我们对盛弘之《荆州记》的体例略作概括如下。

（1）郡县，（2）山，（3）水，（4）关塞，（5）村落，（6）文物，

---

[①] 本文研究的盛弘之《荆州记》所依据的资料，以刘毅纬《汉唐方志辑佚》的辑本为主，以王谟《汉唐地理书钞》的辑本为辅，并酌情参以笔者的辑本内容。如非特别注明，均以刘本为主，不再注出。

(7) 古迹，(8) 人物，(9) 礼仪，(10) 物产，(11) 鸟兽，(12) 歌谣，(13) 传说。

(1) 郡县

元嘉十四年，荆州所领三十郡。自晋室东迁，王居建业，则以荆扬为京师根本之所寄，楚为重镇。(《寰宇记》卷146《荆州》)

(2) 山

盛弘之《荆州记》曰：衡山有三峰：其一名紫盖，每见有双白鹤回翔其上；一峰名石囷，下有石室，寻山径，闻室中有讽诵声；一曰芙蓉，上有泉水飞流，如舒一幅白练。①

(3) 水

盛弘之《荆州记》曰：阳县西有粉水，源出房陵县，取其水为粉，鲜洁异于余水，故因粉为名也。巴郡临江县有此水，旧常献之也。②

(4) 关塞

盛弘之《荆州记》曰：孟达为新城太守，登白马塞山而叹曰："刘封、申耽据金城千里而不能守，岂丈夫也?"为上渚吟，方士今犹传此，声韵愤激，其哀思之音乎！游者云重山叠嶂，事亦信然也。③

(5) 村落

盛弘之《荆州记》：随郡北界有庙乡，村南有重山，山下有一村，父老相传，云是神农所生村。西有重堑，内周回一顷二十亩，地中有九井。相传神农既育，九井自穿。又云：汲一井则众井水动。则以地为神农社，年常祀之。④

(6) 文物

盛弘之《荆州记》曰：小酉山，山上石穴中有书千卷，相传秦人于此而学，因留之。故梁湘东王云"访酉阳之逸典"是也。⑤

(7) 古迹

盛弘之《荆州记》曰：襄阳郡岘首山南至宜城百余里，其间雕墙峻宇，间阎填列。汉宣帝末，其中有卿士、刺史、二千石数十家，珠轩骈

---

① 《太平御览》卷39《地部·恒山》，第188页。
② 《太平御览》卷59《地部·水》，第285页。
③ 《太平御览》卷43《地部商洛襄邓淮蔡诸山·白马塞山》，第205页。
④ 《太平御览》卷189《居处部·井》，第916页。
⑤ 《太平御览》卷49《地部·西楚南越诸山·小酉山》，第239页。

辉，华盖连延，掩映于大太庙下。荆州刺史行部见之，雅叹其盛，敕号太上庙，道为冠盖里。①

（8）人物

盛弘之《荆州记》曰：襄阳城北，河水极深，先有蛟，年常为害。太守邓遐，气果谦人，拔剑入水，蛟绕其足，遐因挥剑截蛟数段，流血丹水，自此无复蛟患。②

（9）礼仪

耒阳县有雨濑。此县时旱，百姓共壅塞之，则甘雨普降。若一乡独壅，雨亦遍应。随方所祈，信若符刻。（盛弘之《荆州记》）③

（10）物产

渌水出豫章康乐县。其间乌程乡有酒官。取水为酒，酒极甘美，与湘东酃湖酒，年常献之。世称酃渌酒。（《文选·七命》注）

（11）鸟兽

始安郡有鸟焉，其形似鹊，白尾，名为青鸟。常以三月自苍梧而度，群飞不可胜数。山人见其来，多苦疫气。（《御览》卷742疫疠）

（12）歌谣

盛弘之《荆州记》曰："旧云自二峡取蜀数千里中，恒是一山，此盖好大之言也。惟三峡七百里中，两岸连山，略无阙处，重岩叠嶂，隐天蔽日，自非亭午夜分，不见日月。至于夏水襄陵，沿溯阻绝，或王命急宣，有时云朝发白帝，暮至江陵，其间千二百里，虽乘奔御风，不为疾也。春冬之时，则素湍渌潭，回清倒影，绝巘多生怪柏，悬泉瀑布，飞漱其间，清荣峻茂，良多雅趣。每晴初霜旦，林寒涧肃，常有高猿长啸，属引凄异，空岫传响，哀转久绝。"故渔者歌曰："巴东三峡巫峡长，猿鸣三声泪沾裳。"又曰："南崖有重岭叠起，最大高崖间有石，色如人负刀牵牛，人黑牛黄，成就分明。此崖既大，加以江湍萦纡回途，经宿犹望见之。行者歌曰："朝发黄牛，暮宿黄牛。三日三夜，黄牛如故。"④

---

① 《太平御览》卷168《州郡部·山南道下·襄州》，第820页。
② 《太平御览》卷437《人事部·勇》，第2011页。
③ （宋）李昉等编《太平广记》卷374《灵异部·耒阳水》，中华书局1961年版，第2968页。
④ 《太平御览》卷53《地部·峡》，第259页。

(13) 传说

盛弘之《荆州记》云:"固城临洱水,水之北岸,有五女墩。西汉时,有人葬洱北,墓将为所坏。其人有五女,共创此墩以防墓。"又云:一女嫁阴县佷子,家资万金。自少及长,不从父言。临死,经意欲葬山上,恐子不从,乃言必葬我渚下碛上。佷子曰:"我由来不取父教,今当从此一语,遂尽散家财,作石冢,以土绕之,遂成一洲。长数百步。元康中,始为水所坏。今余石如半榻许数百枚,聚在水中。"(唐段成式《酉阳杂俎》)[1]

表 2—2　　周处《风土记》与盛弘之《荆州记》体例异同

| 序号 | 周处《风土记》体例 | 盛弘之《荆州记》体例 | 备注 |
| --- | --- | --- | --- |
| 1 | 郡邑 | 郡县 | 同 |
| 2 | 山水 | 山水 | 同 |
| 3 | 气候 | 歌谣 | 异 |
| 4 | 风俗 | 礼仪 | 略同 |
| 5 | 岁时 | 传说 | 异 |
| 6 | 舟车 | 文物 | 异 |
| 7 | 器物 | 古迹 | 异 |
| 8 | 服饰 |  |  |
| 9 | 饮食 | 关塞 | 异 |
| 10 | 果实 | 物产 | 同 |
| 11 | 草木 | 物产 | 略同 |
| 12 | 鸟兽 | 鸟兽 | 同 |
| 13 | 虫鱼 | 鸟兽 | 同 |
| 14 | 武备 |  | 异 |
| 15 | 居处 | 村落 | 同 |
| 16 | 人物 | 人物 | 同 |

通过以上简单对照可以看出,周处《风土记》与盛弘之《荆州记》存在很多相同点。首先,都是采取围绕着某一特殊区域(《风土记》为扬州,《荆州记》为荆州)的自然地理与行政建制来展开论述的,所以两书

---

[1] 《太平广记》卷389《冢墓·浑子》,中华书局1961年版,第3102页。

对荆扬二州的郡县设置、山川河流情况的叙述都很详细；其次，对该处地域的物产如鸟兽虫鱼之类、果木草蔬之属，叙述的也较为详细；最后，两书对本区域的奇人异士的不凡事迹和相关传说也着墨较多。当然，两书也存在着很多不同之处，比如，周处《风土记》对扬州各地的岁时节令、风俗民情记载较多，可以说是该书的最显著的特色，而对扬州一带的历史古迹、关塞村落等记载较少。《荆州记》则相反，对荆州地区的民俗事项几乎没有任何涉及之处，只是在记载山川、峡口和沙洲之时附带着叙述了当地百姓的祈雨、行旅和政治风谣等，内容的侧重之处与周处《风土记》的差异十分明显。也许，这正是《荆州记》作为"地记"与《风土记》侧重风（物）土（俗）的最主要的区别之所在。

因此，我们是否可以这样说，周处《风土记》代表了汉唐地理书中的一个特殊类别，即以记载当地的风物土俗为主的著作，是倾向于民俗风情的记叙形式，而盛弘之《荆州记》则代表了汉唐地理书中的另外一种类别，即以记载州郡沿革、山川概况为主的文献，是汉唐地理书中具有方志特征的著作。这两种形式，在汉唐地理书中的差别虽然已经显现，但还没有达到截然不同的地步。随着中国传统地理文献的发展，以周处《风土记》为渊源，发展衍生出诸如《后魏风土记》《临海异物志》《领表录异》和《桂林风土记》等汉唐历史民俗文献，而以盛弘之《荆州记》为主要类别的地志文献，到了唐朝，则为以《元和郡县图志》为代表的地方志奠定了基础。及至宋朝乐史编纂《太平寰宇记》，更兼收风土记与方志之所长，开创了兼综地志与风俗的新型方志著作。

《元和郡县图志》写于唐宪宗元和年间（806—820）。贞观年间唐代政区分全国为十道，即：关内道、河南道、河东道、河北道、山南道、陇右道、淮南道、江南道、剑南道、岭南道。到开元年间，又析关内道置京畿道，析河南道置都畿道，分山南道为山南东、南三道，分江南道为江南东、西二道和黔中道，这样就成了十五道。李吉甫在《元和郡县图志》中即以贞观十道为基础。唐中叶以后，陇右道被吐蕃占去，但为了表示有志于"收复故土"，仍列于最后。又按照当时的情况，分为47个节镇，将所属各府州县的户口、沿革、山川、古迹以至贡赋等依次作了叙述。每镇篇首有图，所以称为《元和郡县图志》。

《太平寰宇记》撰于宋太宗太平兴国年间（976—983），前171卷依宋初所置河南、关西、河东、河北、剑南西、剑南东、江南东、江南西、淮南、山南西、山南东、陇右、岭南十三道，分述各州府之沿革、领县、州府境、四至八到、户口、风俗、姓氏、人物、土产及所属各县之概况、山川湖泽、古迹要塞等。幽云十六州虽未入宋版图，亦在叙次之列，以明恢复之志。十三道之外，又立"四夷"29卷，记述周边各族。

《太平寰宇记》在体例上仿《元和郡县图志》，但又增风俗、姓氏、人物等门，在体例上有所创新。虽然遭后人诟病"人物琐事登载不遗"，但这种以人文风俗结合地理的方式，正是从周处《风土记》和盛弘之《荆州记》以来的汉唐地理书体例中学来的精华，为地方志兼收风俗与地理的写作内容和体例模式奠定了成熟的基础，因而被后世地志奉为典范，四库馆臣认为"盖地理之书，记载至是书而始详，体例亦至是大变"。

### （五）周处《风土记》与敦煌钞本《沙洲地志》体例比较

从汉唐地理书和风土记到《元和郡县志》和《太平寰宇记》的体例转变，还可以从一部敦煌遗书中见其关键。这部书就是从敦煌发现的《沙洲地志》残卷。①

关于《沙州地志》，伯5034号，王重民《敦煌遗书总目索引》曰："伯5034，若干残卷残片（内有：1.口州志，2.春秋后语残文等）。"向达名为《沙州图经》。黄永武《敦煌宝藏》定名为"沙州附近关山泉泽等地志"。卷子内容主要记沙州寿昌县、石城镇、播仙镇的地理，与其他地志无异，故定名为《沙洲地志》。卷子首尾俱残，中部及上下均有残缺，记事首起寿昌县寺院，末尾至播仙镇，残存二百余行，记事较敦煌所出其他地志更详尽，不仅是研究唐代敦煌历史地理的珍贵资料，也是研究从汉唐地理书到唐宋方志体例转变的重要文献。② 下面，本书就根据今存《沙

---

① 见郑炳林《敦煌地理文书汇辑校注》，甘肃人民出版社1989年版，第43—49页。

② 此外，与本书研究有关的敦煌文献，还有《沙州图经》残卷二件，其一首尾缺佚，存卷长不逾三丈。始于水渠，终于歌谣，前后无题目。另一件题"沙州都督府图经卷第三"，始祥瑞，终歌谣，存七十九行。比前一件稍短。有罗振玉《敦煌鸣沙石室佚书》影印本，其记述内容包括河渠、堤堰、盐池、古城、亭驿、祠庙、学校、歌谣等。文字简约，似图说之体。图经残卷均依一定次序排列诸事，每事名之后，皆署一"右"字，似文前当有地图，或是另有图卷。图经的内容基本反映当地自然景观、沿革建置，兼述风俗歌谣。这两种图经不见诸家著录，而《旧唐书·经籍志》《新唐书·艺文志》著图经甚罕，这也可以说明当时的图经正处于由地理书向完善的地方志著述体例的演进阶段。

洲地志》的内容，对其体例作一些简单的探讨。

根据《沙洲地志》的内容，我们可以把这个地志残卷的内容按照原文的先后顺序分为以下几部分内容。

（1）自"百一十二里，西北去五百"到"唐乾封二年□"，以上是讲沙洲寿昌县建制、道里远近，属于传统地理书的郡邑部分内容；讲沙洲城内永安寺的规模、历史、寺内和位置，讲县学位置、学内建筑，讲县城外的社稷坛。上述总括起来是讲寿昌县城内的建筑状况。

（2）自"四所山"到"时人语讹名曰子亭"，是讲县城周围的四座山：黑鼻山、姚龙勒山和西子亭山，涉及山的位置、南北长度和高度以及山所以得名的原因。这属于汉唐地理书中的山的部分。

（3）自"二所泽"至"其水无卤，故以为号"是对寿昌县附近包括泽水、泉水等河、渠水资源的概括，并讲到每一处水的水草状况及名字来历，特别讲了寿昌海的神马传说；讲县城周围的水渠，具体讲到水渠的长度、宽度和深度，水渠的水质及灌溉情况。均属于汉唐地理书中的水的部分。

（4）自"二古关"到"遂斩王尝归首，驰传诣阙"，是讲寿昌附近的阳关和玉门关两座故关和玉门关附近的颇羌亭等历史古迹，以及在此发生的西汉与匈奴发生的战争历史。这属于汉唐地理书中的关塞、古迹部分。

（5）自"其山连延，东接沙州"到"衣服多以裘褐，商旅往来"，是讲播仙镇附近的屯城，具体记载了屯城周围的自然环境、屯城修建的历史、屯城的规模大小及其与播仙镇、石城镇的距离和商贸交通情况等。

（6）从"粟"到"右在镇城中"，主要是讲屯城城内的农牧业状况和物产状况，属于汉唐地理书中的物产部分。

（7）自"六所道路"到"一道东南去萨毗城四百八十里"，主要是讲寿昌县屯城通往东西南北的六条道包括道路的远近及路上粮草补给的情况，属于唐代方志的交通部分。

（8）自"步，高二丈，下阔九步"到"一所祆舍……存"，主要是介绍葡萄城的建制规模、城外蒲昌海的情况，以及葡萄城内的火祆教寺庙。这涉及信仰风俗的内容。

（9）自"且末国，王都且末城"至"都尉即令□且末城"，以上讲且末城的建制沿革情况，后面内容阙。

综上所述，我们可以发现，《沙洲地志》的编纂体例是以沙洲的县城、关塞、城镇等郡邑设置为纲，分别介绍每一城池、关防、镇市的建制历史，自然环境、建筑构成、山川河流、水渠沟壑、道路交通、粮食物产等，附带介绍城内和周边的祭祀场所（社稷坛）、宗教寺庙（永安寺、祆庙）和风情传说（如天马传说）等。这种体例，其主要部分，与李吉甫的《元和郡县图志》相类似，而附带讲民俗风情的部分，又和乐史的《太平寰宇记》相类。另外，《沙洲地志》虽然只是残卷，但从以上的分析和文后所附的全文中，我们仍然可以感觉到这部书的体例严整，顺序井然，已经粗具后世地方志的雏形了。同时我们也已经知道，这种兼综地理和风俗的地志编纂方法，正是在以周处《风土记》和盛弘之《荆州记》所代表汉唐地理书和风土记的体例的结合基础上创造出来的。周处《风土记》对后世风俗和方志文献的影响，由此亦可见一斑。

# 第三章

## 汉唐风土记中的域外风土映像

### ——兼论中国古代华夷文化观在汉唐时期的转变

汉唐时期曾经涌现出许多著名的风土记著作，如周处的《风土记》、盛弘之的《荆州记》、莫休符的《桂林风土记》和杨衒之的《洛阳伽蓝记》等，另外，还有《张骞出关志》《高僧法显西行记》《游行外国传》《佛国记》《奉使高丽记》《中天竺国行记》《赤土记》《历国传》《外国传》《慧生行记》《魏聘使行记》《聘北道里记》《西域国志》①《大唐西域记》等大量僧俗士人的域外行纪，其数量不下百余种。还有的风土记文献如《洛阳伽蓝记》虽然不是专记此类游记，但是书中所记载的宋云行纪及其他丰富的史料却能够反映出当时中外文化交流的盛况。著名学者向达先生认为："汉唐之间世乱最亟，而地志之作，亦复称盛。其时佛教初入中国，宗派未圆，典籍多阙，怀疑莫决。于是高僧大德发愤忘食，履险若夷。轻万死以涉葱河，重一言而之奈苑。魏晋以降，不乏其人，纪行之作，时有所闻。……当代典籍时时纪及。凡此诸作，举足以羽翼正史，疏明往昔，其价值与正史不相轩轾也。"② 这些著作在今天虽然大多已经散佚，但断简拾零，迄今犹存的资料仍然能够表现出古代中国民众对域外文明的探索精神，体现了中国文化对异域风土文化的接触与认知，在这一过程中，中国民众不自觉地改变了中国古人对异族、异域文化的理解和认同，对中国古代固有的华夷之辨观念，产生了不可忽视的冲击和改变。

---

① （宋）欧阳修、宋祁撰《新唐书》卷58《艺文志·乙部·史录·地理类》："高宗遣使分往康国、吐火罗，访其风俗物产，画图以闻。诏史官撰次，许敬宗领之，显庆三年上。"（中华书局1975年版，第1506页）

② 向达：《唐代长安与西域文明》，河北教育出版社2001年版，第563—564页。

# 一 汉唐西域风土记概说

汉唐时期西域风土记的主要类别是中国僧俗士人的西域行纪。这些特殊的风土记,今天大多已经散佚,只有少数仍然留存于世。不过我们仍然可以从正史和释藏中获得有关这些著作的一些信息。

《隋书·经籍志》所载汉唐僧俗士人的西域行纪主要有:《佛国记》一卷,沙门释法显撰;《游行外国传》一卷,沙门释智猛撰;《洛阳伽蓝记》五卷,后魏杨衒之撰;《张骞出关志》一卷[①];《外国传》五卷,释昙景撰;《历国传》二卷,释法盛撰;《慧生行传》一卷,《北荒风俗记》[②]《诸蕃风俗记》[③] 二卷;《突厥所出风俗事》一卷;《外国图》[④];《世界记》五卷,释僧祐撰;《大隋翻经婆罗门法师外国传》五卷;《西域道里记》三卷;《诸蕃国记》十七卷。在《大正藏》中,有关汉唐时期僧俗士人的西域行纪还有:《高僧法显传》一卷,东晋沙门释法显自记游天竺事,《北魏僧惠生使西域记》,《大唐西域记》十二卷,《释迦方志》二卷,终南太一山释氏撰。《南海寄归内法传》四卷,翻经三藏沙门义净撰。又有《游方记抄》一卷,书中与汉唐僧俗士人西域行纪的部分内容又有四篇:《往五天竺国传》(末题《慧超往五天竺国传》);《悟空入竺记》,唐圆照撰;《唐王玄策中天竺行记并唐百官撰西域志逸文》(注曰:《中天竺行记》。又名《西国行传》《西国行记》,其文载在《法苑珠林》

---

① (清)章宗源《隋书经籍志考证》曰:"《张骞出关志》一卷。崔豹《古今注》曰酒杯藤出西域,国人宾之,不传中土。张骞出大宛得之。事出《张骞出关志》,洪遵《外国品》亦引《张骞出关志》。"(《二十五史补编》,中华书局1955年版,第4988页)

② (清)章宗源《隋书经籍志考证》曰:"《北荒风俗记》二卷。《太平寰宇记》北道有隋《北番风俗记》曰,厥稽部渠长突地稽率八部众内附,处之柳城。"(《二十五史补编》,中华书局1955年版,第4992页)

③ (清)章宗源《隋书经籍志考证》曰:"《诸蕃风俗记》一卷。《通典·边防门》注,金姓相承三十余叶。《隋东蕃风俗记》、洪遵《泉志·外国品》有三佛齐国钱、佛泥国钱,并引《诸蕃风俗记》。"(同上书,第50页)

④ (清)章宗源《隋书·经籍志考证》曰:"《外国图》(亡,不著录。)《水经·河水注》:'从大晋国正西七万里得昆仑之墟诸仙居之。'《通典·边防门》注:'从隅巨北有国名大秦,其种长大,身长五六丈。'《文选》郭景纯《游仙诗》注:'圆邱有不死树,食之乃寿。'《艺文类聚·木部》:'君子国多木槿之华,人民食之。去琅邪三万里。'并引《外国图》、《史记·秦本纪》正义:'纏州去琅邪万里。'称吴人《外国图》。"(同上书,第4995页)

《诸经要集》等);《唐常愍游天竺记逸文》(《游天竺记》,又名《游历记》,其文载在《三宝感应要略录》)。

上举各书,或存或逸,下面就学界前贤研究过和笔者所涉猎的相关文献,就其存佚、作者、内容等特点作一简要介绍。

《张骞出关志》今已经散佚。清章宗源《隋书·经籍志考证》曰:"《北荒风俗记》二卷。《太平寰宇记》北道有隋《北番风俗记》曰:厥稽部渠长突地稽率八部众内附,处之柳城。"[①]

班勇《西域记》在班超出使西域时,班勇就随父亲一同远征,直到和帝永元十二年(100)班超返回内地,班勇才随使者一道返回。不久又继承父亲遗业再通西域。班勇一生足迹几乎遍及西域各地。他把自己在西域的见闻,于安帝末年写成一篇《西域记》。这篇《西域记》对于西域各地的交通距离与方位,以及气候、地势、人口、物产、风俗的记录,都比较详细确切。范晔将其全部收入《后汉书》,并且说明"今撰建武以后,其事异于先者(指《汉书》而言)以为《西域传》,皆安帝末班勇所记云"。该书完璧流传,是研究西域史的宝贵资料。[②]

《佛国记》又名《法显传》《历游天竺记》等,一卷。东晋法显撰,成于义熙十二年(416)。记述作者公元399年至413年的旅行经历。此书是研究中国与印度、巴基斯坦等国的交通和历史的重要史料。伴随佛教而来的西域、印度文化,在语言、艺术、天文、医学等许多方面,对我国文化产生了积极影响。本书记叙了法显与同侣发迹长安,渡沙河,逾葱岭,历经艰辛而至北天竺,而后周游西天竺、中天竺、东天竺,最后从海上返回的全部行程及其见闻。所记凡32国,依次是:乾归、褥檀(以上二国在长安至敦煌之间,分别是北方十六国中的西秦和南凉)、鄯善、焉夷、于阗、子合、于麾、竭叉(上六国在敦煌至葱岭之间,在今新疆境内)、陀历、乌苌、宿呵多、犍陀卫、竺刹尸罗、弗楼沙、那竭、罗夷、跋那、毗荼(上十国是北天竺和西天竺诸国)、摩头罗、僧伽施、沙祇大、拘萨罗、蓝莫、毗舍离、摩揭提、迦尸、拘睒弥、达嚫、瞻波、多摩梨帝(以上十二国是中天竺、东天竺诸国,大部分在今印度境内)、师子、耶婆提(以上二国为归途所经过)。书中不仅记载了法显游历天竺的路线和

---

[①] 《二十五史补编》,中华书局1955年版,第4988页。
[②] 安作璋:《两汉与西域关系史》,齐鲁书社1979年版,第93页。

求法活动，而且真实地记叙了所经西域各国的方位、山川、气候、人口、语言、风俗、物产、政治、宗教等，既是研究魏晋时期中外文化交往的珍贵文献，也是中国人从长安经西域至印度的陆路行程和从印度泛海至中国的海路航线的最早记录。

《游行外国传》一卷，释智猛撰，《隋书·经籍志》著录，今佚。梁《高僧传》卷三有猛传，谓猛以姚秦弘始六年（晋安帝元兴三年，公元404年）甲辰之岁，招结同志沙门十有五人，发迹长安。出自阳关，西入流沙。历鄯善、龟兹、于阗诸国以登葱岭，而九人退还。至波伦国，同侣竺道嵩又复无常。仅余四人，共越雪山，渡辛头河，至罽宾国、奇沙国。于是西南行到迦维罗卫国。后至华氏国阿育王旧都，得《大泥洹》梵本及《僧祇律》诸梵本。乃于甲子岁（宋元嘉元年，公元424年）返国。同行三伴于路无常，唯猛及昙纂俱还。自出发至印度，前后留二十一年而后归。归途仍循旧道，至高昌小住。过凉州出《泥洹经》一部。十四年至建业，同年入蜀。十六年复返建业，七月七日于钟山定林寺造《游行外国传》。元嘉末卒于成都。

今按西域龟兹为北道大国，汉魏以降，国势颇盛。是以班超以为："若得龟兹，则西域未服者百分之一耳。"前秦吕光讨平西域，上疏亦云："惟龟兹据三十六国之中，制彼王侯之命。"（《御览》卷895引崔鸿《十六国春秋》）《晋书·龟兹传》称其"王宫壮丽，焕若神居"。《载记》吕光入龟兹城"大飨将士，赋诗言志。见其宫室壮丽，命参军京兆段业著《龟兹宫赋》以讥之"。……智猛历游西域诸国，途经龟兹，犹及见龟兹宫室建筑之华丽，故曰："龟兹国高楼层阁，金银雕饰。"（《初学记》卷27银二引）。惜乎全书不传，现存者亦只寥寥数条（僧祐《出三藏记集》中收有一条），否则其可以补正西域史地者当不鲜也。[①]

《外国传》五卷，释昙景撰，《隋书·经籍志》著录，今佚。昙景，《通典》卷191《西戎传总序注》引作昙勇，今按即《高僧传》卷三之《释昙无竭》。昙无竭，此云法勇，《隋志》《通典》截取首字之音，无竭则译其义，而《隋志》又讹勇为景，其实一人也。《高僧传》称其所历事迹，别有记传。《历代三宝记》第十，昙无竭著述有《外国传》五卷，竭自述西域事。《高僧传》述昙无竭以宋永初元年（420）召集同志沙门僧

---

[①] 向达：《唐代长安与西域文明》，河北教育出版社2001年版，第569—576页。

猛、昙朗之徒二十五人，发迹北土，远适西方。初至河南国，仍出海西郡，进入流沙，到高昌郡，经历龟兹。此一段行程与法显、智猛同路。唯法显、智猛自龟兹折而南，而昙无竭则自此至沙勒诸国，登葱岭度雪山，进至罽宾、月氏。然后停檀特山南石留寺，受大戒，以天竺禅师佛驮多罗为和上，汉沙门志定为阿阇梨。停三月日，复去中天竺。其归国于南天竺随舶泛海到广州。据《历代三宝记》，"昙无竭游西域二十余年，自外并化，唯竭只还。于厨宾国写得别件梵本经来。元嘉末年达于江右"。则昙无竭自南天竺反国，当在元嘉二十年左右，比之智猛之留五印，为时更久矣。与勇同行之僧猛、昙朗，俱不见《高僧传》。[①]

《历国传》二卷，释法盛撰，《隋书·经籍志》著录，今佚。法盛不见《高僧传》诸书。释道宣《释迦方志·游历篇》第五于宋世高昌沙门道普之后别著法盛，谓为高昌人。则亦宋世一沙门也。其书诸家少见征引，《通典》间采一二，《西戎总序注》云："诸家纂西域事，皆多引诸僧游历传记，如法明《游天竺记》、支僧载《外国事》、法盛《历诸国传》、道安《西域志》、惟《佛国记》、昙勇《外国传》、智猛《外国传》、支昙谛《乌山铭》、翻法师《外国传》之类，皆盛论释氏诡异奇迹，参以他书，则纰缪，故多略焉。"《太平御览》引书目不及法盛此书，疑其佚在唐宋之间也。[②]

《洛阳伽蓝记》东魏杨衒之撰，共五卷，是记载北魏首都洛阳佛寺兴衰的地方志。其主要内容为：卷一城内，记永宁寺等九寺。卷二城东，记明悬尼寺等十三寺。卷三城南，记景明寺等七寺。卷四城西，记冲觉寺等九寺。卷五城北，记禅虚寺等二寺。《洛阳伽蓝记》在记录北魏寺院的盛况时，还叙述了中外佛教文化的交流。《永宁寺》中就曾提到后来被尊为中国禅宗始祖的波斯国菩提达摩曾经到过洛阳，法云寺专门记载了乌场国沙门昙摩罗在洛阳收徒授法之事，而《永明寺》篇则集中反映了当时外国僧人来华盛况，当时住在永明寺里的异国沙门有三千多人，他们当中最远的西至古罗马帝国，南至今天的马来半岛，甚至一些"世不与中国交通"的国家僧人也来了。北魏佛教的发展，不仅吸引佛徒东来，也引起了僧侣西行求法的要求。《洛阳伽蓝记》卷5《闻义里》还有一篇专门记

---

① 向达：《唐代长安与西域文明》，河北教育出版社2001年版，第569—576页。
② 同上。

载沙门惠生与敦煌人宋云往西域求取佛经的文字。宋云与惠生往西域求法在晋法显后而在唐玄奘之前，沿途经历凡二十七国，历时两年多，是中外文化交流史上的一件大事。这些有关佛教文化交流的记载中还记录了交往各国的社会政治、风土人情、物产出品等。如《永明寺》中就提到大秦国"耕耘绩纺，百姓野居，邑屋相望，衣服车马，拟仪中国"，扶南国"出明珠金玉及水精珍异，饶槟榔"。《闻义里》则记于阗国"其俗妇人裤衫束带，乘马驰走，与丈夫无异。死者以火焚烧，收骨葬之"。乌场国中"假有死罪，不立杀刑，唯徙空山，任其饮啄。事涉疑似，以药服之，清油则验"等。这些记载都反映了当时人对相关国家的了解，实际上也正显示了对外文化交流的水平。该书在《龙华寺》篇关于"四夷馆"与"四夷里"的记载还说，当时洛阳住着一万多外来人口，除了江南人外，西域外商住在洛阳的也不少，所谓"自葱岭以西，至于大秦，百国千城，莫不款服，商胡客贩，日奔塞下。所谓尽天地之区也……天下难得之货，咸悉在焉"。这些记载内容或有夸大其词之处，但北魏时期中外经贸关系和文化交流的繁荣，由此也可见一斑。

总之，《洛阳伽蓝记》中的《宋云行纪》是记载北魏时期中国与西域和天竺等国文化交流的宝贵文献。

《大唐西域记》为唐代著名高僧玄奘口述，门人辩机奉唐太宗之敕令笔受编集而成，共12卷。《大唐西域记》成书于唐贞观二十年（646），为玄奘游历印度、西域旅途19年间之见闻录。贞观二十年（646）秋七月，玄奘在上《大唐西域记》表里面对唐太宗说："所闻所历一百二十八国，今所记述，有异前闻，皆存实录，非敢雕华，编裁而成，称为《大唐西域记》，共十二卷。"《大唐西域记》记述128个国家和地区的都城、疆域、地理、历史、语言、文化、生产生活、物产风俗、宗教信仰，此外还记述了其他十余国家的情况。本书是继晋代法显之后又一取经游记巨著。

《大唐西域求法高僧传》，唐代高僧义净撰，成书于天授二年（691）。《大唐西域求法高僧传》记述从641年到691年间到印度和南海访问的57位分别来自大唐、新罗、睹货罗、康国、吐蕃的禅师、法师的事迹，此外兼述经济、风俗及旅行路线，为研究7世纪南洋诸国状况和国际交通的重要资料。

道宣《释迦方志》和杜环《经行记》。两书皆未为《新唐书·艺文志》所著录，今有通行本传世。道宣本人从未至西域游历，此书是他在玄奘《大唐西域记》的基础上撰著的，其书上卷分封疆、统摄、中边、遗迹四篇，下卷为游履、通局、时住、教相四篇，和玄奘依所经行各国次序的论述很相似。本书对《大唐西域记》既举其要点而又根据唐代西域求法高僧的著作做了相应的补充。杜环所撰的《经行记》是其亲身经历的自叙。杜环曾从高仙芝西征。高仙芝于天宝十载（751）与大食战于怛罗斯（哈萨克斯坦江布尔城），为大食所败，杜环多人被俘。其后辗转归来，撰为此书。杜环为杜佑从子，故《通典》中间有引用。《通典·边防·西戎总序》说：''族子环随镇西节度使高仙芝西征，天宝十载至西海，宝应初，因贾商船舶自广州而回，著《经行记》。''杜佑既得见杜环所著书，故能多所引用，见于《通典》的就有疏勒、康居、师子国、石国、大食各国条中。此书还记载了中国纺织、绘画技术和艺术的西传的史实，颇具史料价值。

《大唐天竺使出铭》。1994年4月《中国文物报》报道说，西藏文管会文物普查队在靠近尼泊尔边境的一个山口发现摩崖碑刻《大唐天竺使出铭》，此碑刻系唐显庆三年（658）所刻。"碑中记载了唐代使节王玄策率随从刘嘉宾、贺守一等人历尽艰难险阻，出使天竺，经小杨童（同）等，路过吉隆，于此勒石纪功的情形。"消息发出3个月后，《考古》1994年第7期发表了《大唐天竺使出铭》的初步报告。早在1990年6月《大唐天竺使出铭》就被发现，地点在西藏靠近尼泊尔边境的吉隆县阿瓦呷英山嘴西北至东西走向的崖壁上。研究者霍巍在日本《东方学报》第66册（1994）上发表了详细的研究报告。他指出唐朝使节西行印度实际取道吉隆宗喀，然后从中尼边境拉苏瓦山口出境。《大唐天竺使出铭》最重要的史料价值在于它揭示了唐代使者出使印度之路即史称"唐蕃古道"的一些情况。据《新唐书·地理志》鄯州都城县下注，这条古道东起长安（今陕西西安），历秦州（今甘肃天水）、狄道（今甘肃临洮）、河州（今甘肃临夏）进入今青海境内，经龙支（今青海民和）、鄯州（今青海乐都）、鄯城（今青海西宁）、赤岭（今日月山）等地，至悉诺罗驿，出今青海境，过阁川驿（今藏北那曲）、农歌驿（今藏北羊八井北），然后到逻些（今西藏拉萨）。[①]

---

[①] 林梅村：《汉唐西域与中国文明》，文物出版社1998年版，第423—424页。

上述汉唐西域风土记，性质、类别并不一致，作者记叙的内容因为行程的目的不同也有很多差异，特别是各书关于西域风土文化的记载详略也不一致。我们只有在其中细心梳理，披沙拣金，才能获得有价值的史料。

## 二 先秦时期华夷之辨实质是风俗文化之辨

华夷之辨又可以称为夏夷之辨，主旨就是华夏族和夷族的区别。

在中国历史上，华夏与夷狄的概念很早就出现了。比如，在商朝时期，在商朝的甲骨文中即有土方、鬼方、邛方、御方和狄之称，另外，传世文献的记载中，商代还有薰育、俨狁、鬼方、犬戎、吠夷、狄（翟）等族名。至周朝，我国则形成了五大民族集团，即华夏、东夷、北狄、西戎、南蛮。其中，华夏族是周朝的主体民族，分布在南至长江及其以南，北至长城，中沿黄河的广大地区，人数是最多的。[1] 其他诸族，则如其名字所示，生活在华夏族的周边四方。

作为民族共同体，夏与华是没有区别的，指的是同一个民族。华夏，就是把具有同样意义的夏和华合一而称。在《左传》和《国语》等书，又有"诸夏"和"诸华"之称。"诸"者，就是指同一夏族或华族的众多的诸侯国。如周、齐、鲁、卫、晋、郑、宋、陈、蔡、杞等，从民族讲，它们都是夏族或华族与华夏族密切联系的有"中国"的这个概念。"中国"这个概念，在夏商时，是指夏王徽和商王桼的所在地，到了周朝，中国的含义又有发展，除具有众国之中国等用于"皇天既付中国民，越厥疆土，于先王肆"[2] "惠此中国，以绥四方"[3] "秦僻在雍州，不与中国诸侯之会盟"[4] "欲辟土地朝秦楚，往中国而抚四夷"[5] 的情况外，还在"德以柔中国，刑以威四夷"[6] "中国不振旅，蛮夷入伐"[7] "蛮夷戎狄

---

[1] 田继周：《先秦民族史》，四川民族出版社1996年版，第343—347页。
[2] （汉）孔安国传，（唐）孔颖达疏：《尚书正义》卷14《梓材》，第208页。
[3] （汉）郑玄笺，（唐）孔颖达疏：《毛诗正义》卷17《民劳》，第280页。
[4] 《史记》卷5《秦本纪》，中华书局1959年版，第202页。
[5] （汉）赵岐注，（宋）孙奭疏：《孟子注疏》卷1《梁惠王》，第2671页。
[6] 《春秋左传正义》卷16《僖公二十五年》，第1821页。
[7] 《春秋左传正义》卷26《成公七年》，第1903页。

其不宾也久矣，中国所不能用也"① 等语境中具有与夏族或华夏同等的民族概念的意思。秦汉以后，就愈来愈把中国与华夏族或汉族等同起来了。

至于夷狄，则是相对华夏而言的一个笼统的民族概念。早在殷商的甲骨文中就有了"夷"的记载。甲骨文"尸""儿"就是"夷"，郭沫若说："甲骨文 1183 片，'贞尸方不出'，尸方者，夷方也；甲骨文 1130 片中的'伐儿方'，儿方当即夷方。"许慎的《说文解字》对"夷"的解释是："夷，东方之人也，从大，从弓。"②"夷"原是华夏族对非华夏族民族的统称，这个"夷"意是广义上的"夷"，如《尚书·大禹谟》："无殆无荒，四夷来王。"③《淮南子·原道训》："禹施之以德，海外宾伏，四夷纳职"④，是四方非华夏族的统称。

随着民族交往和了解的深入，先秦时期的人们逐步明确了一个观念，即华夏与夷狄诸族的区别，主要不是地域之别，而是风俗文化的差异。而风俗文化方面的差异，在先秦时期的人们看来，比较重要的又表现在以下几个方面。

其一，如《礼记·王制》记载："中国戎夷五方之民，皆有性也，不可推移。东方曰夷，被发文身，有不火食者矣。南方曰蛮，雕题交趾，有不火食者矣。西方曰戎，被发衣皮，有不粒食者矣。北方曰狄，衣羽毛穴居，有不粒食者矣。中国夷蛮戎狄，皆有安居、和味、宜服、利用、备器。五方之民，语言不通，嗜欲不同。达其志，通其欲，东方曰寄，南方曰象，西方曰狄鞮，北方曰译。"⑤ 这条史料说明，中国与五方的夷狄民族的区别在于"性"——即民俗，具体表现在衣服、饮食、发饰、居处建筑等几个方面。又《左传》襄公十四年记载，戎子驹曰："我诸戎饮食衣服，不与华同……"⑥ 历史上，孔子在《论语》中的一段论述无疑可以确定这种认识。《论语·宪问》载孔子曰："管仲相桓公霸诸侯，一匡天

---

① 邬国义等：《国语译注》卷 17《楚语上·申叔时论傅太子之道》，上海古籍出版社 1994 年版，第 499 页。
② （汉）许慎撰，（清）段玉裁注：《说文解字注·大部·夷》，上海古籍出版社 1988 年版，第 493 页。
③ （汉）孔安国传，（唐）孔颖达疏：《尚书正义》卷 4《大禹谟》，第 135 页。
④ （汉）刘安撰，高诱注，（清）庄逵吉校：《淮南子》卷 1《原道训》，《二十二子》，上海古籍出版社 1986 年版，第 1207 页。
⑤ （汉）郑玄注，（唐）孔颖达疏：《礼记正义》卷 12《王制》，第 1338 页。
⑥ 《春秋左传正义》卷 32《襄公十四年》第 1956 页。

下,民到如今受其赐。微管仲,吾其被发左衽矣!"①"被发左衽","被"同披,披头散发,衣襟向左,是夷狄的特点,华夏,是束发右衽。

其二,礼仪的不同。华夏族有华夏族的礼乐文明,四夷也有四夷的礼仪和乐舞。如《左传》记载:"僖公二十七年(前633)春,杞桓公来朝,用夷礼,故曰子。公卑杞,杞不共也。"②又《周礼·旄人》:"旄人掌教舞散乐,舞夷乐,凡四方之以舞仕者属焉。凡祭祀、宾客,舞其燕乐。"疏:"夷乐,四夷之乐者,即孝经纬云:东夷之乐曰韎,南夷之乐曰任,西夷之乐曰株离,北夷之乐曰禁。"③

其三,语言的不同。《荀子·劝学》:"于越夷貉之子,生而同声,长而异俗,教之使之然。"《吕氏春秋·仲春纪》:"善为君者,蛮夷反舌殊俗异习皆服之,德厚也。"④《吕氏春秋·孟夏纪》:"戎人生乎戎,长乎戎而戎言,不知其所受之。楚人生乎楚长乎楚而楚言,不知其所受之。今使楚人长乎戎,戎人长乎楚,则楚人戎言,戎人楚言矣!"⑤《战国策》:"胡与越人,言语不相知,志意不相同。"⑥《论衡·变虚篇》:"四夷入诸夏,因译而通。因同均气,语不口相晓。虽五帝三皇,不能去译。"⑦《解除篇》:"胡越之人,耳口相类,心意相似,对口交耳而谈,尚不能解。"⑧

综上所述,先秦时期华夏、东夷、西戎、南蛮、北狄五大民族的划分标准,除了东、西、南、北、中的地域标准外,在于它们的衣服、饮食、语言、发饰和礼仪的不同,即习俗的不同。《唐律疏议名例释义》有言:"中华者,中国也,亲被正教,自属中国,衣冠威仪,习俗孝悌,居身礼义,故谓之中华。"

不过,先秦时期,中国人对夷狄文化的认知,比较缺少积极的一面,而较多贬低、排斥的观点。比如他们认为夷狄之人性格凶悍,悖慢无礼。在先秦的著作中,经常可以看到把戎狄比作豺狼的记载。例如,齐大夫管

---

① 杨伯峻:《论语译注·宪问》,中华书局1980年版,第151页。
② 《春秋左传正义》卷16《僖公二十七年》,第1822页。
③ 《周礼注疏》卷24《春官宗伯·旄人》,第801页。
④ 张双棣等:《吕氏春秋译注·仲春纪·功名》,吉林文史出版社1987年版,第55—56页。
⑤ 同上书,第115页。
⑥ 何建章:《战国策注释》卷30《燕策·或献书燕王》,中华书局1990年版,第1169页。
⑦ 刘盼遂:《论衡校释》卷4《变虚》,中华书局1990年版,第206页。
⑧ 刘盼遂:《论衡校释》卷25《解除》,中华书局1990年版,第1045页。

仲说:"戎狄豺狼,不可厌也;诸夏亲昵,不可弃也。"① 周大夫富辰云:"狄,豺狼之德也。"② 周定王云:"夫戎狄,冒没轻儳,贪而不让。其血气不治,若禽兽焉。"③ 晋侯说"戎狄无亲而贪",晋大夫魏绛说:"戎,禽兽也。"④《战国策·魏策》则讲:"秦与戎翟同俗,有虎狼之心,贪戾好利而无信,不识礼义德行,苟有利焉,不顾亲戚兄弟,若禽兽耳。"⑤把戎狄视为和污蔑为豺狼,不限于上述这几个人,而是周朝统治者的一般观点。至于轻视和歧视蛮夷戎狄的说法和做法,就更多了。例如,"夷狄之有君,不如诸夏之亡也"⑥,"东夷、北狄、西戎、南蛮,虽大曰子"⑦,"德以柔中国,刑以威四夷"⑧。孔子《春秋》的思想和处理办法也是"不使夷狄之民加乎中国之君"⑨,"不与夷狄之执中国"⑩,"不与夷狄之主中国"⑪。有人还认为夷狄不讲礼仪,文化落后。《吕氏春秋·孝行览》云:"氐羌之民,其虏也,不忧其系累,而忧其死不焚也。"⑫ 认为火葬不同于汉族的土葬。

  当然,在先秦时期的中国人看来,华夏与夷狄的文化界限并非那么鲜明,两者存在互相产生影响和交融变化的可能。孔子在《论语·八佾》里还说过:"夷狄之有君,不如诸夏之亡也。"⑬ 这也就是说,如果华夏民族丧失礼义文明,那么就可以把它看作夷狄;如果夷狄讲究礼义文明,我们就可以把它看作诸夏。孟子继承了孔子的这种观念,进一步提出"中国圣王无种说",认为中国的任何一个民族只要他有志气有才能,都可以统治中华成为圣王正统,他说:"舜生于诸冯,迁于负夏,卒于鸣条,东

---

① 《春秋左传正义》卷 11《闵公元年》,第 1786 页。
② 邬国义等:《国语译注》卷 2《周语中》,上海古籍出版社 1994 年版,第 38 页。
③ 同上书,第 52 页。
④ 《春秋左传正义》卷 29《襄公四年》,第 1933 页。
⑤ 何建章:《战国策注释》卷 24《魏策·魏将与秦攻韩》,中华书局 1990 年版,第 907 页。
⑥ 杨伯峻:《论语译注·八佾》,中华书局 1980 年版,第 24 页。
⑦ 《礼记正义》卷 5 "曲礼下第"。
⑧ 《春秋左传正义》卷 16《僖公二十五年》,第 1821 页。
⑨ 《春秋谷梁传注疏》卷 15《襄公七年》,第 2426 页。
⑩ 《春秋公羊传注疏》卷 3《隐公七年》,第 2209 页。
⑪ (汉)何休注:《春秋公羊传注疏》卷 24《昭公二十三年》,第 2327 页。
⑫ 张双棣等译注:《吕氏春秋》卷 14《孝行·义赏》,吉林文史出版社 1987 年版,第 403—404 页。
⑬ 杨伯峻:《论语译注·八佾》,中华书局 1980 年版,第 24 页。

夷人也，文王生于岐周，卒于毕，西夷人也。"① 当然，先秦时期，中原的华夏族的民族文化自信心和优越感是非常强烈的，他们只主张华夏文化超越夷狄文化，因而华夏文化可以同化夷狄文化，而反过来则不可能。这也正如《孟子·滕文公上》所云："吾闻用夏变夷者，未闻变于夷者。"② 可是，这种观念到了唐朝则发生了改变，韩愈就说过："中国而夷狄也则夷狄之，夷狄而中国也则中国之。"③ 原本是夷狄戎蛮民族，在和华夏族接触的过程中习用了华夏的文化礼仪制度，从而认同华夏族，就会转变为华夏族，这个就是由"夷"变成"华"，华夏与夷狄均可互相影响，存在着向对方转化或文化习俗一起提高的可能性。这种观念的产生，与秦汉时期人们一贯认为夷狄文化落后的看法显然不同，其发生的原因具有深刻的历史背景。

## 三 汉唐民众对西域风土的整体印象和文化认知

中国与世界的交往历史悠久，源远流长。汉唐时期由于国力的发展，政治交往、经济贸易、军事斗争和文化交流的需要，与世界的交往与交流更为频繁和密切。汉唐风土记中有大量记载中国人与世界交往的历史文献。这些著作既是汉唐时期中外文化交流的产物，也是汉唐时期所积累的世界各国知识的体现。

"西域"这个名词，最初见于西汉，但西汉时期所谓西域的范围大概指中国本土西部玉门关、阳关以西至葱岭（帕米尔）之间，即今新疆一带。此后，随着各时代商业交通和地理知识的扩展，西域的范围逐渐扩大，包括今撒马尔罕、中亚细亚、小亚细亚，以至于地中海东岸古罗马属地和印度全部，通称为西域。这些地方据《史记·大宛列传》和《汉书·西域传》所载，仅现今新疆境内，当初有36国，后来有50余国。汉唐时期，这些地方商业兴盛，宗教文化发达。当时势力最大的宗教是佛教，帕米尔高原以西，以大月氏、安息、康居、粟特、罽宾诸国为大，帕米尔高原以东，以于阗、龟兹、疏勒、高昌诸国为大，都是西域佛教的中心

---

① 杨伯峻：《孟子译注》卷8《离娄下》，中华书局1960年版，第184页。
② 杨伯峻：《孟子译注》卷5《滕文公上》，中华书局1960年版，第125页。
③ 马其昶：《韩昌黎文集校注》卷1《原道》，上海古籍出版社1986年版，第17页。

地。这一地区也是魏晋南北朝时期佛教传入中国的主要通道之地。

现代以来的考古发现证明,早在秦汉时期,中国与西域诸国就有着一定的文化交流。比如,在东欧和高加索一带出土的斯基泰文物,对于战国、秦、汉时期铜器的花纹和形制,就有很明显的影响。1925年苏联旅行家柯兹洛夫探险队在今蒙古人民共和国诺音乌拉山麓古墓发掘出的陪葬品,很多都是中国所产。如一件漆器有西汉哀帝元寿元年(前2年)蜀郡西工等69字铭文,又有王莽居摄三年(前8年)的铭文。在西伯利亚叶尼塞州出土的一面白铜的日光镜,边缘有弧形铭文:"见日之光乎,君令长毋相忘"11字。另外,高加索亦有汉镜出土,最有名的要属"汉内行花纹镜",其铭文为"炼冶铅华清以明,以之为铜宜文章,延年益寿去不祥,与天毋亟宜日月之光,千秋万岁,长乐未央,青(□)口"等40字。① 这些考古发现,都足以说明中国与西域地区文化交流的紧密。

然而,汉唐间中国与西域的交通,受悬远而艰苦的自然地理条件的限制,其交流并不通畅。因此,西汉遣张骞通西域,号称"凿空"之旅,犹然屡受羁绊,难得"要领",以致西汉时中国人出使西域的行程,最远尚只能够达到葱岭,天山、喀喇昆仑、兴都库什三道山脉交汇的帕米尔高原。东汉时甘英受命西使安息,临大海而欲度,却只能止步于波斯湾的苍茫碧波之前。此后,以法显、玄奘为代表的两晋南北朝及隋唐时期的僧人,为西行求法,不畏艰辛,舍命以赴,最终到达印度。这正如唐朝高僧义净在《大唐西域求法高僧传》里所云:"观夫自古神州之地,轻生殉法之宾,显法师则创辟荒途,奘法师乃中开王路。其间或西越紫塞而孤征,或南渡沧溟以单逝。莫不咸思圣迹,罄五体而归礼,俱怀旋踵,报四恩以流望。然而胜途多难,宝处弥长。苗秀盈十而盖多,结实罕一而全少。实由茫茫象碛,长川吐赫日之光。浩浩鲸波,巨壑起滔天之浪。独步铁门之外,亘万岭而投身。孤漂铜柱之前,跨千江而遣命……可谓思虑销精神,忧劳排正色。"正是在这些政府使者、高僧大德们的不断努力和超越之下,中国人才逐步熟悉了西通天竺、大秦等异国的交通路线,明晓了世界之广大,文明之多样,异域风土人文,实多有媲美中原汉土者。

就正史和汉唐西域风土记的记载而言,汉唐间中国对西域各国风土文化的认识,突出的有以下几点。

---

① 贺昌群:《古代西域交通与法显印度巡礼》,湖北人民出版社1956年版,第3页。

第一，由中国中心论到建立较为宏大的天下观。

先秦时期人们对天下的想象，对世界的认识，主要有两种学说。一个是以《尚书·禹贡》的"九州中国—畿甸五服"结构为蓝本的天下观："五百里甸服：百里赋纳总，二百里纳铚，三百里纳秸服，四百里粟，五百里米。五百里侯服：百里采，二百里男邦，三百里诸侯。五百里绥服：三百里揆文教，二百里奋武卫。五百里要服：三百里夷，二百里蔡。五百里荒服：三百里蛮，二百里流。东渐于海，西被于流沙，朔南暨声教讫于四海。"属于此类的，还有《国语·周语上》祭公谋父所说的"五服"（甸服、侯服、宾服、要服、荒服），《周礼·夏官·职方氏》所说的"九服"（王畿、侯服、甸服、男服、采服、卫服、蛮服、夷服、镇服、藩服），这都是以中国九州为中心，中心有边缘，越向外拓展其文明程度越低的一种人文地理空间。《尚书·禹贡》所说的"九州中国—畿甸五服"天下结构，大体上就是先秦时期人们心中的天下疆域图式。顾颉刚先生曾指出，这种天下图式"大体犹合当时局势，非纯出臆想"。但是，葛兆光先生指出，这种图式虽然不是纯粹臆想，也并非实测或推理的结果，毋宁说只是当时人根据其知识和想象而衍生的一种设想。① 这是一种典型的中国中心说，或者也可以称为"华夏文化中心说"。《山海经》中天下四方人民风俗的想象，不能不说是这种华夏中心说的产物。另外一个是《史记·孟子荀卿列传》所记载的邹衍的大九州岛说："（邹衍）以为儒者所谓中国者，于天下乃八十一分居其一分耳。中国名曰赤县神州。赤县神州内自有九州岛，禹之序九州岛是也，不得为州数。中国外如赤县神州者九，乃所谓九州岛也。于是有裨海环之，人民禽兽莫能相通者，如一区中者，乃为一州。如此者九，乃有大瀛海环其外，天地之际焉。"② 这种学说，看似一种对世界的宏大想象，而且不以中国为天下的中心，但是由于在想象者的大九州文化图景中，也只有名曰赤县神州的中国九州具有实际可知，因而也是有以称述的疆域、人民、礼仪制度的文化图景，其他均为混沌模糊的臆想空间，因此究其实质，仍然是一种中国中心说。

不过，自从张骞通西域成功以后，汉朝与西域的交往大大增加，以至

---

① 葛兆光：《中国思想史》第一卷《七世纪前中国的知识、思想与信仰世界》，复旦大学出版社2001年版，第146页。

② 《史记》卷74《孟子荀卿列传》，中华书局1959年版，第2344页。

出现了"使者相望于道。诸使外国一辈大者数百,少者百余人,人所赍操大放博望侯时。其后益习而衰少焉。汉率一岁中使多者十余,少者五六辈,远者八九岁,近者数岁而反"①的兴盛局面。这些来往使者通过自己的亲身见闻,大大扩展了汉朝人民的眼界,增加了人们的地理知识。对此,司马迁在《史记·大宛列传》有过精彩的概括:"禹本纪言'河出昆仑。昆仑其高二千五百余里,日月所相避隐为光明也。其上有醴泉、瑶池'。今自张骞使大夏之后也,穷河源,恶睹本纪所谓昆仑者乎?故言九州山川,《尚书》近之矣。至《禹本纪》《山海经》所有怪物,余不敢言之也。"②

法显西行求法,从长安出发,经西域诸国,穿行沙漠地带,越帕米尔高原,周游北、西、中、东印度,参礼佛迹,下南印度,经锡兰岛、苏门答腊,绕行南海、东海,到山东半岛的牢山(崂山)登陆,最后到达建康。这前后十四年的艰苦行程,水陆兼备,相当于绕着当时已知的世界转了大半圈(除安息、大秦等外)。法显亲撰的《佛国记》即《法显传》流传后世,不能不说是对中国士人世界地理知识大大的扩充。据《佛国记》记载,西晋法显西行到天竺,还遇到过"印度中心说"有趣情形:"法显、道整初到祇洹精舍,念昔世尊住此二十五年,自伤生在边地,共诸同志游历诸国,而或有还者,或有无常者,今日乃见佛空处,怆然心悲。彼众僧出,问显等,言:'汝从何国来?'答云:'从汉地来。'彼众僧叹曰:'奇哉!边地之人,乃能求法至此!'"而北魏宋云西行,也遇到过类似的局面:"自发葱岭,步步渐高。如此四日,乃得至岭;依约中下,实半天矣!……汉盘陀国正在山顶。自葱岭已西,水皆西流。世人云是天地之中。人民决水以种,闻中国田待雨而种,笑曰:'天何由可共期也?'"中国中心论者遇到印度中心论和葱岭为天下之中的说法时,就不仅仅只像司马迁那样质疑《山海经》的荒诞不经了,而肯定会感到先秦以来中国人根深蒂固的中国中心论的可笑了。

至三国时期,随着中土与西域交往的增加,人们的地理视野更扩展到安息、大秦等,一些相沿已久的错误地理知识也得到了纠正。如《魏略·西戎传》记载:"自是以西,大宛、安息、条支、乌弋。乌弋一名排

---

① 《史记》卷123《大宛列传》,中华书局1959年版,第3170页。
② 《史记》卷123《大宛列传》,中华书局1959年版,第3179页。

特，此四国次在西，本国也，无增损。前世谬以为条支在大秦西，今其实在东。前世又谬以为强于安息，今更役属之，号为安息西界。前世又谬以为弱水在条支西，今弱水在大秦西。前世又谬以为从条支西行二百余日，近日所入，今从大秦西近日所入。"① 能够达到对距离中国十分遥远的安息、大秦等国的地理知识指误纠谬的程度，说明经过汉魏时期西域风土知识的积累，中国人的地理知识和对自然环境的认识已经不再幼稚和浅薄。

正因为有前人奠定的这种知识基础，亲践西域128国的唐代高僧玄奘才能更上层楼，能够在一个比较宏观的世界视域中叙述中国与西亚、南亚风土的概况。他在《大唐西域记·序》里，虽然未能摆脱佛教虚构的四大部洲（东毗提诃洲、南赡部洲、西瞿陀尼洲、北拘卢洲）构成世界的成说，但对他所认为人类居住的南赡部洲各国的风俗已经能够从整体到局部要言不烦地娓娓道来了："（南）赡部洲地有四主②焉。南象主则暑湿宜象，西宝主乃临海盈宝，北马主寒劲宜马，东人主和畅多人。故象主之国躁烈笃学，特闲异术，服则横巾右袒，首则中髻四垂，族类邑居，室宇重阁。宝主之乡，无礼义，重财贿，短制左衽，断发长髭，有城郭之居，务殖货之利。马主之俗，天资犷暴，情忍杀戮，毳帐穹庐，鸟居逐牧。人主之地，风俗机慧，仁义昭明，冠带右衽，车服有序，安土重迁，务资有类。三主之俗，东方为上。其居室则东辟其户，旦日则东向以拜。人主之地，南面为尊。方俗殊风，斯其大概。"

第二，由对西域风土的隔膜和对夷狄文化鄙夷、轻视，转为对西域风俗文化的认知和理解。

汉代对西域诸族文化的歧视，史籍中记载繁多。比如《汉书·西域传》记载，匈奴的习俗是："无文书，以言语为约束。……苟利所在，不知礼义。自君王以下咸食畜肉，衣其皮革，被旃裘。壮者食肥美，老者饮

---

① （晋）陈寿：《三国志》卷30《魏书·丸鲜卑东夷传》，中华书局1959年版，第860页。
② 玄奘的这篇序文按照佛教的世界构成说，首先概述了无穷人的"索诃世界"，以及可以居住人类的四大洲：东毗提诃洲、南赡部洲、西瞿陀尼洲、北拘卢洲。其次具体描述南赡部洲四方（南方象主之国、西方宝主之国、北方马主之国、东方人主之国）的风土人情。学界一般认为南象主指五印度，西宝主泛指波斯、大食以至大秦，北马主泛指突厥、回鹘，东人主则指中国。见《大唐西域记全译》，（唐）玄奘撰，辩机编次，芮传明译注，贵州人民出版社1995年版。

食其余。贵壮健，贱老弱。父死，妻其后母；兄弟死，皆取其妻妻之。"① 西汉大臣萧望之把匈奴的这种习俗文化称为"被发左衽，人而兽心"，匈奴呼韩邪始朝于汉，汉议其仪，萧望之就说："《春秋》内诸夏而外夷狄，夷狄之人贪而好利，被发左衽，人而兽心，其与中国殊章服，异习俗，饮食不同，言语不通，辟居北垂寒露之野，逐草随畜，射猎为生，隔以山谷，雍以沙幕，天地所以绝外内地。是故圣王禽兽畜之，不与约誓，不就攻伐；约之则费赂而见欺，攻之则劳师而招寇。其地不可耕而食也，其民不可臣而畜也，是以外而不内，疏而不戚，政教不及其人，正朔不加其国。"② 不独对匈奴如此，对多数其他国家也是这样。如《汉书·西域传》对乌孙的记载："乌孙国……地莽平。多雨，寒。山多松樠。不田作种树，随畜逐水草，与匈奴同俗。国多马，富人至四五千匹。民刚恶，贪狼无信，多寇盗，最为强国。"③

还有一个例证可以说明汉代中国人对西域风土文化的隔膜和轻视，《汉书·西域传》记载："汉（武帝）元封中，遣江都王建女细君为公主，以妻焉……乌孙昆莫以为右夫人……公主至其国，自治宫室居……言语不通，公主悲愁，自为作歌曰：'吾家嫁我兮天一方，远托异国兮乌孙王。穹庐为室兮旃为墙，以肉为食兮酪为浆。居常土思兮心内伤，愿为黄鹄兮归故乡。'天子闻而怜之，间岁遣使者持帷帐锦绣给遗焉。"④ 从这条记载可以看出，出身西汉王室的细君公主到了西域乌孙国后，自治宫室，表明对乌孙国"穹庐为室兮旃为墙"的建筑无法适应，对"以肉为食兮酪为浆"也难以习惯，汉武帝遣使者"持帷帐锦绣"送给公主，说明公主对乌孙的服饰装束也不认同。后来，元康元年，龟兹国君来汉朝朝贺。汉朝对乌孙"王及夫人皆赐印绶。夫人号称公主，赐以车骑旗鼓，歌吹数十人，绮绣杂缯琦珍凡数千万。留且一年，厚赠送之。后数来朝贺，乐汉衣服制度，归其国，治宫室，作檄道周卫，出入传呼，撞钟鼓，如汉家仪"⑤。这显然是汉朝企图以汉朝的上国文化利益来改变乌孙国的"胡俗"，但这并不能得到西域诸国的认同，以至有"外国胡人"讽刺说：

---

① 《汉书》卷94《匈奴传》，中华书局1962年版，第3743页。
② 同上书，第3834页。
③ 《汉书》卷96《西域传》，中华书局1962年版，第3901页。
④ 同上书，第3903页。
⑤ 同上书，第3917页。

"驴非驴，马非马，若龟兹王，所谓骡也。"① 汉世中国对西域风土文化的认同大略如此。

到了魏晋南北朝时期，中国对西域胡俗的认识，就不单单是歧视了，而是经过较为充分的了解之后，产生了"同情之理解"的认知变化。这一时期中国人有关西域的知识，已经是建立在张骞、班固、班超、班勇、法显等僧俗士人的开拓和积累的风土知识基础之上，特别是南北朝之际，崇佛之风已然弥漫于上到帝王将相，中及士人精英，下至普通百姓的整个中国社会之中，因而，佛教赖以传到中土的西域各国的文化风尚、风土人情和宗教信仰更获得了中国人重新评价乃至高度认同的机会。高僧法显在其《佛国记》里就曾经说过："凡（天竺）诸中国，唯此国（巴连弗邑）城邑为大。民人富盛，竞行仁义。"他毫不犹豫地以仁义这种中国儒家最高的道德标准赞许天竺邦国。南朝宋人范晔精心撰结《后汉书》时，有关西域的知识全部来源于班勇的《西域记》，但他对西域文化的认知与理解显然要高于东汉士人的水平："西域风土之载，前古未闻也。汉世张骞怀致远之略，班超奋封侯之志，终能立功西遐，羁服外域。自兵威之所肃服，财赂之所怀诱，莫不献方奇，纳爱质，露顶肘行，东向而朝天子。……其后甘英乃抵条支而历安息，临西海以望大秦，拒玉门、阳关者四万余里，靡不周尽焉。若其境俗性智之优薄，产载物类之区品，川河领障之基源，气节凉暑之通隔，梯山栈谷、绳行沙度之道，身热首痛、风灾鬼难之域，莫不备写情形，审求根实。至于佛道神化，兴自身毒，而二汉方志，莫有称焉。张骞但著地多暑湿，乘象而战，班勇虽列其奉浮图，不杀伐，而精文善法、导达之功，靡所传述。余闻之后说也，其国则殷乎中土，玉烛和气。灵圣之所降集，贤懿之所挺生，神迹诡怪，则理绝人区，感验明显，则事出天外。而骞、超无闻者，岂其道闭往运，数开叔叶乎？不然，何诬异之甚也！"② 范晔认为，西域诸国是国富民智、人杰地灵的地方，"其国则殷乎中土，玉烛和气。灵圣之所降集，贤懿之所挺生"③，其风土文化，并不逊色于中国。

南北朝隋唐时期的中国僧俗士人，在谈到西域风俗的时候，很多都给

---

① 《汉书》卷96《西域传》，中华书局1962年版，第3917页。
② 《后汉书》卷88《西域传》，中华书局1965年版，第2931—2932页。
③ 《后汉书》卷88《西域传》，中华书局1965年版，第2932页。

以积极评价甚至是褒扬。如《魏略·西戎传》对大秦国风土文化的介绍，简直比中国有过之而无不及："大秦国一号犁靬……国有小城邑合四百余，东西南北数千里。其王治滨侧河海，以石为城郭。其土地有松、柏、槐、梓、竹、苇、杨柳、梧桐、百草。民俗，田种五谷，畜乘有马、骡、驴、骆驼。桑蚕。俗多奇幻，口中出火，自缚自解，跳十二丸巧妙。其国无常主，国中有灾异，辄更立贤人以为王，而生放其故王，王亦不敢怨。其俗人长大平正，似中国人而胡服。自云本中国一别也，常欲通使于中国，而安息图其利，不能得过。其俗能胡书。其制度，公私宫室为重屋，旌旗击鼓，白盖小车，邮驿亭置如中国。"又说："其国，人民相属，十里一亭，三十里一置，终无盗贼。"① 如《魏书·西域传》说："焉耆国……国小人贫，无纲纪法令。兵有弓刀甲矟。婚姻略同华夏。死亡者皆焚而后葬，其服制满七日则除之。丈夫并剪发以为首饰。文字与婆罗门同。俗事天神，并崇信佛法。尤重二月八日、四月八日，是日也，其国咸依释教，斋戒行道焉。气候寒，土田良沃，谷有稻粟菽麦，畜有驼马。养蚕不以为丝，唯弃绵纩。俗尚葡萄酒，兼爱音乐。"②《隋书·西域传》更说："焉耆国，都白山之南七十里，汉时旧国也。其王姓龙，字突骑。都城方二里。国内有九城，胜兵千余人。国无纲维。其俗奉佛书，类婆罗门。婚姻之礼有同华夏。死者焚之，持服七日。男子剪发。"③ 在这两则史料中，一则认为，大秦的物产丰富，建筑精研，交通设施发达，"有类中国"；另一则认为，焉耆人民崇信佛法，爱好音乐，而且"婚姻之礼有同华夏"。这些认识和评价，应该是包含着一种文化的认同感在内了。

至于印度，更是中国佛教信徒的圣地，在汉唐时期游历西域的中国高僧们，对印度的风土人情大多也都采取赞美之词。比如，法显《佛国记》说于阗"其国丰乐，人民殷盛，尽皆奉法，以法乐相娱"。于阗国四月八日佛教的行像游行礼仪，更使法显大开眼界："从四月一日，城里便扫洒道路，庄严巷陌。其城门上张大帷幕，事事严饰。王及夫人、采女皆住其中。瞿摩帝僧是大乘学，王所敬重，最先行像。离城三四

---

① 〔晋〕陈寿：《三国志》卷30《魏书·乌丸鲜卑东夷传》，中华书局1959年版，第860页。
② 〔北齐〕魏收：《魏书》卷102《西域传》，中华书局1974年版，第2265页。
③ 《隋书》卷83《西域传》，中华书局1973年版，第1851页。

里，作四轮像车，高三丈余，状如行殿，七宝庄校，悬缯幡盖。像立车中，二菩萨侍，作诸天侍从，皆金银雕莹，悬于虚空。像去门百步，王腕天冠，易着新衣，徒跣持华香，与从出城迎像，头面礼足，散华焚香。像入城时，门楼上夫人、采女摇散众华，纷纷而下。如是庄严供其，车车各异。一僧伽蓝，则一日行像。四月一日为始，至十四日行像乃讫。"《洛阳伽蓝记》所载的《宋云行纪》里，对于阗国的服饰文化和慎终追远的丧葬礼仪等风土文化也充满了认同之感："于阗国。王头着金冠似鸡帻，头后垂二尺生绢，广五寸以为饰。威仪有鼓角金钲，弓箭一具，戟二枝，槊五张。左右带刀不过百人。其俗妇人袴衫束带，乘马驰走，与丈夫无异。死者以火焚烧，收骨葬之，上起浮图。居丧者翦发劈面为哀戚。发长四寸，即就平常。唯王死不烧，置之棺中，远葬于野，立庙祭祀，以时思之。"

　　玄奘在《大唐西域记》里更多次用"气序和畅，风俗质直""气序和，风俗质""管弦伎乐，特善诸国"来赞美阿耆尼国[①]和屈支国[②]等西域诸国。对于印度的习俗，他更认为："其俗也，性虽狷急，志甚贞质，于财无苟得，于义有余让，惧冥运之罪，轻生事之业，诡谲不行，盟誓为信，政教尚质，风俗犹和。凶悖群小，时亏国宪，谋危君上，事迹彰明，则常幽囹圄，无所刑戮，任其生死，不齿人伦。犯伤礼义，悖逆忠孝，则劓鼻，截耳，断手，刖足，或驱出国，或放荒裔。"对印度境内的一些小国的风土文化尤其不吝惜赞美之词，如他认为羯若鞠阇国"周四千余里。国大都城……城隍坚峻，台阁相望，花林池沼，光鲜澄镜。异方奇货，多聚于此。居人丰乐，家室富饶。花果具繁，稼穑时播。气序和洽，风俗淳质。容貌妍雅，服饰鲜绮。笃学游艺，谈论清远"[③]。

---

① 阿耆尼，辖地包括今新疆焉耆回族自治县周近地区，是丝绸之路北道上的要冲。汉唐期间，阿耆尼（焉耆）曾与车师（高昌）、龟兹、疏勒一起称雄西域北道，同时成为古代西域的灿烂文化中心之一。

② 屈支，又作龟兹，今称库车。其国境相当于今新疆库车县周近地区。汉通西域以后，龟兹归属西域都护府。唐太宗贞观二十二年（648），龟兹和于阗、疏勒、焉耆一起成为唐在西域的"安西四镇"。龟兹的音乐特别有名。《隋书·音乐志》云："至隋有《西国龟兹》《齐朝龟兹》《土龟兹》等，凡三部。开皇中，其器大盛于闾闬。"《通典·乐六·清乐》云："自周隋以来，管弦杂曲数百曲，多用西凉乐；鼓舞曲多用龟兹乐。"《酉阳杂俎·语资》："玄宗常伺察诸王，宁王尝夏中挥汗鞔鼓，所读书乃龟兹乐谱也。"龟兹音乐之著名和流行可见一斑。

③ 《大唐西域记校注》卷5《羯若鞠阇国》，第423页。

总之，面对异族风土文化，不再轻易地以夷狄陋俗视之，而是经过充分见闻和了解之后，产生了理解和认同感，认为西域诸国的某些习俗礼仪，与华夏正统的儒家文化和民俗礼仪多有相通甚至相同之处。承认了风土文化的多样性，也就等于在一定程度上认可了世界文明的多元性，从而使先秦以来的传统华夷文化观作了一定限度的调整，这是汉唐西域风土记对中国中世人们世界观和文化观的最大贡献。

第三，汉唐中国政权对西域的态度由单纯的政治羁縻、军事控制动机，转而为友好交往、善意相待的态度。

汉朝凿空西域，主要是出于打击匈奴的政治和军事需要，也就是《汉书·西域传》所说的"孝武之世，图制匈奴，患者兼从西国，结党南羌，乃表河西，列四郡，开玉门，通四域，以断匈奴右臂，隔绝南羌、月氏"。故汉朝君臣上下，对西域各国的人口数量、军事力量和疆域四至特别是其与汉朝的距离和对汉政权的态度最为关心，如《汉书·西域传》对康居国的描述就很典型："康居国，王冬治乐越匿地。到卑闐城。去长安万二千三百里。不属都护。至越匿地马行七日，至王夏所居蕃内九千一百四里。户十二万，口六十万，胜兵十二万人。东至都护治所五千五百五十里。与大月氏同俗。东羁事匈奴。"而对各国的风俗文化、风土人情，很少措意。我们从《汉书·西域传》所能够获得的有关西域诸族民俗文化的知识很少，就是因为这个缘故。因此，如有可能，汉朝政府总想对西域诸国加以笼络羁縻以为我用。如《汉书·张骞传》载："大宛及大夏、安息之属皆大国，多奇物，土著，颇与中国同俗，而兵弱，贵汉财物；是时，上方数巡狩海上，乃悉从外国客，大都多人则过之，散财帛赏赐，厚具饶给之，以览视汉富厚焉。大角氏，出奇戏诸怪物，多聚观者，行赏赐，酒池肉林，令外国客遍观名各仓库府臧之积，欲以见汉广大，倾骇之。及加其眩者之工，而角氏奇戏岁增变，其益兴，自此始。而外国使更来更去。"[1] 至于"大宛以西皆自恃远，尚骄恣，未可诎以礼羁縻而使也"[2]。汉朝对西域诸国客人炫富尚奇，主要是要利诱其主，"以礼羁縻"西域各国。这种做法，正如西汉大臣萧望之所言："戎狄荒服，言其来服荒忽无常，时至时去，宜待以客礼，让而不臣。如其后嗣遁逃窜

---

[1] 《汉书》卷61《张骞李广利传》，中华书局1962年版，第2690页。

[2] 同上书，第2697页。

伏，使于中国不为叛臣。"① 汉政府对西域各国笼络、利用的政治目的至为显然。此后，汉朝设置西域都护府和戊己校尉的做法都是出于同样的目的。

魏晋南北朝及隋唐以来，除唐朝设置过安西都护府统治安西四镇外，其他历代或因战争频仍，或因南北分裂，对西域的控制力量都大不如前。② 而且这一时期国内国际形势都有所变化，特别是由于中国和西域各国经贸、文化交往关系的繁荣，中国相较于西域诸国特别是西域一些新崛起的大国如嚈哒和突厥等国的国力和文化影响力都不再占有明显的优势。再加上佛教的传播，更把中国与西域连接在一个共同的文化纽带上，因此中国与西域各国的关系，也多了一些友好和善意的色彩。

《洛阳伽蓝记》卷5的《宋云行纪》里，有这样的记载："（神龟二年）十二月初，（宋云等）入乌场国。北接葱岭，南连天竺，土气和暖，地方数千。民物殷阜，疋临淄之神州；原田膴膴，等咸阳之上土。鞞罗施儿之所，萨埵投身之地，旧俗虽远，土风犹存。国王精进，菜食长斋，晨夜礼佛。击鼓吹贝，琵琶箜篌，笙箫备有。……土地肥美，人物丰饶，百谷尽登，五果繁熟，夜闻钟声，遍满世界。土饶异花，冬夏相接，道俗采之，上佛供养。国王见宋云，云大魏使来，膜拜受诏书。闻太后崇奉佛法，即面东合掌，遥心顶礼。遣解魏语人问宋云曰：'卿是日出人也？'宋云答曰：'我国东界有大海水，日出其中，实如来旨。'王又问曰：'彼国出圣人否？'宋云具说周、孔、庄、老之德，次序蓬莱山上银阙金堂，神仙圣人并在其上；说管辂善卜，华佗治病，左慈方术，如此之事，分别说之。王曰：'若如卿言，即是佛国。我当命终，愿生彼国。'"③ 在这则史料里，作者用一连串美妙的语言描写乌场国的风土民情，字里行间洋溢的是赞美之情、认同之感。乌场国国王在询问宋云有关中国的历史和文化之后，也表现出对中国文化的钦佩。双方的会见充满了互敬互让的氛围，

---

① 《汉书》卷94《匈奴传》，中华书局1962年版，第3833页。
② 对这一时期中国与西域的交往关系，《隋书》卷83《西域传》概括说："汉氏初开西域，有三十六国，其后分立五十五王，置校尉、都护以抚纳之。王莽篡位，西域遂绝。至于后汉，班超所通者五十余国，西至西海，东西四万里，皆来朝贡，复置都护、校尉以相统摄。其后或绝或通，汉朝以为劳弊中国，其官时废时置。既魏、晋之后，互相吞灭，不可详焉。炀帝时，遣侍御史韦节、司隶从事杜行满使于西蕃诸国。"（中华书局1973年版，第1841页）
③ （北魏）杨衒之：《洛阳伽蓝记》（卷5）T51，第1020页。

之所以如此，中国的儒学、西域的佛教和两国相似的风土民情等文化因素是一个重要的基础。

隋炀帝对高昌国的态度也可以很典型地说明中国与西域交往的这种状况："高昌国者……其风俗政令与华夏略同。……炀帝嗣位，引致诸蕃。大业四年，遣使贡献，帝待其使甚厚。明年，伯雅来朝。因从击高丽，还尚宗女华容公主。八年冬归蕃，下令国中曰：'夫经国字人，以保存为贵，宁邦缉政，以全济为大。先者以国处边荒，境连猛狄，同人无咎，被发左衽。今大隋统御，宇宙平一，普天率土，莫不齐向。孤既沐浴和风，庶均大化，其庶人以上皆宜解辫削衽。'帝闻而甚善之，下诏曰：'彰德嘉善，圣哲所隆……光禄大夫、弁国公、高昌王伯雅……本自诸华，历祚西壤，昔因多难，沦迫獯戎，数穷毁冕，蹔为胡服。自我皇隋平一宇宙，化偃九围，德加四表，伯雅逾沙忘阻，奉贽来庭，观礼容于旧章，慕威仪之盛典。于是袭缨解辫，削衽曳裾，变夷从夏，义光前载。……'然伯雅先臣铁勒，而铁勒恒遣重臣在高昌国，有商胡往来者，则税之送于铁勒。虽有此令取悦中华，然竟畏铁勒而不敢改也。"① 高昌本是西域大国，经过长期的友好交往，其风土文化已经"与华夏略同"，可能正是因为这个原因，再加上高昌王伯雅的主动靠拢，隋炀帝才想把中国的服饰礼仪输送到高昌，而高昌王伯雅居然也有心向化，只是由于铁勒的掣肘，这一风俗改革才没有实现，然而伯雅的从击高丽归附和尚华容公主的厚遇，都足以说明双方交往的友好氛围和善意基础。

第四，中国士人在发现西域风土文化的过程中，也发现了自己，特别是在对照西域诸国法律制度中，查找到本国的不足之处。

首先，西域诸国的风土文化，就像一面镜子，既为中国民众映照出了一幅幅丰富多彩的西域诸国风土画卷，也让中国僧俗士人看到了自己的文化面貌。以仁义立国，民饶国富者，与中国古人所设计的理想政治状态相吻合，值得认同和学习。关于这一点，前面已经有所举证，兹不赘述。其次，至于闭目塞听，自大无礼者，则足以为中国统治者引以为戒。如《洛阳伽蓝记》记载，宋云等人于正光元年四月中旬入乾陀罗国，其国王性格凶暴，多行杀戮，而且不信佛法，好祀鬼神。他自恃勇力，与罽宾作战，穷兵黩武，终日不归，以至"师老民劳，百姓嗟怨"。宋云等人到达

---

① 《隋书》卷83《西域传》，中华书局1973年版，第1847—1848页。

此国，受到该国国主的轻视。"诣军，通诏书。王凶慢无礼，坐受诏书。"宋云见其远夷不可制，"任其倨傲，莫能责之"。双方后来虽然经过沟通加深了理解，但结果仍然是不欢而散。国王"遂将云至一寺，供给甚薄"。①《宋云行纪》不惮文辞之烦，详细地记载下这一交往过程，足以垂鉴魏晋南北朝时期割据自雄的统治者。最后，西域各国颇具特色和优点的司法和赋税制度，也值得中国学习。如《魏略·西戎传》所记载的大秦国具有民主色彩的议事制度："其王平旦之一宫听事，至日暮一宿，明日复至一宫，五日一周。置三十六将，每议事，一将不至则不议也。王出行，常使从人持一韦囊自随，有白言者，受其辞投囊中，还宫乃省为决理。"② 天竺"中国"宽缓的刑罚制度："人民殷乐，无户籍官法，唯耕王地者乃输地利，欲去便去，欲住便住。王治不用刑罔，有罪者但罚其钱，随事轻重，虽复谋为恶逆，不过截右手而已。"印度诸国注重清洁的饮食习俗和卫生习惯："夫其洁清自守，非矫其志。凡有馔食，必先盥洗，残宿不再，食器不传。瓦木之器，经用必弃。金、银、铜、铁，每加摩莹。馔食既讫，嚼杨枝而为净。澡漱未终，无相执触。每有溲溺，必事澡灌。身涂诸香，所谓旃檀、郁金也。君王将浴，鼓奏弦歌。祭祀拜祠，沐浴盥洗。"③ 这些风土习俗、礼仪制度虽然不乏想象的成分。如所谓古代印度的"无所刑戮"，季羡林先生等就指出印度古代，特别是孔雀王朝初期，执行严刑峻法。阿育王之后，刑法放宽，及中世纪相当长的时期，也是如此。《法显传》中称："王治不用刑斩，有罪者但罚其钱，随事轻重。虽复恶逆，不过截右手而已。"其后慧超《往五天竺国传》也说"五天竺法，无有枷棒牢狱。有罪之者，据轻重罚钱，亦无刑戮"。但需指出，上述情况只是对一般自由民而言，在种姓制度下，各个种姓在刑法上的差别是十分显著的，如首陀罗骂高级种姓要割舌头。④ 尽管如此，汉唐时期游历西域的中国僧俗士人，在他们的西域风土记中注意把西域各国的值得称述的礼仪习俗、政法制度一一记载下来，还是具有重要意义的。

---

① （北魏）杨衒之著，范祥校注：《洛阳伽蓝记校注》卷五《域北》，上海古籍出版社 1978 年版，第 318 页。
② 《三国志》卷 30《魏书·丸鲜卑东夷传》，中华书局 1959 年版，第 861 页。
③ （唐）玄奘、辩机著，季羡林等校注：《大唐西域记校注》卷 2《三国·印度总述·馔食》，中华书局 1985 年版，第 181 页。
④ 季羡林等：《大唐西域记校注》，中华书局 1985 年版，第 204 页。

总之，汉唐西域风土记在我国古代是具有特殊价值的历史文献，这些著作以游历者的亲身阅历记载了大量的异域见闻，为汉唐时期的中国人呈现了一幅丰富多彩的西域风土映像，对于向国人介绍异域风俗，促进外国文化在中国的传播，起了重要的作用。借助这种生动的域外风土映像，中国士人传统的华夷文化观念也发生了微调，变得更为开放，对域外文化也更易于理解、认知和接受。

# 第 四 章

# 汉唐风土记与中国古代的空间观念

空间是有机生命体最先感觉到的第一存在，空间与人类社会息息相关，没有空间就没有人类及其社会。空间是人类文化孕育的母体，是人类文化诞生的摇篮，是人类文化繁衍的最初场域。空间观念包含着人类对这个世界最初的感知与思考，不同的原始初民对空间的差异性感知，形塑了纷繁多样的文化性格。无论文化如何演变、濡化，作为原型的文化要素历经转化、变形，仍深深地渗透于民族的血液中，发挥着潜在的功能。汉唐风土记集中体现了中国古代民众生活中的空间观念，体现了中国古人对生存环境的认识、感知和探索过程。

西方的空间观念源远流长，但其传统的空间观念只是把空间作为历史事件发生的容器。在古希腊传统中，柏拉图预设了"感觉世界"和"理式世界"，并进而建构其三等级的"理想国"城邦空间和三成分的个体灵魂空间。对柏拉图来说，无论世界、国家还是个体都是一个固定的"容器"，其思考的中心是这个"容器"内的等级或成分如何形成和谐的秩序。亚里士多德虽然是对柏拉图的批判，但其"第一实体"和"第二实体"的区分，仍然以指向"永恒实体"为目标，这样其"四因说"从根本上也是在思考事物在"容器"化的空间中如何形成、变化、组合为和谐的实体。菲利普·韦格纳在其长篇论文《空间批评：批评的地理、空间、场所与文本性》的开篇引用莎士比亚《皆大欢喜》中关于"全世界是一个舞台"的著名诗句后指出，这"有力地说明了在西方现代性历史中盛行的一些关于空间与空间性的占支配地位的设想：空间被看成是一个空空荡荡的容器，其本身和内部都了无趣味，里面上演着历史与人类情欲的真实戏剧"[①]。

---

① 转引自刘跃进《20 世纪中后期以来的西方空间理论与文学观念文艺理论研究》，《文艺理论研究》2007 年第 6 期。

法国当代社会学者亨利·列斐伏尔（Henri Lefebvre）在继承西方传统的空间思想的基础上，指出每个社会都产生适合的空间，每个空间里也都弥漫着各种社会的关系。空间可说是社会的产物，具体的空间乃是社会生产与再生产的场域，空间概念无法脱离社会物质条件的思考模式。当空间被视为一种物质产物，并可与其他物质元素发生关系时，意味着社会成员正处在相互关系运作下，因此空间也就被自然而然地赋予了某种形式、功能和意义。因为空间并非随意组成，所以在空间运作的社会过程中，会呈现出社会组成的类型以及各时期的决定因子。空间因而不仅成为社会结构的配置手段，更具体表现出该社会在特定历史进程中的特殊意义。1974年，列斐伏尔在其《空间的生产》一书中指出："社会空间并不是一种在其他事物之外的事物，也不是在其他产物之外的产物：确切地说，它纳入了所生产的事物，包含了它们在共存和同在中的相互关系……它能被降低为某种简单的物体……它本身就是过去行为的结果，社会空间允许某些行为发生，暗示另外一些行为，但同时也禁止其他一些行为。"[1]

在此基础上，列斐伏尔把空间的产生划分为三个向度：空间实践（spatialpractice）、空间表征（representationofspace）及空间映像（representationalspace）。在他的空间思想中，空间实践划归在感知性（perception）层面之下；空间表征划归在构思性（conception）层面之下；而空间映像则划归在生活经验性（lifeexperience）层面之下。[2] 三种空间则经由各种文化现象如宗教、伦理等的参与而呈现不同的类型和变化，因而空间也就有了自己的历史，它可以呈现出不同社会建构的演变，使得空间的文化含义与社会生活息息相关。

列斐伏尔在其《空间的生产》中，力图纠正传统社会政治理论对于空间的简单和错误的看法，他认为空间不仅仅是社会关系演变的静止的"容器"或"平台"，相反，当代的众多社会空间往往矛盾性地互相重叠，彼此渗透。在该书发表后不久，福柯做了《地理学问题》的访谈，他同样注意到了空间的概念在西方思想史中的命运，空间长期以来一直被看成死亡的、固定的、非辩证的、静止的。显然，空间和时间观念在西方人

---

[1] Henri Lefebvre. Ⅱ. 1991, *The Production of Space*, Translated by Donald Niebolson-Smith, Oxford (U. K.), Cambridge, Mass：Blackwell, p. 73.

[2] Ibid., pp. 38 – 39.

文、社会学科中的发展是极不平衡的,空间成为与时间及其所代表的丰裕性、辩证性、富饶性、生命活力等相对立的观念。[1] 列斐伏尔在其《空间的生产》一书中条分缕析,把空间分为绝对空间、抽象空间、具体空间、自然空间、物质空间、精神空间、政治空间、社会空间、共享空间;矛盾空间、文化空间、差别空间、主导空间、戏剧化空间、认识论空间、家族空间、工具空间、休闲空间、生活空间、中性空间、有机空间、创造性空间、纯粹空间、多重空间、现实空间、压抑空间、感觉空间、社会化空间、国家空间、透明空间、真实空间、男性空间以及女性空间。而划分这种种空间的认识基础,无疑是基于这样的理念:"空间从来就不是空洞的,往往蕴含着某种意义。"[2] "有一种空间的意识形态存在着。为什么?因为空间,看起好似均质的,看起来其纯粹形式好似完全客观的,然而一旦我们探知它,它其实是一个社会产物。"[3] 爱德华·索亚(Edward W. Soja)则强调,人类从根本上就是空间的存在者,人类主体自身就是一种独特的空间性单元。"一方面,我们的行为和思想塑造着我们周遭的空间,但与此同时,我们生活于其中的集体性或社会性生产出了更大的空间与场所,而人类的空间性则是人类动机和环境或语境构成的产物。"[4]

虽然,在列斐伏尔的思想中,空间是一个核心概念,但是其空间概念及其划分是基于对当代资本主义生产方式的研究而建构的,在空间这一被赋予社会和时代意义的概念上,列斐伏尔讨论的是资本主义社会的社会权力和生产关系的问题,他的空间思想并不适合对于古代人们空间观念的研究,加之东西方古代文明的差别,其空间理论更不会完全符合中国古代社会空间的种种复杂状况。不过,正如美国学者丹尼斯·史密斯(Dennis Smith)所言,社会史的任务在于"追寻社会自身得以变化与延续的机制","探寻过去与现在、事件与运行、行动与结构的相互渗透交融",从

---

[1] 参见《都市与文化》第1辑《后现代性与地理学的政治》,上海教育出版社2001年版,第19—28页。

[2] Henri Lefebvre. Ⅱ.1991, *The production of space*, translated by Donald Niebolson-Smith, Oxford (UK), Cambridge, Mass: Blackwell, p. 154.

[3] [法]亨利·列斐伏尔:《空间政治学的反思》,转引自包亚明主编《现代性与空间的生产》,上海教育出版社2002年版,第62页。

[4] 包亚明:《后大都市与文化研究·前言》,上海教育出版社2005年版,第1页。

而发现影响人类历史发展的"深层社会结构"[①]。现实是历史的延续,今天的社会现象总能够在历史中捕捉到它演变的踪影,现实中越是复杂的事情在历史中展开得也越充分。中国是一个具有五千年文明史的大国,如果将今日中国的许多复杂社会现象放到历史过程中去考察,更能够清晰地看出其丰富历史积淀的现实存在。因此,研究中国汉唐时期风土记中的空间文化内涵时,如果适当借鉴包括列斐伏尔在内的西方学者的现代空间理论的话,无疑会收到事半功倍之效。

## 一 中国古代空间观念溯源

空间观念是人类认知活动的文明结晶。德国学者恩斯特·卡西尔说:"人并非直接地,而是靠一个非常复杂和艰难的思维过程,才获得了抽象空间的观念——正是这种观念,不仅为人开辟了通向一个新的知识领域的道路,而且开辟了人的文化生活的一个全新的方向。"[②] 空间观念的形成更是一个漫长的认知过程。首先是对空间的感知,形成与具体的、个别的事物直接联系的模糊的方位经验。其次是对这些经验的分类概括并内化为集体记忆,形成空间方位意象(表象);在此基础上,经过不断的思维抽象,才能最终获得空间观念。《淮南子·齐俗训》就说:"古昔民童蒙不知东西。"[③] 我们的先民对于空间的认识,大概也经历了一个从不分左右、不辨东西到建立起思考上下四方、古往今来的复杂空间观念的发展历程。人们空间观念的建立,来源于人们的生活和社会实践。正是在生活实践中,由于对各种物体、物象位置的分辨,逐渐地才形成了各种方向、方位的观念。

从方向、方位观念的发生来看,人类首先认识的似乎应该是左右、上下和前后之类的观念。因为这些观念最简单而又最切实用,下图中甲骨文"左右"二字分别是左右两个手臂的象形。纳西象形文则更真切,"左"

---

[①] [英] 丹尼斯·史密斯(Dennis Smith):《历史社会学的兴起》,周辉荣等译,上海人民出版社2000年版,第1页。

[②] [德] 恩斯特·卡西尔(Ernst Cassirer):《人论》,甘阳译,上海译文出版社1985年版,第54页。

[③] (汉)刘安撰,高诱注,(清)庄逵吉校:《淮南子》卷11《齐俗训》,《二十二子》,上海古籍出版社1986年版,第1252页。

为一人头朝左而伸左臂,"右"为一人头朝右而伸右臂。这些文字资料都说明,人类最初是依靠自身身体的部位来辨别方向,确定最基本的空间维度的。后来,随着先民逻辑思维和推理能力的提高,人们才能够用理性来推知左右、上下等基本空间维度。正如董仲舒所言:"凡物必有合。合,必有上,必有下,必有左,必有右,必有前,必有后,必有表,必有里。"① 可是,中国人达到这种认识水平,已然是西汉中期的事情了。

| | 左　　　　右 | 上　　　　下 |
|---|---|---|
| 纳西象形文 | | a<br>b |
| 甲骨文金文 | | |

图 4—1　甲骨文、纳西文左、右、上、下文字对照②

不过,稍微复杂的空间维度,如东、西、南、北四个方向,就需要人们具有抽象思维的能力才能够确定了。

关于东西方向或方位的确定与区分,先民是把太阳出没及其相关物象作为客观的标志的。所谓东方,据《说文》的解释:"东者,动也。官溥说,从日在木中。"③ 郑樵《通志》也认为,东之意即"日在木中"。日即太阳,木指什么呢?郑樵曰"若木"。据许多学者考证,"若木"即"搏木","搏木"即"扶桑"。《山海经·海外东经》云:"汤谷上有扶桑,十日所浴",郭璞云:"扶桑,木也。"王念孙云:"《月赋》注引作'汤谷上有扶木;郭璞曰:扶木,扶桑也。'"据此,经文扶桑当作扶木;

---

① (清)苏舆疏证,钟哲点校:《春秋繁露义证》卷12《基义》,中华书局1994年版,第350页。

② 刘文英:《中国古代的时空观念》,南开大学出版社2000年版,第19页。

③ (东汉)许慎著,(清)段玉裁注:《说文解字注·东部·东》,上海古籍出版社1988年版,第271页。

郭注"扶桑，木也"当作"扶木，扶桑也"。① 《说文》又曰："傅（扶）桑神木，日所出也。""搏，日初出爰始而登，照耀四方。"古代神话说："日出旸谷"或"汤谷"，"登于扶桑"，然后才上升到天空。"东"字的字形，原来就是根据这个神话而勾画的一幅日出东方示意图。所谓西方，即是日落的方位。《说文》曰："西，鸟在巢上，象形。日在西方而鸟栖，故因以为东、西之西。"② 甲骨文和金文的"西"字都作鸟巢形，有的像鸟在巢中还露出一个脑袋，有的像鸟卧在巢上。"西"之音就是鸟栖之栖的音转。"西"字的形象虽不直接是日落之象，却是日落时常见的一种物象。

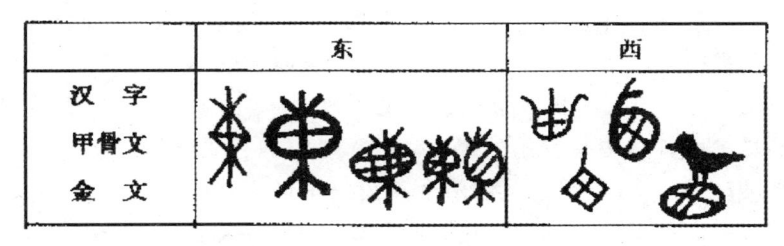

图4—2 甲骨文东西二字字形对照③

如果说辨别东西，由于日出、日落举目可见，相对比较容易，这种观念估计产生很早；那么，南北的区分，由于缺少明白确定的标志，其观念的产生必定要晚得多。古人也曾以天上的北极星和日中的影子来定南北。《周礼·考工记》中曰："匠人建国，水地以县，置槷以县，眡以景，为规，识日出之景与日入之景，昼参诸日中之景，夜考之极星，以正朝夕。"④ 所谓正朝夕，也就是正东西南北，而要正东西南北，也首先得正东西，以东西方位作基线。《周髀算经》里曰："以日始出，立表而识其晷，日入复识其晷，晷之两端相直者，正东西也，中折之，指表者，正南北也。"⑤ 这就是说，人们每天在日晷上定日之出入之点，连成一线，

---

① 袁珂：《山海经全译》卷9《海外东经》，贵州人民出版社1991年版，第229页。
② （汉）许慎著，（清）段玉裁注：《说文解字注·西部·西》，上海古籍出版社1988年版，第585页。
③ 刘文英：《中国古代的时空观念》，南开大学出版社2000年版，第21页。
④ 《周礼注疏》卷24《冬官·考工记·匠人》，第927页。
⑤ （清）戴震校：《周髀算经》卷下，商务印书馆1930年万有文库版《算经十书》，第34页。

即是正东西；由此再作一垂直线，即是正南北。这也就是《淮南子·天文训》讲的"先树一表东方，操一表却去前表十步，以参望日始出北廉。日直入，又树一表于东方，因西方之表以参望日，方入北廉则定东方。两表之中，与西方之表，则东西之正也"①的通过"正朝夕"以定南北的方法。然而，这一点由于不像太阳出没一目了然，必须具有一定的天文算学知识。所以南北观念的起源，必定晚于人们对东西方位的认识。

我们祖先在认识空间维度的过程中，规矩的出现和方圆概念的形成，乃是一个重要的关键和认识的飞跃。因为它意味着专门研究空间形式的几何学的初步形成。神话传说讲，伏羲手执矩，女娲手执规，说明我们的祖先很早就懂得方圆的道理。《尸子》又说，尧时"古者倕为规矩准绳，使天下效焉"②。《史记·夏本纪》说，禹治水时"左准绳，右规矩"，进行地形测量。甲骨文中有专用的规矩二字。"规"作"𢁥"，像一只手拿着圆规画圆；"矩"作"L"，像两个直角三角形合在一起，大概是古老的曲尺的形象。到了西周时期，规矩已经成了手工业者常用的必不可少的工具。现存的《周髀算经》一书，虽然成书较晚，但其中不少内容如勾股弦商高定理，可能在西周已经发现了。

中国古代先民早在对空间向度的最初认识过程中，就赋予了方位以文化的内涵。先秦时期汉语中"右尊左卑"或"左尊右卑"的现象的出现，就很能说明这一问题。先秦时，左右方位就与等级贵贱、男女尊卑的社会生活相联系。如《礼记·王制》中谓："殷人养国老于右学，养庶老于左学。"又曰："道路，男子由右，妇人由左，车从中央。"③ 同样，在我国古代还表现出了"左尊右卑"的方位观念。如《礼记·内则》："子生，男子设弧于门左，女子设蜕于门右。"④《韩非子·外储说左下》载："齐桓公将立管仲，令群臣曰：'寡人立管仲为仲父，善者入门而左，不善者

---

① （汉）刘安撰，高诱注，（清）庄逵吉校：《淮南子》卷3《天文训》，《二十二子》，上海古籍出版社1986年版，第1220页。
② 李守奎、李轶：《尸子译注·散见诸书佚文汇辑》，黑龙江人民出版社2003年版，第106页。
③ （汉）郑玄注，（唐）孔颖达疏：《礼记正义》卷13《王制》，第1346、1347页。
④ （汉）郑玄注，（唐）孔颖达疏：《礼记正义》卷28《内则》，第1346、1347、1469页。

入门而右。"① 另外，在中国传统语言文化中，上下、前后、内外，也多被赋予文化的色彩。"上""前"一般代表积极的、进步的、高贵的方面，而"下""后"则包含有消极、落后、卑贱的意思。在对"内""外"方位的评价上，中国人偏于"内"向。《说文解字》："外，远也。卜尚平旦，今夕卜，于事外矣。"② "外"本义就是不合常规。"外"有排斥、背离之意，"内"则表示亲近。我们虽然不能确切地说明这类空间意识的起源，但它们所表明的中国古代先民早已将空间与文化融为一体则是确定无疑的。

## 二 先秦两汉诸子的空间观

中国古代先民的空间意识，萌生很早，但还不够深刻和系统。中国古代更系统化的空间思想，诸如对天地、宇宙、四方、九州、国野等的认识，在秦汉诸子中表现得更为丰富，值得进一步介绍。

秦汉诸子对宇宙的认识首先来自对天地的认识。天地是自有生民以来就是人类可以感知、赖以生存的基本空间。对于天地，人们的认识起源很早，《周易》以乾、坤二卦起始，象征着天地对于人类文明的孕生、承载的巨大作用。《乾卦·彖辞》曰："大哉乾元！万物资始，乃统天。云行雨施，品物流形，大明终始，六位时成……乾道变化，各正性命。"《坤卦·彖辞》则曰："至哉坤元！万物滋生，乃顺承天，坤厚载物，德合无疆。含弘光大，品物咸亨，牝马地类，行地无疆。"③ 这都表现了中国古人对天地育生万物、哺育文明的深刻认识。④ 对于天地的这种认识，无疑也是中国古人近取诸身，远取诸物的观测自然与社会的最直接、最初始的文化观念。关于天地的产生，除了中国自古流传的各种神话以外⑤，秦汉

---

① （清）王先慎撰，钟哲点校：《韩非子集解》卷12"外储说左下"，中华书局1998年版，第295页。
② （汉）许慎撰，（清）段玉裁注：《说文解字注·夕部·外》，上海古籍出版社1988年版，第315页。
③ （魏）王弼等著，（唐）孔颖达等疏：《周易正义》卷1《上经乾传》，第14页。
④ 同上书，第16页。
⑤ 如盘古开天辟地的神话。徐整《三五历纪》曰："天地混沌如鸡子，盘古生其中，万八千岁，天地开辟，阳清为天，阴浊为地，盘古在其中，一日九变，神于天，圣于地，天日高一丈，地日厚一丈，盘古日长一丈，如此万八千岁，天数极高，地数极深，盘古极长，后乃有三皇，数起于一，立于三，成于五，盛于七，处于九，故天去地九万里。"（《艺文类聚》卷1《天部·天》）

诸子也给予了一定的解释，如《白虎通·天地》曰："始起之天，始起先有太初，后有太始，形兆既成，名曰太素。混沌相连，视之不见，听之不闻，然后剖判清浊。既分，精出曜布，度物施生。精者为三光，号者为五行。"① 关于天地的空间性质，《论语》曰："天何言哉，四时行焉，百物生焉。"《礼记》曰："天地之道，博也，厚也，高也，明也，悠也，久也，日月星辰系焉。万物覆焉。"② 《墨子》记载："禽子问天与地孰仁，墨子曰：翟以地为仁，太山之上，则封禅焉，培塿之侧，则生松柏，下生黍苗莞蒲，水生鼋鼍龟鱼，民衣焉，食焉，家焉，死焉，地终不责德焉，故翟以地为仁。"③《礼记》曰："今夫地，一撮土之少，及其广厚，载华岳而不重，振河海而不泄，而万物载焉。"④ 而《淮南子·俶真训》说："夫天不定，日月无所载；地不定，草木无所植；所立于身者不宁，是非无所形。"⑤《春秋繁露》则曰："天地者，万物之本，先祖之所出也。广大无极，其德昭明，历年众多，永永无疆。天出至明，众知类也，其伏无不昭也。地出至晦，星日为明，不敢暗。君臣、父子、夫妇之道取之此。"⑥《白虎通》则认为："天者何也？天之为言镇也，居高理下，为人镇也。地者，易也。言养万物怀任，交易变化也。"⑦ 正是基于这种天地孕育万物、哺育人类文明的认识，《老子》中才讲："人法地，地法天，天法道，道法自然。"取则于天地，按照天地运行的自然规律展开人类的生产和生活，才是人类最根本的生存规律，这就是先秦两汉诸子留给后人的最宝贵的生活智慧。

基于对天地的深刻认识，中国古人对宇宙的认识也远比西方为早，也更为深刻。先秦诸子最早是从物体的相对"位置"或"地点"来探讨宇

---

① （清）陈立撰，吴则虞点校：《白虎通疏证》卷9《天地》，中华书局1994年版，第421页。

② （汉）郑玄注，（唐）孔颖达疏：《礼记正义》卷13《王制》，第1346、1347页。

③ （清）孙诒让：《墨子闲诂·墨子佚文》，中华书局2001年版，第656页。

④ （汉）郑玄注，（唐）孔颖达疏：《礼记正义》卷53《中庸》，第1633页。

⑤ （汉）刘安撰，高诱注，（清）庄逵吉校：《淮南子》卷2《俶真训》，《二十二子》，上海古籍出版社1986年版，第1211页。

⑥ （清）苏舆撰，钟哲点校：《春秋繁露义证》卷9《观德》，中华书局1994年版，第269—270页。

⑦ （清）陈立撰，吴则虞点校：《白虎通疏证》卷9《天地》，中华书局1994年版，第420页。

宙的概念。《墨子》可算是持这种观点的最早著作之一。《墨子·经说》解释："宙，弥异时也。宇，弥异所也。"① 所谓"异所"，就是不同的地点。按照《经说》的解释："宇，蒙东西南北。""宇"这种空间就是包括各个方位的无数相对位置或具体地点的集合。类似的探讨宇宙空间性质的还有《管子》，《管子》称"宇宙"为"宙合"。《管子·宙合》云："宙合之意，上通于天之上，下泉于地之下，外出于四海之外，合纳天地以为一里。"② 这就是说，"宇宙"囊括天地万物于"一里"，包罗万象而无遗。万物包含在"天地"之中，"天地"又包含在"宙合"之中。"宙合"之"合"，即盛物之盒，因其为方正之形，故必具六面。四方上下为"六合"。"合"即"六合"，就是"宇"。所以"宙合"，即宇宙，指空间。另外，《庄子·庚桑楚》云"有实而无乎处者，宇也。有长而无本剽者，宙也"③，也指出了宇宙空间的性质。《淮南子·齐俗训》："往古来今谓之宙，四方上下谓之宇"。④ 可见，先秦诸子已不再把宇宙看作一个单纯的空间概念，他们认为，宇宙是时间与空间的统一，"宇"是"宙"（时间）的空间存在方式；"宙"是"宇"（空间）的存在运动过程。时空并存，辩证统一，不可分割。秦汉诸子中，《淮南子》还对宇宙中的虚空、有无等概念作出了深刻的界定。《淮南子·俶真训》曰："道始生虚廓，虚廓生宇宙，宇宙生元气，无有涯垠。清阳者，薄靡而为天。"⑤《淮南子》还把有形的万物称为"有有者"；把空间称为"有无者"，并说："有无者，视之不见其形，听之不闻其声，扪之不可得也。"⑥ 也就是说，空间本身看不见、听不到、摸不着，是与有形万物相对立的无法直接感知的虚空。

去除一切玄妙抽象的思辨，宇宙就不再是人类遥不可及的想象空间，而是人们须臾不可离的生活场所。《庄子》记载了这样一则寓言："舜以

---

① （清）孙诒让：《墨子闲诂·经上》，中华书局 2001 年版，第 316 页。
② （周）管仲撰，（唐）房玄龄注：《管子》卷 4《宙合篇》，《二十二子》，上海古籍出版社 1986 年版，第 107 页。
③ （清）郭庆藩撰，王孝鱼点校：《庄子集释》，中华书局 1961 年版，第 800 页。
④ （汉）刘安撰，高诱注，（清）庄逵吉校：《淮南子》卷 11《齐俗训》，《二十二子》，上海古籍出版社 1986 年版，第 1252 页。
⑤ 《淮南子》卷 3《天文训》，第 1215 页。
⑥ 《淮南子》卷 2《俶真训》，第 1213 页。

天下让善卷，曰：'余立于宇宙之中，冬日衣皮毛，夏日衣葛絺，春耕种足以劳，秋收之足以休，日出而作，日入而息，逍遥于天地之间，何以天下为哉！'入深山，莫知其处。"① 去除这则寓言里的富有道家色彩的避世思想，《庄子》所讲的宇宙是人类春耕、秋收、休养生息的场所，还是很有深意的。只有把宇宙的时空统一概念与人类的基本生存场所结合起来，才能够真正理解中国古人的宇宙观的丰富内涵。

中国古人对于天下四方的认识，是随着我们祖先的地理空间的拓展而不断加深的。《论衡·别通篇》云："禹、益并治洪水，禹主治水，益主记异物，海外山表，无远不至，以所闻见作《山海经》。非禹、益不能行远，《山海》不造。然则《山海》之造，见物博也。……使禹、益行地不远，不能作《山海经》。"②《山海经》的作者是谁和其中所载的天下四方的山川、见闻究竟在多大程度上体现了先秦时期中国古人的地理知识水平，这是学术界自古以来一个聚讼纷纭的问题，但无论如何，人们对天下四方"无远不至"的广阔视域空间，的确是建立在"见物博"的基础之上的。正是基于这样的地理实践，秦汉诸子对天下的认识更为自信，有的给出了天下疆域四至的详细数据，有的描绘出天下大、小九州的具体图景。《管子·地数篇》记载："桓公曰：'地数可得闻乎？'管子对曰：'地之东西二万八千里，南北二万六千里，其出水者八千里，受水者八千里，出铜之山四百六十七山，出铁之山三千六百九山，此之所以分壤树谷也。'"③《淮南子·坠形训》则记载："坠形之所载，六合之间，四极之内，照之日月，经之以星辰，纪之以四时，要之以太岁，天地之间，九州八极，土有九山，山有九塞，泽有九薮，风有八等，水有六品。何谓九州岛？东南神州曰农土，正南次州曰沃土，西南戎州曰滔土，正西弇州曰并土，正中冀州曰中土，西北台州曰肥土，正北泲州曰成土，东北薄州曰隐土，正东阳州曰申土。……阖四海之内，东西二万八千里，南北二万六千里，水道八千里，通谷其名川六百，陆径三千里。禹乃使太章步自东极，至于西极，二亿三万三千五百里七十五步。使竖亥步自北极，至于南

---

① 陈鼓应：《庄子今注今译·杂篇·让王》，中华书局2009年第2版，第792页。
② 刘盼遂：《论衡校释》卷13《别通》，中华书局1990年版，第597—598页。
③ （周）管仲撰，（唐）房玄龄注：《管子》卷23《地数篇》，《二十二子》，上海古籍出版社1986年版，第182页。

极，二亿三万三千五百里七十五步。凡鸿水渊薮，自三百仞以上，二亿三万三千五百五十里，有九渊。"①

在对宇宙和天下的规模区域有了初步的认识之后，中国古人又对自己居住的世界和国家的空间特征作了一番探讨。关于九州岛的名称和范围，《论衡·谈天篇》记载了战国时期邹衍的大九州岛："邹衍之书，言天下有九州岛，《禹贡》之上所谓九州岛也；《禹贡》九州岛，所谓一州也，若《禹贡》以上者九焉。《禹贡》九州岛，方今天下九州岛也，在东南隅，名曰赤县神州。复更有八州。每一州者四海环之，名曰裨海。九州岛之外，更有瀛海。"②《淮南子·坠形训》曰："九州之大，纯方千里，九州岛之外，乃有八殥，亦方千里。自东北方曰大泽，曰无通；东方曰大渚，曰少海；东南方曰具区，曰元泽；南方曰大梦，曰浩泽；西南方曰渚资，曰丹泽；西方曰九区，曰泉泽；西北方曰大夏，曰海泽；北方曰大冥，曰寒泽。凡八殥。八泽之云，是雨九州。"③ 这些说法或者有人认为"此言诡异，闻者惊骇，然亦不能实然否"，或者有人认为上述记载的"道里山川，率难考据，案以耳目所及，百不一真"④，但不容否认的是，先秦两汉诸子对天下四至的空间想象及大小九州的世界构图以及对天下山川林泽的划分，是包含着真理性的东西在内的。至少我们可以这样讲，《山海经》《管子》《淮南子》和《论衡》诸书对天下九州的确切描绘和设想，体现了秦汉时期的人们随着社会生产的发展、交通的进步和地理视域的扩展，人们对自身所生存的空间的认识更加自信，更加理性化了。

随着人们空间视域的拓展和宇宙、天下观的逐步形成，秦汉时期的人们也对自己周围的空间，赋予了更多的人文色彩。分野说是中国古代最具特色的空间学说之一。我国古代占星家为了用天象变化来占卜人间的吉凶祸福，将天上星空区域与地上的国州互相对应，称作分野。他们认为，地上各州郡邦国和天上一定的区域相对应，在该天区发生的天象预兆着各对应地方的吉凶。分野说大约起源于春秋战国。如《国语》中记周景王时伶州鸠的话："武王伐殷，岁在鹑火。"武王伐纣这天的天象是岁星在鹑火，

---

① 《淮南子》卷4《坠形训》，第1221页。
② 刘盼遂：《论衡校释》卷11《谈天》，中华书局1990年版，第473—474页。
③ 《淮南子》卷4《坠形训》，第1221页。
④ 《四库全书总目提要》卷142《子部·小说家类·山海经》。

因而周的分野为鹑火。《淮南子·天文训》则以二十八宿来划分分野："何谓九野？中央曰钧天，其星角、亢、氐；东方曰苍天，其星房、心、尾；东北曰变天，其星箕、斗、牵牛；北方曰玄天，其星须女、虚、危、营室；西北方曰幽天，其星东壁、奎、娄；西方曰颢天，其星胃、昴、毕；西南方曰朱天，其星觜巂、参、东井；南方曰炎天，其星舆鬼、柳、七星；东南方曰阳天，其星张、翼、轸。星部地名，角、亢郑，氐、房、心宋，尾、箕燕，斗、牵牛越，须女吴，虚、危齐，营室、东壁卫，奎、娄鲁，胃、昴毕魏，觜巂、参赵，东井、舆鬼秦，柳、七星、张周，翼、轸楚。岁星之所居，五谷丰昌，其对为冲，岁乃有殃。当居而不居，越而之他处，主死国亡。"① 另外，《论衡》还有以把四方、四星、五行观念结合在一起解释天下四方空间："东方，木也，其星仓龙也。西方，金也，其星白虎也；南方，火也，其星朱鸟也。北方，水也，其星玄武也。"②

分野说已经把人世农业的丰收荒歉与确定空间的星象紧密联系在一起，而战国秦汉间五行思想与空间观念的结合，更赋予中国古代的空间观念以浓厚的人文色彩。

《淮南子·坠形训》讲："凡地形，东西为纬，南北为经，山为积德，川为积刑，高者为生，下者为死，丘陵为牡，溪谷为牝。水圆折者有珠，方折者有玉。清水有黄金，龙渊有玉英。土地各以其类生，是故山气多男，泽气多女，障气多喑，风气多聋，林气多癃，木气多伛，岸下气多肿，石气多力，险阻气多瘿，暑气多夭，寒气多寿，谷气多痹，丘气多狂，衍气多仁，陵气多贪。轻土多利，重土多迟，清水音小，浊水音大，湍水人轻，迟水人重，中土多圣人。皆象其气，皆应其类。故南方有不死之草，北方有不释之冰，东方有君子之国，西方有形残之尸。寝居直梦，人死为鬼，磁石上飞，云母来水，土龙致雨，燕雁代飞。蛤蟹珠龟，与月盛衰，是故坚土人刚，弱土人肥，垆土人大，沙土人细，息土人美，耗土人丑。"③ 这就是不同的山川风水塑造不同的人性、气质的观点。汉代的儒者还有人认为："天，气也，故其去人不远。人有是非，阴为德害，天

---

① 《淮南子》卷3《天文训》，第1215—1216页。
② 刘盼遂：《论衡校释》卷3《物势》，中华书局1990年版，第150—151页。
③ 《淮南子》卷4《坠形训》，第1222页。

辄知之，又辄应之，近人之效也。"① 汉代思想家王充虽然不能完全认同这种观点，但他在《论衡》中也把人们品性的差异归结为土地空间的性质差别："九州田土之性，善恶不均。故有黄赤黑之别，上中下之差；水潦不同，故有清浊之流，东西南北之趋。人禀天地之性，怀五常之气，或仁或义，性术乖也；动作趋翔，或重或轻，性识诡也。"② 不仅山川等自然空间深刻影响着人类，人类的活动对山川土地的治理也代表着文明发展的水平。《国语》记载的一则故事很能说明这一点："定王使单襄公聘于宋。遂假道于陈，以聘于楚。火朝觌矣，道茀不可行，候不在疆，司空不视涂，泽不陂，川不梁，野有庾积，场功未毕，道无列树，垦田若艺，膳宰不致饩，司里不授馆，国无寄寓，县无施舍，民将筑台于夏氏。"天地荒芜、川泽不理，代表的是对文明礼制的废弃："周制有之曰：'列树以表道，立鄙食以守路。国有郊牧，疆有寓望，薮有圃草，囿有林池，所以御灾也。其余无非谷土，民无悬耜，野无奥草。不夺民时，不蔑民功。有优无匮，有逸无罢。国有班事，县有序民。'今陈国道路不可知，田在草闲，功成而不收，民罢于逸乐，是弃先王之法制也。"③

## 三　汉唐风土记社会空间观念的丰富内涵

空间和时间是人类生存的基本维度，是与人们日常生活、神圣信仰密切相关、须臾不可分离的现实环境基础。关于中国古人的时间观念，主要体现在中国历史和神话传说中的叙事传统中，在汉唐时期的岁时节日中也有深刻的体现，萧放《荆楚岁时记研究》对此有深刻的论述，兹不赘述④。空间作为人类生存和发展的舞台，更与人们的生活和历史相关密切相关，因而在长期的生活实践中，人类也形成了一定的空间观念。人类的空间观念，一方面体现于人类对人地关系的认识，另一方面则体现于人们的位置知觉，即对空间的感觉和认知。日本学者和辻哲郎指

---

① 刘盼遂：《论衡校释》卷11《谈天》，中华书局1990年版，第482页。
② 刘盼遂：《论衡校释》卷3《本性》，中华书局1990年版，第142页。
③ 邬国义等：《国语译注》卷2《周语中》，上海古籍出版社1994年版，第55页。
④ 参见萧放《〈荆楚岁时记〉研究——兼论传统中国民众生活中的时间观念》，北京师范大学出版社2000年版，第34—58页。

出:"时间·空间的相即不离是历史和风土密切相连的根本支柱。没有主体的人的空间,一切社会结构便不可能成立;没有社会存在,时间也构不成历史。"① 因此,作为一种社会存在的人,总是生活在一定的空间之中,这种空间,就其社会和文化内涵而言,就表现为风土。

中国古人的空间观念,在汉唐风土记中有集中体现。初步看来,我们可以从汉唐风土记中了解到汉唐民众以下几种空间观念:(1)对域内空间和域外空间的划分。前者表现为《郡国志》和《舆地图记》等作品对国内区域文化和空间的划分,后者表现为《扶南异物志》《高僧法显西行记》等对域外文化和空间的描述。(2)对自然空间和社会空间的认识。前者表现为《永初山川记》《水经注》等对自然江河湖海、名山胜迹的记载,后者表现为《西京杂记》《三辅旧事》等对社会万象的叙述。(3)对世俗空间与神圣空间的区别。前者表现为《岭表录异》《巡抚扬州记》等对某些区域社会民俗、异闻的记载,后者表现为《圣贤冢墓记》《洛阳伽蓝记》等对丧葬、宗教信仰场所的叙述。(4)对政治空间与宗教空间的界定等。前者表现为《汉宫阁簿》《洛阳宫殿簿》等对政治中心区域宫阁楼台的记载,后者表现为《寺塔记》《庙记》等宗教寺庙、塔院的记录。另外,汉唐时期一些僧俗士人的游记,还表现出了古代民众对未知空间的探索精神,如《游行外国传》《佛国记》《奉使高丽记》等对出使和游行外国历程见闻的记载。本文其他部分已经对汉唐僧俗士人的西域行纪里的异域风土映像作了初步的探讨,这里仅就其余几个方面作一些探讨。

### (一) 发现自然:汉唐风土记的自然空间描述

法国历史学家布罗代尔将地理气候、生态环境看作影响历史发展的长时段因素,他曾描述地中海的地理环境,描述它的平原、山川、岛屿、气候、交通、城市等,这一部分,用布罗代尔自己的话来说,"写的是人与其环境的关系的历史。这种历史的流逝几乎无法被察觉,在这种历史中,一切变化都十分缓慢,这是一种由不断重演、反复再现的周期构成的历史。我们不能无视这种几乎不受时间影响的历史,这种人与无生

---

① [日] 和辻哲郎:《风土》,陈力卫译,商务印书馆2006年版,第11页。

命的世界交往的历史"①。布罗代尔认为，地理气候、生态环境是"一种缓慢地流逝、有时接近静止的时间"，"从这个一半处于静止状态的深层出发，由历史时间裂化产生的成千上万个层次也就容易被理解了；一切都以半静止的深层为转移"。② 自然环境对人类文明和历史发展的影响既深且远，人类对自然环境的发现和认识的历史也无比漫长。说到底，自然孕育并塑造了人类，人类也在发现自然、适应自然、改变自然的过程中缔造了自己的风土和文明。

人与风土的关系源自人类产生的那一刻起，人们对自然的认识，也是源于人类自身生存的需要。人猿相揖别，从刚刚知道用火取暖的元谋人算起，中国境内的原始人就开始了依山为命、近水而生的生活。他们多则数百人，少则数十人，辗转山林，近泽伴水，群居穴处。而且当气候与生存条件发生巨大变化之后，他们便会翻山越岭、跋涉江湖，寻求新的栖息地。进入文明社会后，人类同样面临着适应环境以求生存的重大任务，在不断探索未知空间，认识自然的过程中缔造自己的文明。据说，我们中华民族的始祖黄帝就是一位一生好入名山游的人物，他曾经"东至于海，登丸山，及岱宗。西至于空桐，登鸡头。南至于江，登熊、湘。北逐荤粥，合符釜山……迁徙往来无常处"③。大禹更是传说中平服水土，测量山川，经天纬地的伟人："禹……乃劳身焦思，居外十三年，过家门不敢入。薄衣食，致孝于鬼神。卑宫室，致费于沟淢。陆行乘车，水行乘船，泥行乘橇，山行乘檋，左准绳，右规矩，载四时，以开九州，通九道，陂九泽，度九山。……行相地宜所有以贡，及山川之便利。"④ 而正是在这种认识自然奔竞求存的生活中，人们日渐发现新的山川湖泊，随着人类认识自然、改造自然能力的加强，人类对自然的视域日趋扩展，人类对自然的情感逐渐亲近，人类与自然的关系愈发密切。

汉唐时期是中国古代综合国力最为强盛的历史时期之一，也是经济发

---

① [法] 布罗代尔（Fermand Braudel）：《地中海与腓力浦二世时期（1551—1598）的地中海世界》，唐家龙、曾培耿译，第一版序言，商务印书馆1996年版，第8页。

② [法] 布罗代尔：《历史和社会科学：长时段》，《资本主义论丛》，顾良、张慧君译，中央编译出版社1997年版，第183页。

③ 《史记》卷1《五帝本纪》，中华书局1959年版，第6页。

④ 《史记》卷2《夏本纪》，中华书局1959年版，第51页。

展、商业繁荣、交通发达、民族融合、对外经济文化交流频繁的历史时期。自秦始皇建立统一的中央集权国家以来，综合国力到两汉时期而臻于鼎盛。魏晋时期，中国虽然又重新陷于分裂，但南北各方之间，汉族和兄弟民族之间交往密切，从南到北，从东到西的主要交通道路基本上都是畅通的。隋唐时期，国家重新归于一统，先后出现了贞观之治、开元盛世等国泰民安的盛世局面。唐王朝国祚连绵而成就辉煌，曾经创造出"忆昔开元全盛日，小邑犹藏万家室。稻米流脂粟米白，公私仓廪俱丰实"，"九州道路无豺虎，远行不劳吉日出。齐纨鲁缟车班班，男耕女桑不相失"的太平盛世。举国上下洋溢着乐观、积极有为的精神。即使在"安史之乱"以后，仍然相当长久地保持了一副国泰民安、富足升平的姿态。这一切都促进了中国人的经济和文化交流，促进了人们的旅行活动，使得旅行成为人们日常生活的基本形式。于是，将士们的征战奔袭，使臣们的出关入塞，商人的负货贩运，文人雅士的纵情山水，高僧大德们的西域探险、南海扬帆，以及平民百姓为生计而日复一日的奔波等，都使人们走出古人未走之路，发现古人未临之境，山水为之增色，风土大放异彩。而汉唐风土记都以异常的笔墨记载了人们一次次对自然的发现，风土的感悟。

《后汉书·西南夷传》载，东汉"永平十二年（69），哀牢王柳貌遣子率种人内属……西南去洛阳七千里，显宗以其地置哀牢、博南二县，割益州郡西部都尉所领六县，合为永昌郡。始通博南山，度兰仓水。行者苦之。歌曰：'汉德广，开不宾。度博南，越兰津。度兰仓，为它人。'"①这反映了东汉时期中原与西南交通开拓之不易。相类似的还有《宜都记》对长江三峡的记载："渡流头滩十里，便得宜昌县也。江水又东径狼尾滩、百历人滩。袁山松曰：二滩相去二里。人滩水至峻峭，南岸有青石，夏没冬出，其石欹嵌，数十步中，悉作人面形，或大或小。其分明者，须发皆具，因名曰人滩也。江水又东径黄牛山，下有滩，名曰黄牛滩。南岸重岭叠起，最外高崖间有石色如人负刀牵牛，人黑牛黄，成就分明，既人迹所绝，莫能究焉。此岩既高，加以江湍纡回，虽途径信宿，犹望见此物，故行者谣曰：朝发黄牛，暮宿黄牛，三朝三暮，黄牛如故。言水路纡

---

① （宋）范晔：《后汉书》卷86《西南夷传》，中华书局1965年版，第2849页。

深,回望如一矣。"① 西晋法显西行求法之旅也是如此艰难。史载,法显"以晋隆安三年,与同学慧景、道整、慧应、慧嵬等,发自长安,西渡流沙。上无飞鸟下无走兽,四顾茫茫莫测所之。唯视日以准东西,望人骨以标行路耳。……显任缘委命直过险难。有顷至葱岭,冬夏积雪,有恶龙吐毒,风雨沙砾。山路艰危,壁立千仞。昔有人凿石通路,傍施梯道。凡度七百余所,又蹑悬絙过河数十余处"②。历尽千难万险,方才发现前人未见的自然景象,这也反映了汉唐时期的先驱勇于探求和开拓未知空间的精神。

汉唐间的民众,不仅对艰难险阻之地常怀感慨赞叹之心,对自己身边的山川险胜处也充满好奇和探险精神。《十道志》记载:"羊祜常与从事邹润甫共登岘山,垂泣曰:'自有宇宙,便有此山,由来贤达胜士登此远望,如我与卿者多矣,皆湮灭无闻,不可得知,念此使人悲伤。我百年后魂魄犹当此山也。'润甫对曰:'公德冠四海,道嗣前哲,令闻令望,当与此山俱传。若湛辈乃当如公语耳。'后以州人思慕,遂立羊公庙并碑于此山。"③ 盛弘之《荆州记》记载:"宜都很山县有山,山有风穴,口大数尺,名为风井,夏则风出,冬则风入。樵人有冬过者,置笠穴口,风吸之,经月还,涉长阳溪而得其笠,则知溪穴潜通。"④《娄地记》记载:"太湖中小山名洞庭,绝石巉岩,本惟松柏,山有三穴:东头北面一穴,不容人;西头南面一穴亦然,并有清泉流出;西北一穴,伛偻才得入。穴外石盘礴,形势惊人,穴里如一间堂屋,上高丈余,恒津润,四壁石色青白,南壁开处,侧肩得入,潜行二道,北通琅琊,东通武县,西通长沙巴陵湖。吴大帝使人行三十余里而反,云上闻有浪声,有大蝙蝠如鸟,拂杀人火,穴中高处,火照不见。穴有鹅管钟乳,冰寒可得入,春夏不可入。"⑤《武陵记》记载:"鹿山有穴,昔宋元嘉初,武陵溪蛮入射鹿,

---

① (北魏)郦道元著,(民国)杨守敬、熊会贞疏,段熙仲点校,陈桥驿复校:《水经注疏》卷34《江水注》"(江水)又东过夷陵县南"句下注(江苏古籍出版社1989年版,第2843—2844页)。
② (梁)释慧皎:《高僧传》卷3《译经·法显传》,《大正新修大藏经》第50册,第337页。
③ 《太平御览》卷43《地部·商洛襄邓淮蔡诸山·岘山》,第205页。
④ 《太平御览》卷54《地部·穴》,第163页。
⑤ 同上。

逐入一石穴，穴才可容人，蛮人入穴，见有梯在其傍，因上梯，豁然开朗，桑果蔼然，行人翱翔，不似戎境。此蛮乃批树记之，其后寻之，莫知其所处。"① 陶渊明的《桃花源记》则应当是受了此类记载的启发："晋太康中，武陵人捕鱼，从溪而行，忘路远近。忽逢桃花林，夹岸芳华鲜美，落英缤纷。林尽得山，山下有一小口，初极狭，行四五步，豁然开朗。屋宇连接，鸡犬相闻，男女衣着，悉如外人。见渔父惊，为设酒食。云先世避秦难，率妻子来此，遂与外隔。问今是何代，不知有汉、魏、晋。既出，白太守，遣人随往寻之，迷不复得。"②

到了隋唐时期，中国人的日常出游活动更为频繁。唐代的帝王将相、文人骚客乃至贩夫走卒，各色人等或驾龙舟凤舸，遨游"淮南江北海西头"，或在山水田园，"行到水穷处，坐看云起时"。或从军塞外，眺望"大漠孤烟直，长河落日圆"；或凭吊古迹，感叹"人事有代谢，往来成古今"；或曲径通幽，看禅房花木；或仗剑负笈，奔走大江南北；或"征帆一片绕蓬壶"，东渡扶桑；或不惮险远，西行求法，游学异域……唐朝人的四海壮游，大大开拓了中国人的自然意趣、空间视域和对世界的观念。

汉唐时期的人们无论是足迹遍于五湖四海的壮游，或是迫于生计在崇山峻岭中的奔波，都是人们了解自己生存的自然环境、认识世界和自然空间的最佳途径。在长期的山河之旅中，每当人们行道迟迟，载渴载饥，忽然发现一眼淙淙流出的山泉，一片繁茂的山林，一处干燥宽敞的山洞的时候。或者，当他们朝行暮止，风餐露宿，目睹日出而林霏开，云归而岩穴暝，野芳发而幽香，佳木秀而繁阴，山高月小，水落石出的时候，他们紧张不堪的肌肉会得到一定的调节和松弛，疲乏劳累的身心会得到一定的满足和快感，由此而生的愉悦，欣喜的感情也就常常通过他们的手舞足蹈，欢呼呐喊而形诸声色。久而久之，他们在寻找新的宿营地和新的生活区的道路上便自然而然地产生了一种乐山乐水的审美情趣和生活态度。

另外，在长期的山河之旅和生活空间的拓展中，古人在获得繁衍生息的安身立命之所的同时，也会发现诸多不同地域的风土文化。汉唐风土记

---

① 《太平御览》卷54《地部·穴》，第164页。
② （唐）欧阳询撰，汪绍楹点校：《艺文类聚》卷86《果部·桃》，上海古籍出版社1965年版，第1469页。

中对这种异域风土的记述很多，如《郡国志》记载："九疑山有九峰：一曰丹朱峰；二曰石城峰；三曰楼溪峰，形如楼；四曰娥皇峰，峰下有舜池，池傍春月百鸟生卵，人取之则迷路，致本处可得还；五曰舜源峰，此峰最高，上多紫兰；六曰女英峰，舜墓于此峰下；七曰箫韶峰，峰下即象耕鸟耘之处；八曰纪峰，马明生遇安期生授金液神丹之处；九曰纪林峰。周义山，字秀通，开石函得《李山经》，读之得仙也。有九水，七则流归岭北，二则翻注广南。"① 又云："望之数百里内，夏恒积雪，故彼人语曰：'纥真山头凉死雀，何不飞去生处乐？'又有神泉，人歌曰：'纥真山头有神井，入地千尺绝骨冷。'是山北十里，有白登山。"② 《周地图记》记载："（陇山）其山高处可三四里，登山东望秦州可五百里，目极泯然，墟宇桑梓与云霞一色。其上有悬溜吐于山中为澄潭，名曰万石潭，流溢散下皆注于渭。东人西役，升此而顾，莫不悲思，其歌云：'陇头泉水，流离四下。念我行役，飘然旷野。登高望远，涕零双堕。'是此山也。"③ 《沙洲记》记载："自龙涸至大浸川一千九百里，昼肃肃，常有风寒。七月，雨便是雪，遥望四山，皓然皆白。"④《投荒录》所载："岭南方盛夏，率一日十余阴十余霁。虽大雨倾注，顷即赫日，已复骤雨。大凡岭表夏之炎热，甚于北土，且以时热多又蒸郁，此为甚恶。自三月至九月皆蒸热。"⑤ 这就是对新认识风土感受的典型。

还有，在跋涉山川、探险绝域的过程中，人们也总能够接触和感受到千变万化的自然现象，如电闪雷鸣、地震海啸，乃至不同平常的嘉禾瑞草、麒麟异兽。在对奇异自然现象和风物的记载方面，如盛弘之《荆州记》曰："衡山有三峰：其一名紫盖，每见有双白鹤回翔其上；一峰名石菌，下有石室，寻山径，闻室中有讽诵声；一曰芙蓉，上有泉水飞流，如舒一幅白练。"⑥《岭表录异》曰："南中夏秋多恶风，彼人谓之飓（《南越志》云：风起则人心恐惧。或云，风来则四面具足。二义皆有理也），坏屋折树，不足喻也，甚则吹屋瓦如飞蝶。或三二年不一风，或二年两三

---

① 《太平御览》卷41《地部·九疑山》，第198页。
② 《太平御览》卷45《地部·河北诸山·纥真山》，第216页。
③ 《太平御览》卷50《地部·陇塞及海外诸山·陇山》，第243页。
④ 《太平御览》卷12《天部·雪》，第39页。
⑤ 《太平御览》卷22《时序部·夏》，第106页。
⑥ 《太平御览》卷39《地部·恒山》，第188页。

风,亦系廉帅政德之否臧者。然发则自午及酉,夜半必止,此乃'飘风不终朝'之义也。"① 对于这些带有无限神秘色彩的自然万象,他们不能理解却很想理解,不能解释却必须解释,因而滋生、培养了种种神秘的自然观念,逐渐形成了万物有灵的自然崇拜。一座兀山、一块怪石、一条山涧、一湾湖泊,在古人的眼里,都会成为能出云,为风雨,现怪物,皆为神的信条,一些雄伟险峻,高不可及的山峰,也会被他们看作登天的梯子或撑天的柱子。如《山海经·海内经》的一则神话说"华山青水之东"的"肇山"是神人"上下于此,至于天"的通道。《楚辞·天问》的一则神话说地上的八座大山是顶天立地的八根"天柱"。而神话中最负盛名的"昆仑山",原始人虔诚地相信,登上它,可以"不死",可以"使风雨",可以"上天"为神。这些看似幼稚的念头,未必不是古代民间信仰和宗教观念的滥觞。正是在这样的行旅和思虑过程中,古人的地理方位逐步明确,地理视野逐步扩大;丈量世界大小,摸索世界形状的好奇心愈来愈浓。也许可以这样说,人类正是在发现自然的过程中成就了自我,在发现地理的过程中孕育了人文,创造了历史和文化。

### (二)社会万象:汉唐风土记中的社会空间举隅

汉唐风土记中,除了对自然空间的记载外,更多的是对社会空间,即与人们的日常生活密切相关的居住、经济和民俗空间的记述。其中,居住空间是由人们的建筑、苑囿、亭驿等构成的生活场所;经济空间是人们从事生产、交换和商贸活动的社会场所;民俗空间是人们从事民俗节庆活动和家庭祭祀的特殊场所。居住空间、经济空间和民俗空间构成了汉唐风土记反映的社会空间的三种主要类别。这反映了汉唐风土记关注生活,侧重从社会的角度呈现风土文化的特征。

汉唐时期的人们对社会空间的呈现,首先是从自己的居住空间开始的。汉唐时期的居住空间,主要由普通民众的闾里坊巷和王公贵族的高门府邸等建筑空间构成。

《洛阳伽蓝记》里的一则史料曾经对北魏时期洛阳闻义里的历史沿革、居民类型、文化氛围有十分形象的记载,可称为一个具体而微的北魏闾里志:"洛阳城东北有上商里,殷之顽民所居处也,高祖名闻义里。迁

---

① 《太平御览》卷22《时序部·夏》,第106页。

京之始，朝士住其中，迭相几刺，竟皆去之。惟有造瓦者止其内，京师瓦器出焉。世人歌曰：'洛城东北上商里，殷之顽民昔所止。今日百姓造瓮子，人皆弃去住者耻。'唯冠军将军郭文远游憩其中，堂宇园林，匹于邦君。时陇西李元谦乐双声语，常经文远宅前过，见其门阀华美，乃曰：'是谁第宅过佳？'婢春风出曰：'郭冠军家。'元谦曰：'凡婢双声。'春风曰：'伫奴谩骂。'元谦服婢之能，于是京邑翕然传之。"① 在这个闾里里，原先皆是朝士即高级士大夫们居住，后来因造瓦匠们的聚集，官僚士大夫们不愿与之为伍，纷纷迁离，但唯独冠军将军郭文远依然居住于此，而且他高贵风雅，甚至连他的奴婢都懂得叠韵双声这样刚刚从南方传入北方的文学技巧和声韵现象，主人的文学修养之卓然不群，由此可见一斑。通过这样的记载，一幅北朝闾里民生百态图自然就活灵活现地呈现于读者面前。

类似这样的闾里，洛阳还有很多。汉唐风土记的记载也很丰富。《晋宫阁名》记载说："洛阳城中诸里：年和里、宜寿里、永年里、宜都里、太学里、富储里、德官里、大雅里、孝敬里、永安里、安城里、左池里、东台里、安民里、延寿里、日中里、步广里、西国里、东半里、谷阳里、北恢里、安武里、孝西里、太始里、光林里、石市里、宜秋里、葛西里、西河里、宣赐里、延嘉里、攸阳里、南孝里、中恢里、宜年里、渭阳里、利民里、西乐里、北溪里、西义里、东统里、宜都里、石羊里、中安里、右池里。"② 潘岳《西征赋》也记载说："所谓尚冠、修城、河棘、宣明、建阳、昌阴、北焕、南平，皆夷漫涤荡，亡其处而有其名。注云：皆里名也。"③ 与里相联系的则有坊，《汉宫阁名》记载："洛阳故北宫有九子坊。"《晋宫阁名》记载："洛阳宫有显昌坊、修城坊、绥福坊、延禄坊、休征坊、承庆坊、桂芬坊、椒房坊、舒兰坊、艺文坊。"④

闾里是汉唐城市中民众生活的基本空间，有着特殊的建制和特点。闾里在一些文学作品中又称廛里、廛闾、闾阎、里巷，闾里是最常见的称呼，而到了隋唐时期，里坊又成为比较常见的称呼。《通典·食货典》在

---

① （北魏）杨衒之：《洛阳伽蓝记》卷5《城北》。
② 《太平御览》卷157《州郡部·里》，第765页。
③ 《太平御览》卷157《州郡部·里》，第765页。
④ 《太平御览》卷157《州郡部·里》，第766页。

解释"以廛里任国中之地"时说:"廛里者,若今云邑居里矣。廛,民居之区域也。里,居也。"① 又南齐颜延年《赠王太常》诗有"林间时晏开,亟回长者辙"句,李善注云:"郑玄周礼注云:闾,里门也。汉书,淮南王曰:早闭晏开。"② 闾里街巷之中,错落分部的则是平民和达官贵人们的房屋和宅第。《文选》中陆士衡的《君子有所思行》有"廛里一何盛,街巷纷漠漠。甲第崇高闼,洞房结阿阁"。李善注引《汉书音义》说:"有甲乙次第,故曰甲第。"③ 而《初学记》卷24所载《魏王奏事》则认为:"宅亦曰第,言有甲乙之次第也。一曰,出不由里门,面大道者名曰第。爵虽列侯,食邑不满万户,不得作第。其舍在里中,皆不称第。"④ 巷则是指里中的街道,⑤ 其门为闳。左思《魏都赋》说:"玮丰楼之闲闳,起建安而首立。"李善解释:"春秋左传曰:高其闬闳,缮完葺墙,以待宾客。……尔雅曰:闳,巷门也。一曰:闳,门中所从出也。"⑥ 综合以上资料可知,闾里为居民居住区。但是城市内的闾里又有特别的建制和特点,就是有里门和中门,而里门的开闭又有一定的时间规定。生活在普通闾里中的多是平民百姓,⑦ 王公贵族的高门甲第即使是邻民居而建,其府门也是朝向大街,不由里门出入的。当然,也有的里是吏民杂居的,例如《文选》所载左思《吴都赋》"长干延属,飞甍舛互"句,李善注就说:"建业南五里有山岗,其间平地,吏民杂居。东长干中有大长干、小长干,皆相连。大长干在越城东,小长干在越城西,地有长

---

① (唐)杜佑:《通典》卷一《食货典·田制·周代田制》,中华书局1988年版,第5页。
② 《文选》卷26之颜延年《赠王太常》诗李善注,第367页。
③ 《文选》卷28之陆士衡《君子有所思行》诗李善注,第397页。
④ 《初学记》卷24《居处部·宅第》,第578—579页。《后汉书·曹节传》可以为这种说法提供一个很好的例证。曹节等宦官们在诛杀陈蕃、武和尹勋等后,"因共割裂城社,自相封赏。父子兄弟被蒙尊荣,素所亲厚布在州郡,或登九列,或据三司。不惟禄重位尊之责,而苟营私门,多蓄财货,缮修第舍,连里竟巷"。(第2526页)
⑤ 《辞源》,商务印书馆1998年版,第523页。
⑥ 《文选》卷6左太冲《魏都赋》李善注,第102页。
⑦ 在闾里中生活的多为普通百姓,这一点可以有多种史料为证。除正文中所援引的例证外,《汉书·景帝纪》也提供了能够说明这个问题的一条重要史料。其载五月诏说:"夫吏者,民之师也,车驾衣服宜称。吏六百石以上,皆长吏也,亡度者或不吏服,出入闾里,与民亡异。令长吏二千石车朱两轓,千石至六百石朱左轓。车骑从者不称其官衣服,下吏出入闾巷亡吏体者,二千石上其官属,三辅举不如法令者,皆上丞相御史请之。"这条史料告诉我们,如果官吏不着官服而出入闾里,简直和百姓无异,正说明普通闾里所居,通常是没有官吏的。

短，故号大、小相干。"① 文中所说大长干和小长干巷就是吏民杂居的。

另外，高级官吏居住的区域，有的也集中于某些里中，这样的城市高级住宅区，被称为"贵里"，也叫作"戚里"。如《三辅黄图》记载，西汉长安闾里即有"宣明、建阳、昌阴、尚冠、修成、黄棘、北焕、南平、大昌、陵里、戚里"②。此处记载的戚里就是贵族居住区。③ 盛弘之《荆州记》记载："襄阳郡砚首山南至宜城百余里，其间雕墙峻宇，闾阎填列。汉宣帝末，其中有卿士、刺史、二千石数十家，珠轩骈辉，华盖连延，掩映于大太庙下。荆州刺史行部见之，雅叹其盛，敕号太上庙，道为冠盖里。"④ 这更是贵族居住区的写照。又《文选》所载左思《魏都赋》也说魏都邺城"其间阎则长寿吉阳，永平思忠。亦有戚里，宸宫之东。闼出长者，巷苞诸公。都护之堂，殿居绮窗。舆骑朝猥，蹀敞其中"。对所谓的长寿、吉阳这样的"戚里"，李善解释说："长寿、吉阳二里在宫东，中当石窦。吉阳南入，长寿北入，皆贵里。"⑤ 而左思《吴都赋》里所记载的毗邻诸长干巷的"横塘查（浦）下"一带，也是"其居则高门鼎贵，魁岸豪杰，虞魏之昆，顾陆之裔"⑥ 的世家贵族的聚居之处。另外，北魏时期，京邑内规模较大的里坊，也多是豪门贵族的居住区。如《魏书·甄琛传》说："京邑诸坊，大者或千户、五百户，其中皆王公卿尹，贵势姻戚，豪猾仆隶，荫养奸徒，高门邃宇，不可干问。"⑦ 北魏都城洛阳之中更不乏这样的贵里，如《洛阳伽蓝记》在讲到修梵寺时就说"（修梵）寺北有永和里。……里中太傅录尚书长孙稚、尚书右仆射郭祚、吏部尚书邢峦、廷尉卿元洪超、卫尉卿许伯桃、梁州刺史尉成兴等六宅，皆高门华屋。斋馆敞丽、楸槐荫途、桐杨爽植、当世名为贵里。"⑧ 隋唐时期的里坊制度更加完备，散布于各个里坊中的贵族们的深宅大院闻名京师。韦述《两京记》："东京宜人坊，其半本隋齐王暕宅。炀帝爱子，初

---

① 《文选》卷5左思《吴都赋》李善注，第88页。
② 陈直：《三辅黄图校证》，陕西人民出版社1980年版，第32页。
③ 《汉书·石奋传》所载石奋因其姊受到刘邦的宠爱而跻身贵族阶层，得以徙居长安中戚里，就是汉代长安的戚里是贵族居住区的明证。见《汉书》卷46《石奋传》，第2193页。
④ 《太平御览》卷168《州郡部·山南道下·襄州》，第820页。
⑤ 《文选》卷6左思《魏都赋》李善注，第102页。
⑥ 《文选》卷5左思《吴都赋》，第88页。
⑦ 《魏书》卷73《甄琛传》，第1514页。
⑧ 《洛阳伽蓝记校注》卷1《城内·修梵寺》，第60页。

欲尽坊为宅，帝问宇文恺曰：'里名为何？'恺曰：'里名宜人。'帝曰：'既号宜人，奈何无人，可以半为王宅？'"又记载说："仁和坊，兵部侍郎许钦明宅。钦明，户部尚书圉师犹子，与中书令郝处俊乡党亲族。两家子弟类多丑陋，而盛饰车马，以游里巷。京洛为之语曰：'衣裳好仪观恶，不姓许即姓郝！'""崇仁坊西南隅，长宁公主宅。既承恩，盛加雕饰，朱楼绮阁，一时胜绝。又有山池别院，山谷亏蔽，势若自然。中宗及韦庶人数游于此第，留连弥日，赋诗饮宴，上官昭容操翰于亭子柱上写之。韦氏败，公主随夫为外官，初欲出卖，木石当二千万，山池别馆，仍不为数。遂奏为观，以中宗号为名。词人名士，竞入游赏。"① 虽然戚里的数量在一个城市中并没有多少，但却是贵族和衣冠人物的居住区，这些人的文化水平很高。然而，无论是哪种里，无论其中居住的是贵族还是平民，居住在同一里中的人们，都很容易形成一个相对封闭的社会聚落。生活、栖息于同一里中的人们的生产、生活的联系和文化、信息的交流，十分紧密和便利。

如果扩大考察的视野，我们还会进一步发现，汉唐时期作为民众聚落的闾里，在城市布局中并非单独集中于一起，而是和官府衙门和贸易市坊交错分布在一起的。班固《西都赋》即说西汉长安："披三条之广路，立十二之通门。内则街衢洞达，闾阎且千。九市开场，货别隧分。人不得顾，车不得旋。阛城溢郭，旁流百廛。"李善注云："汉宫阙疏曰：长安立九市，其六市在道西，三市在道东。"② 虽然史籍中对长安闾里位置的分布语焉不详，但文献中常把汉代的里与市连称，它们都是民众日常居住和活动的场所。按照史籍记载和考古发掘，它们应该是分布在纵横交错的街道所分割开的一块块城市区域内，与朝廷官署和贵族府第是连在一起的。张衡《西京赋》所说的"街衢相经，廛里端直，甍宇齐平"③，大概就反映出了这种状况。而据史料所言，曹魏邺城闾里则明确是与官府署寺杂处在一起的。比如《文选·魏都赋》就说邺城："内则街冲辐辏，朱阙结隅。石杠飞梁，出控漳渠。疏通沟以滨路，罗青槐以荫涂。……设官分

---

① 《太平御览》卷180《居处部·宅》，第878—879页。
② 《文选》卷1班固《西都赋》，第23页。
③ 《文选》卷2张衡《西京赋》，第42页。

职，营处署居。夹之以府寺，班之以里闬。"① 这一点也已经为考古发现所证实。考古发现表明，曹魏邺北城的里坊区划并不规整，面积大小也不一样，错落分布于城市中轴街的两侧。② 又据《洛阳伽蓝记》的记载，北魏时期洛阳的闾里虽然分布较为整齐，但洛阳的里坊也不是集中于一处一地的，而是与官署交错杂处分布的。另外，据王维坤的研究，六朝建康城的里坊分布情况也是与北魏洛阳城的里坊排列相似的。③

汉唐时期封闭式的闾里结构，使得居住其中的民众生活和社会联系特别紧密，从而可以在以闾里聚落为中心的民众居住区域形成特别的文化氛围和社会习俗。《鹖冠子·王鈇篇》说同里之人"少则同侪，长则同友，游敖同品，祭祀同福，死生同受，祸灾同忧，居处同乐，行作同和，吊贺同杂，哭泣同哀"④。虽然不无夸张之处，却也基本反映出同一闾里中人们的生活特点，即闾里虽然是一个相对封闭的生活聚落，但是其中的民众却联系异常紧密，拥有共同的娱乐、祭祀等公共活动，几乎可以说是祸福相与、休戚与共，生活和文化的交流是很频繁的。

城乡闾里中的民众有很多的公共社会生活，这主要表现在社⑤日祭祀、祈雨等公众活动方面。社日是汉唐时期富有传统气息的节日，汉代以后一般每年都有春、秋二社（汉以前只有春社，在每年的春二月举行⑥），

---

① 《文选》卷6左思《魏都赋》李善注，第102页。李善对这种城市格局解释说："当司马门南出，道西最北东向相国府，第二南行御史大夫府，第三少府卿寺。道东最北奉常寺，次南大农寺，出东掖门正东。道南西头太仆卿寺，次中尉寺，出东掖门，宫东北行北城下，东入大理寺。宫内大社西郎中令府。城南有五营。"

② 见中国社会科学院考古研究所、河北省文物研究所邺城考古工作队《河北临漳邺北城遗址勘探发掘简报》，《考古》1990年第7期。

③ 王维坤：《试论中国古代都城的构造与里坊制的起源》，《中国历史地理论丛》1999年第1期。

④ 黄怀信：《鹖冠子汇校集注》，中华书局2004年版，第199页。

⑤ 汉唐时期的社通常可以分为官社和里社两种，官社主要指王社、诸侯之社和大夫之社等统治阶层所立之社，而里社则是民众所立之社。如《礼记·祭法》说："王为群姓立社，曰大社。王自为立社，曰王社。诸侯为百姓立社，曰国社。诸侯自为立社，曰侯社。大夫以下成群立社，曰置社。"关于里社《礼记正义·郊特牲》又说："《祭法》云：'大夫以下，成群立社曰置社。'注云：'大夫不得特立社，与民族居，百家以上则共立一社。今时里社是也。'如郑此言，周之政法，百家以上得立社，其秦汉以来，虽非大夫，民二十五家以上则得立社，故云今之里社。又《郑志》云：《月令》命民社谓秦社也。自秦以下，民始得立社也。"

⑥ 如《史记·封禅书》记载："高祖十年春，有司请令县常以春二月及时腊祠社稷以羊豕，民里社各自财以祠。"（第1380页）

分别在每年立春和立秋后的第五个戊日举行。

《荆楚岁时记》记载说:"社日,四邻并结宗会社,牲醪(一作宰牲牢),为屋于树下,先祭神,然后享其胙。按:郑氏云:'百家共一社。'今百家所立社宗,即共立之社也。"① 从这条资料的"四邻""百家"等字眼来看,每一社的参加者,恰恰是一闾里内居住的民众。因此民间百姓所立的社又叫作里社。《史记索隐》:"诸侯已下至士大夫得祭社,故《礼》云'大夫成群立社曰置社',亦曰里社也。"② 认为士大夫所立之社才叫作里社,这是不确的。即以汉代的情况而论,刘邦、陈平都有祈祷或参加里社活动的记录③,如《陈留风俗传》记载:"东昏县者卫地,故阳武之户牖乡也,汉相陈平家焉。少为社下宰,令民祀其社。"④ 而当时他们都是平民,其参加的里社自然应该是民社。另外,民间还有所谓的私社,在每年的三月九日举行。⑤ 在社日里,百姓们不仅自己凑钱买祭品献祭⑥,还要举行一定的仪式和活动,祈求土地神的保佑,最后分享祭品而散。社祭本属于国家正祀的范畴,但在民间流行日久,就逐渐成为一项男女都参加的含有公共娱乐性质的民间节日活动。如《三国志》记载:董卓"尝遣军到阳城。时适二月社,民各在其社下,悉就断其男子头,驾其车牛,载其妇女财物,以所断头系车辕轴,连轸而还洛,云攻

---

① (南朝梁)宗懔著,(隋)杜公瞻注:《荆楚岁时记》,(清)陈运溶麓山精舍丛书辑本,后同。

② 《史记》卷23《礼书》,中华书局1959年版,第1168页。

③ 《史记·高祖本纪》载:"高祖初起,祷丰枌榆社。"《史记集解》引张晏曰:"枌,白榆也。社在丰东北十五里。或曰枌榆,乡名,高祖里社也。"(第1378页)又《史记·陈平列传》载:"里中社,平为宰,分肉食甚均。"索隐曰:"其里名库上里。……陈平由此社宰,遂相高祖也。"第2052页。另外,关于刘邦家乡枌榆社的民间性质,《西京杂记》卷2《作新丰移旧社》言之甚详:"太上皇徙长安,居深宫,凄怆不乐。高祖窃因左右问其故,以平生所好,皆屠贩少年,酤酒卖饼,斗鸡蹴踘,以此为欢,今皆无此,故以不乐。高祖乃作新丰,移诸故人实之,太上皇乃悦。故新丰多无赖,无衣冠子弟故也。高祖少时,常祭枌榆之社。及移新丰,亦还立焉。高帝既作新丰,并移旧社。衢巷栋宇,物色惟旧。士女老幼,相携路首,各知其室。放犬羊鸡鸭于通涂,亦竟识其家。"(见《汉魏六朝笔记小说大观》,上海古籍出版社1999年版,第88—89页)或并非尽出于虚饰或伪托。

④ 《太平御览》卷532《礼仪部·社稷》,第2416页。

⑤ 《汉书·五行志》记载:"建昭五年,兖州刺史浩赏禁民所自立社。"颜师古注引张晏曰:"民间三月九日又社,号曰私社。"(第1413页)

⑥ 《汉书·食货志》罗列汉代一个五口之家农户的收支状况,其中就包含着"社间尝新春秋之祠,用钱三百"的固定开支。(第1125页)

贼大获"①。这条资料就反映了汉魏之际民众社日活动的一个侧影。

社一般都有社树和社神，由此构成一个位置相对固定，祭拜主题相对鲜明的社会公共空间。《荆州记》记载："叶县东百步有县故城，西南四里名伍佰村，有白榆连李树，异株合条，高四丈余。士民奉以为社。"②张华《朽社赋》则曰："高柏桥南大道旁，有古社槐树，盖数百年木也。余少居近之，后去。行路过之，则已朽株。意有缅然，聊为之言衰盛之理。"卞敬宗《栎社序赞》则记载："余门前有一社树，盘根疏柯，似非近世所植。抗秀路左，流阴庭宇。庄周喻道于商丘之木，匠石辨才于曲辕之栎。由斯而观，固可以悟微矣。"③社树的存在，既为村社提供了标志物，也为作为社会公共空间的村社划定了大体的范围。一般的里社都有社神，社神既具有保佑一方平安的功能，还是民间道德体系和乡村社会秩序的维护者。如应璩《与阴夏书》记载："从田来，见南野之中有徒步之士。怪而问之，乃知郎君顷有微疴，告祠社神，将以祈福。闻之怅然以增叹息，灵社高树，能有灵应哉？"④《述异记》记载："庾邈与女子郭凝通，诣社，约不二心，俱不婚娉。经二年，凝忽暴亡。邈出见凝，云：'前北村还，遇强梁，抽刀见逼，惧死，从之，不能守节。为社神所责，心痛而绝。'人鬼异路。因下泣衿之也。"⑤民间的社事一般都是围绕着社祭展开，其中寄寓了汉唐时期民众敦睦宗族、淳朴乡风的朴素愿望。殷仲堪《合社文》就很好地说明了这一点："夫社之为祀远哉，故大夫以成群斯祷。里社之兴，由来尚矣。自丧乱流迁，旧俗隳废。今二三宗亲，思桑梓之遗风，遵先圣之明诰，洁齐牲牢。庶乎自佑以来，一日之泽。然三人之行，必有其师，故复选中正，立三老者。惟公理以御众，稽旧章以作宪。"⑥

另外，民间的祈雨和贺嘉雨活动，也是汉唐民间里社的重要公共活动之一。在《后汉书·礼仪志》里，即有汉代祈雨活动的记载⑦，这种祈雨

---

① 《三国志》卷6《魏书·董卓传》，中华书局1959年版，第174页。
② 《太平御览》卷532《礼仪部·社稷》，第2416页。
③ 同上书，第2416—2417页。
④ 同上书，第2417页。
⑤ 同上书，第2416页。
⑥ 同上书，第2417页。
⑦ 《后汉书》卷95《礼仪志中·请雨条》注，中华书局1965年版，第3117页。文繁不引。

活动一年四季都有举行。其内容主要有祷祝、跪拜、舞龙，同时辅以民间每家单独的祷祝活动。民间祈雨的参加者几乎包括了乡老、里正和普通民众等民间社会的所有成员，甚至妇女和儿童也能够参加。而且，从"凿社通之于闾外之沟""县邑一徙市于邑南门之外"等记载来看，祈雨虽然是整个城邑的集体活动，但闾里却是这种活动的基本组织单位。下雨之后，还有同等规模的以"聚会歌舞"为主要内容的贺嘉雨活动。《荆楚岁时记》就记载说："六月，必有三时雨，田家以为甘泽，邑里相贺曰贺嘉雨。"① 另外，与求雨活动相对应地，如果在某个季节雨水过多，有发生涝灾之虞，民间还会举行止雨活动。这个活动与求雨活动相似，但不同的是止雨活动中"鼓而无歌"②，这倒恰恰可以反证出祈雨活动中是有歌舞表演的。总之，汉唐时期的祈雨，包含着民众聚会歌舞活动的内容，其民间性质十分明显，同时也是闾里集体活动的重要内容。

除了"社"这一标志性民众公共社会空间外，汉唐时期的重要标志性社会空间还有井。《释名》："井，清也；泉之清洁者也。"《风俗通》云："井者，法也，节也；言法制居人，令节其饮食，无穷竭也。久不滞渫，涤为井泥。不停污曰井渫。涤井曰浚井。水清曰洌井。"③ 据此可知，井因为民众提供为生活所必需的水资源，因而是任何居住区所必不可少的设施，甚至连井本身也成为乡村或城市建制的一部分。《墨子》云："二舍共一井。"《说文》云："八家一井。"④《易》曰："改邑不改井，无丧无得。往来井井。"⑤ 总之，无论是多大规模的居住区，井都是必不可少的。井是公众取水的地区，人们日日聚会于此，因汲水而交流沟通，也是缔结民间社会关系的重要途径。《高士传》载："管宁所居井，会汲者，或男女杂错，或争井斗。宁乃多买器，分置井傍，汲以待之。"⑥ 宋王玄

---

① 如《周书·于翼传》记载说："建德二年（573），（于翼）出为安随等六州五防诸军事、安州总管。时属大旱，涢水绝流。旧俗，每逢亢阳，祷白兆山祈雨。高祖先禁群祀，山庙已除。翼遣主簿祭之，即日澍雨沾洽，岁遂有年。民庶感之，聚会歌舞，颂翼之德。"（《周书》卷30《于翼传》，第525页）
② 参见董仲舒《春秋繁露》卷16《止雨篇》，《汉魏丛书》，第142—143页。
③ 《太平御览》卷189《居处部·井》，第914页。
④ （汉）许慎撰，（清）段玉裁注：《说文解字注·井部·井》，上海古籍出版社1988年版，第216页。
⑤ 《太平御览》卷189《居处部·井》，第914页。
⑥ 同上书，第915页。

谟《寿阳记》则记载:"明义井,三伏之日,炎暑赫曦,男女行来,其气短急,望见义井,则喜不可言。未至而忧,既至而乐,号为欢乐井。"① 当然,也有不凿井而用泉水代替井水的,《荆州记》就记载:"菊花源傍悉生芳菊,被径浸潭,流其滋液,水极芳馨。谷中有三十余家,不穿井,仰饮此水,上寿二三百,中寿百余,其七八十者,犹不为寿。夫菊能轻身益气,令人久寿,于此有征矣。又后汉胡广,字伯始,为侍中,久患风羸,南归饮此水,遂瘳焉。"② 但是不能不说,这则史料里的菊花源就其功能而言,其实也是一口特殊的水井。

人们因井水而生息,围绕井而居住,井竟成为人们共同的生命之源,栖息之所,因而许多民间传说和乡里文化也由井而生发。《洞冥记》则记载:"珠甜水去虞渊八十里,有甜溪水如蜜。东方朔游此水,还,将数斛以献帝。帝投阴井,井里遂恒甜而寒,洗肉肌理柔滑。瑶琨去玉门九万里,有碧草如麦,锉之以酿,则味如酒而验烈,看之则颜色如醉,饮一合则三旬不醒,啜甜水则随饮随醒。"又曰:"长安东七百里有云山,山头有井,云从中出,若土德王则黄云出,火德王则赤云出,水德王则黑云出,金德王则白云出,木德王则青云出。"③ 盛弘之《荆州记》记载:"随郡北界有庙乡,村南有重山,山下有一村,父老相传,云是神农所生村。西有重堑,内周回一顷二十亩,地中有九井。相传神农既育,九井自穿。又云:汲一井则众井水动。则以地为神农社,年常祀之。"④《羊头山记》记载说:"雍丘县有神井,兴雾雹,享祭不辍。"⑤ 在汉唐民众心目中,井不仅是化育生命的源泉,而且是具有神力、享受民众献祭的特殊建筑。因此,对井的祭祀也成为汉唐民众常见的民间祭祀之一。《礼记》就说:"井与门、户、灶、中霤为五祀。"⑥ 市井也因此成为基层社会空间的

---

① 《太平御览》卷31《时序部·伏日》,第148页。
② 《太平御览》卷63《地部·河南诸水·菊花源》,第299页。
③ 《太平御览》卷189《居处部·井》,第917页。
④ 同上书,第916页。
⑤ 同上书,第917页。
⑥ 同上书,第914页。按井为五祀之一的说法,不见于《礼记》。据《礼记·祭法》所讲"五祀"为:"王为群姓立七祀,曰司命,曰中霤,曰国门,曰国行,曰泰厉,曰户,曰灶。王自为立七祀。诸侯为国立五祀,曰司命,曰中霤,曰国门,曰国行,曰公厉。诸侯自为立五祀。大夫立三祀,曰族厉,曰门,曰行。适士立二祀,曰门,曰行。庶士、庶人,立一祀,或立户或立灶。"

代名词。比如，《风俗通》就说："俗言市井者，言至市鬻卖，当须于井上洗濯，令物鲜洁，然后市。案二十亩为一井，今因井为市。"① 由此也可见井作为公共社会空间得到汉唐民众的普遍认可。

由以上分析可以看出，闾里村巷等社会空间不仅是汉唐时期城乡民众居住生活的场所，它们还往往是民众活动的基本舞台。正是在这些基本社会空间和公共活动中，生活在城乡闾里的汉唐民众才能够增加日常生活中的人际交往、社会联系和信息交流，从而使得不同闾里、乡村构成一个范围广大的社会。

经济空间是人们为了生存而展开的农业、手工业生产和进行物资、商品交换的空间。对这一特殊社会空间，汉唐风土记也有所涉及。

中国古代的农业生产要在土地里进行，但中国地大物博，土地种类繁多。汉唐风土记著作以南朝和隋唐时期为多，而隋唐时期，江南地区是中国最重要的农业产地和经济中心。故而，汉唐风土记对江南地区的水田及农业水利设施记载较多，特别是江南地区的湖泊、塘、埭更有特色。《会稽记》记载："汉顺帝永和五年，会稽太守马臻创立镜湖，在会稽、山阴两县界，筑塘蓄水高丈余，田又高海丈余，若水少则泄湖灌田，如水多则开湖泄田中水入海，所以无凶年，堤塘周回三百一十里，溉田九千余顷。"②《吴录》记载："句容县，大皇时，使陈勋凿开水道，立十二埭以通吴会诸郡，故船行不复由京口。"《述征记》记载："秦梁埭到召伯埭二十里，召伯埭至三枚埭十五里，三枚埭到镜梁埭十五里。"③ 刘道真《钱塘记》又记载："防海大塘在县东，去邑一里，往时郡议曹华家信富，乃议立此塘以防海水。始开，募有能运土石一斛，即与钱一升。旬日之间，来者云集，塘未成而谲不复取，于是载土石者弃置而去，塘以之成，既遏绝潮源，一境蒙利也。"④《舆地志》曰："梁昭明太子以其水出鱼美，故名其水为贵池。又曰：梁大同二年，置石埭。因贵池源有两小石埭堰溪水，遂以为名。"⑤ 当然，水利设施不仅江南地区有，北方地区因干旱则更为需要，只不过汉唐风土记中对此反映较少。《邺中记》记载："当魏

---

① 《太平御览》卷191《居处部·市》，第924页。
② 《太平御览》卷66《地部·湖》，第315页。
③ 《太平御览》卷73《地部·埭》，第344页。
④ 《太平御览》卷74《地部·塘》，第346页。
⑤ 《太平御览》卷170《州郡部·江南道·池州》，第827页。

文侯时，西门豹为邺令，堰引漳水激邺以富魏之河南，后史起为邺令，引郭水十二渠灌溉于魏田数百顷，魏益丰实，后废堰田荒。魏时更修通天井堰，邺城西南漳水十八里中细流东注，邺城南二十里中作二十堰。"① 上述记载，或因湖而围塘，或立埭而通航，或因池而养鱼，总之，这些大型的水利设施及其围圈而成的农田空间，都是进行农业生产的重要场所，农民生活的经济空间。

中国古代更重要、更常见的经济空间是市场，其在汉唐风土记里称为"市"。《古史考》曰："神农作市。"《世本》："祝融作市。"《说文》则解释说："市，买卖所之也。"② 既然是一个商品交易的场所，它就具有一定的建制和空间特征。《古今注》就说："市，垣也；阓，市门也。"③ 可见，市有墙有门，是一个相对宽阔但又封闭的空间。

早在中国汉代，就发展出了相对完备的市。《汉宫殿疏》记载："交门市（在渭桥北头也）、李里市（在雍门东）、交道亭市（在便桥东）、细柳仓市（在细柳仓）。"④ 又《西京记》记载："东京丰都市东西南北居二坊之地，四面各开三门，邸凡三百一十二，区资货一百行。"⑤《华阳国志》则记载："王长文，字德俊。阳愚，尝绛衣绛帽，牵猪过市乞，人与语伪不闻。常骑牛周游。"⑥ 这两条史料可以让我们初步了解两汉时期市场的发展和建制。又陆机《洛阳记》记载："三市：大市名金市，在大城中；马市在城东；阳市在城南。"山谦之《丹阳记》记载："京师四市：建康大市，孙权所立；建康东市，同时立；建康北市，永安中立；秣陵斗场市，隆安中发乐营人交易，因成市也。"⑦ 这可以看作对南朝时期市场的描述。

隋唐时期的市场更有了长足发展。《西京记》记载："大业六年，诸夷来朝，请入市交易，炀帝许之。于是修饰诸行，葺理邸店，皆使薨宇齐

---

① 《太平御览》卷73《地部·堰》，第344页。
② （汉）许慎撰，（清）段玉裁注：《说文解字注·门部·市》，上海古籍出版社1988年版，第228页。
③ 《太平御览》卷191《居处部·市》，第924页。
④ 《太平御览》卷827《资产部·市》，第3688页。
⑤ 《太平御览》卷191《居处部·市》，第925页。
⑥ 《太平御览》卷827《资产部·市》，第3688页。
⑦ 同上。

正，卑高如一，瑰货充积，人物华盛。时诸行铺，竞崇侈丽，至卖菜者亦以龙须席藉之。夷人有就店饮啖，皆令不取直。胡夷惊视，浸以为常。"又记载："西市，隋曰利人市。市西北隅有海池，长安中僧法成所穿，分永安渠以注之，以为放生之所。穿池得古石，铭云：'百年为市，而后为池。'自置都立市，至是时百余年矣。"① 关于唐代的市，《类编长安志》记载："《庙记》曰：'长安市有九所，各方二百六十六步。六市在道西，三市在道东。四里为一市。凡九市，致九州岛之人。在突门，夹横桥大道。又曰：'旗亭楼，在杜门大道南。'又有当市楼。"② 市是手工业和商业聚集的场所。市的四面各开两门，中间遍布商店，正中有市会办公的官衙。市会负责对整个市进行管理。据文献记载，东市有 220 个行，它聚集四方财货，是繁盛的商业区。西市与东市大体相同，但人口比东市多，也比东市更为繁华。有绢行、装饰品行、大衣行、秤行、果子铺、鞦辔行、药行、金银行等许多行。在市上经商的除唐人外，还有西域波斯等地的人。胡商经营的葡萄酒，当炉胡姬所跳的胡旋舞，颇受长安人称赞。当时，依照规定，中午时击鼓三百下，表示市场活动开始；日落西山时，鸣钲三百下，商店便闭门停止营业。尽管有这些限制，市场还是很活跃。在东西两市，出售同类货物的店铺称为肆，若干肆集中排列在同一区域里，叫作行；堆放货物的货栈叫作邸，邸为外地客商服务，替他们代办批发交易等事宜。仅次于长安的全国最大的市是东京洛阳。东京洛阳的南市，有 120 行，3000 多个肆。唐高宗时，又将临德坊立为北市。

　　汉唐时期的市不仅是商品交易场所，还因大量的奇商异贾、名士豪侠奔走交易其间，故而经常上演着一幕幕传奇故事。《类编长安志》记载："《汉书》：'长安炽盛，街间各有豪侠，万章在城西柳市。'师古曰：'《汉宫阙疏》云：细柳仓有柳市。'《郡国志》曰：'长安大侠万子夏居柳市。司马季主卜于东市。西市在醴泉坊。隋曰利人市。直市在富平津西南十五里，即秦文公所造，物无二值，故以直市为名。'"③ 不仅如此，唐代长安的东西市每逢节庆还举办赛歌会，类似行业公会举办的公益活动。

---

① 《太平御览》卷 191《居处部·市》，第 925 页。
② （元）骆天壤撰，黄永年点校：《类编长安志》卷 4《街市里第》，中华书局 1990 年版，第 127 页。
③ 同上。

第四章　汉唐风土记与中国古代的空间观念　177

《太平广记》就记载了一则荥阳生在长安市场举办的赛歌会上一鸣惊人的故事:"初,二肆之佣凶器者,互争胜负。其东肆车舆皆奇丽,殆不敌。唯哀挽劣焉。其东肆长知生妙绝,乃醵钱二万索顾焉。其党耆旧,共较其所能者,阴教生新声,而相赞和。累旬,人莫知之。其二肆长相谓曰:'我欲各阅所佣之器于天门街,以较优劣。不胜者,罚直五万,以备酒馔之用,可乎?'二肆许诺,乃邀立符契,署以保证,然后阅之。士女大和会,聚至数万。于是里胥告于贼曹,贼曹闻于京尹。四方之士,尽赴趋焉,巷无居人。自旦阅之,及亭午,历举辇舆威仪之具,西肆皆不胜,师有惭色。乃置层榻于南隅,有长髯者,拥铎而进,翊卫数人,于是奋髯扬眉,扼腕顿颡而登,乃歌《白马》之词。恃其夙胜,顾眄左右,旁若无人。齐声赞扬之,自以为独步一时,不可得而屈也。有顷,东肆长于北隅上设连榻,有乌巾少年,左右五六人,秉翣而至,即生也。整衣服,俯仰甚徐,申喉发调,容若不胜。乃歌《薤露》之章,举声清越,响振林木。曲度未终,闻者嘘唏掩泣。西肆长为众所诮,益惭耻,密置所输之直于前,乃潜遁焉。四座愕眙,莫之测也。"①

汉唐时期,每逢重大或喜庆的节日,民间也有集会游乐的习俗。汉唐时期,重要的节日如三月三日的曲水会、五月五日的端午节和盂兰节、九月九日重阳节和十二月八日的腊日,一般都会举行公共活动或集会,这些活动都有民众的大量参与。汉唐时期以村里为单位的有表演活动的节日还有腊日,据《荆楚岁时记》记载:"十二月八日为腊日。谚言:'腊鼓鸣,春草生。'村人并系细腰鼓,戴胡公头,及作金刚力士以逐疫,沐浴转除罪障。"民俗活动也需要场所,民俗活动的场所就是民俗空间,这种空间也可以视为汉唐社会空间的有机组成部分。

汉唐风土记中对民俗空间也略有记载。比如,《荆楚岁时记》记载的三月三日上巳节曲水之会就说:"四民并出江渚池沼间,临清流,为流杯曲水之饮。"②《通典》也记载:"后汉三月上巳,官民皆洁于东流水上,曰洗濯祓除去宿垢疢,为大洁。晋公卿以下,至于庶人,皆禊洛水之侧。东晋元帝又诏罢三日弄具。海西公于钟山立流杯曲水,延百僚。齐以三月

———————
① 《太平广记》卷484《杂传记·李娃传》,中华书局1961年版,第3988页。
② (梁)宗懔:《荆楚岁时记》,《汉魏六朝笔记小说大观》,上海古籍出版社1999年版,第1056页。

三日曲水会,古禊祭也。今相承为百戏之具,雕弄巧饰,增损无常。"[1] 另外,梁简文帝《三日侍皇太子曲水宴》诗序形容曲水之会的盛况时也说:"都人野老,云集雾会。结轸方衢,飞轩照日。"[2] 又如陆翙《邺中记》记载:"华林园中千金堤上,作两铜龙,相向吐水,以注天泉池,通御沟中,三月三日,石季龙及皇后百官临池会赏。"戴延之《西征记》载:"天泉之南,有东西沟,承御沟水,水之北有积石坛。三月三日,御坐流杯之处。"[3] 又《襄沔记》记载:"白马泉,每年刺史三月上旬于此泉起曲水流杯堂,引泉水为祓禊之所,临时构造,事竟毁除。其流杯堂本在垒城西。"[4] 这些都是三月三日上巳节修禊习俗的记载,而邺城的天泉池、襄阳的白马泉,都是古人曲水流觞的活动场所。尽情欢娱的节日出游,把人们从单调的日常生活中解放出来,士庶同游的欢快,也丰富了人们的社会生活。

又周处《风土记》记载:"七月初七日,其夜洒扫于庭,露施几筵,设酒脯时果,散香粉于筵上,以祈河鼓、织女。言此二星辰当会,守夜者咸怀私愿,咸云,见天汉中有弈弈白气,有光耀五色,以此为征应。见者便拜,而愿乞富乞寿,无子乞子,惟得乞一,不得兼求,三年乃得言之,颇有受其祚者。"[5]《舆地志》记载:"齐武帝起层城观,七月七日,宫人多登之穿针,世谓之穿针楼。"[6] 七夕乞巧,也是汉唐时期重要的社会习俗,女孩子乞巧需要一个安静、私密的空间,夜晚的庭院、首都的城观都可以让民间女子和宫女们直接仰观星河,祈福许愿,可以说是最佳的乞巧场所。九月九日登高,也是汉唐时期的重要社会习俗,登高需要山,登高之余的游宴也需要风景秀丽、视野开阔的特殊场所。《临海记》记载:"郡北四十里有湖山,山形平正,可容数百人坐。民俗极重九日,每菊酒之辰,宴会于此山者,常至三四百人。登之见邑屋悉委,江海分明。"[7]

---

[1] (唐)杜佑:《通典》卷55《礼典·礼·沿革·祓禊》,中华书局1988年版,第1553页。

[2] 逯钦立辑:《先秦汉魏晋南北朝诗·梁诗》卷21,中华书局1983年版,第1929页。

[3] 《太平御览》卷30《时序部》,第144页。

[4] 《太平御览》卷176《居处部·堂》。

[5] 《太平御览》卷31《时序部·七月七日》,第149页。

[6] 同上。

[7] 《太平御览》卷32《时序部·九月九日》,第154—155页。

《豫章记》记载："龙沙在郡北带江，沙甚洁白，高峻而陂，有龙形，俗为九日登高处。又曰：郡北龙沙，九月九日所游宴处，其俗皆然也。案南阳郦县有菊水，民居其侧者寿并百二三十岁。汉时刘宽、袁隗尝临此郡，月致三十斛水以自供。"①

### （三）信仰圣地：汉唐风土记中的宗教空间呈现

"宗教空间"的"空间"一词，并非仅仅是几何学上的意义。借助于法国社会学家布迪厄关于"场域"的论述，"宗教空间"是经由各种形式多样的社会关系联结起来的，也可被视为由不同位置之间的客观关系构成的一个网络。"一个场域，可以被定义为在各种位置之间存在的客观关系的一个网络（network），或一个构型（configuration）。"② 显然，中国宗教的活动场所，就可以视为这样一种具有"场域"特征的宗教空间。简而言之，宗教空间，就是指宗教活动场所及在这个场所中建构的各种社会关系。

汉唐时期，既经历了文景之治、元嘉之治和贞观之治的盛世局面，也经历了政治动荡、国家分裂和民族混战的乱世局面，其间，社会的经济基础、政治的生态和结构、制度的演进和创新、民众生活的内容和方式以及文化信仰的更新和发展，都发生了巨大的变革。在这样的历史背景下，汉唐时期，儒学经历了谶纬化、玄学化的过程，佛教、道教和各种民间信仰都获得了空前的发展，特别是佛教的传入及其中国化，道教的改革及其神灵信仰体系的建立，都为汉唐时期的民众提供了多元化的信仰空间。汉唐时期，特别是魏晋南北朝及隋唐时期，佛教寺院遍布南北，道教庙观也有后来居上之势。所谓"南朝四百八十寺，多少楼台烟雨中"，殆非虚语。这里我们根据佛教史籍的记载，对魏晋南北朝佛教的繁荣及寺庙建设的情况略作说明。

东晋时期，名僧释道安宏弘于荆州檀溪寺，一时成为南朝佛教的重镇。当时，上至东晋皇帝，下至重臣、名士，乃至北方前秦统治者苻坚，都与道安深相结纳。史载："四方学士竞往师之。时征西将军桓朗子镇江陵，要安暂往。朱序西镇，复请还襄阳，深相结纳。序每叹曰：'安法师

---

① 《太平御览》卷32《时序部·九月九日》，第153页。
② ［法］布迪厄（Pierre Bourdieu）：《实践与反思》，李猛、李康译，中央编译出版社1998年版，第133—134页。

道学之津梁，澄治之垆肆矣！'安以白马寺狭，乃更立寺名曰檀溪，即清河张殷宅也。大富长者，并加赞助，建塔五层，起房四百。凉州刺史杨弘忠送铜万斤，拟为承露盘。安曰：'露盘已讫，汰公营造，欲回此铜铸像事，可然乎？'忠欣而敬诺。于是众共抽舍，助成佛像。光相丈六，神好明著。每夕放光，彻照堂殿像后。又自行至万山，举邑皆往瞻礼，迁以还寺。安既大愿果成，谓言：'夕死可矣。'符坚遣使送外国金箔倚像，高七尺，又金坐像，结珠弥勒像，金缕绣像，织成像各一张。每讲会法聚，辄罗列尊像，布置幢幡。珠佩迭晖，烟华乱发。"[①] 道安少时的同学竺法汰，也受到东晋君臣的敬重和宠信，缁素皈依者云集："竺法汰，东莞人，少与道安同学。……晋太宗简文皇帝深相敬，重请讲《放光经》。开题大会，帝亲临幸，王侯公卿莫不毕集。汰形解过人，流名四远。开讲之日，黑白观听，士女成群。及谘禀门徒，以次骈席，三吴负袠至者千数。"[②] 梁武帝三次舍身同泰寺，群臣每次都是以钱亿计来赎他，更是对寺院财产的变相赐赠。南朝君主及统治者这样狂热地支持佛教，普通民众对佛教的信仰也达到极端热情的地步。《高僧传·释法悦传》记载了一次萧梁时期民众合力出资铸造佛像的故事："昔宋明皇帝经造丈八金像，四铸不成，于是改为丈四。悦乃与白马寺沙门智靖，率合同缘，欲改造丈八无量寿像，以申厥志。始鸠集金铜，属齐末世道陵迟，复致推斥。至梁初方以事启闻，降敕听许，并助造光趺。材官工巧，随用资给。以梁天监八年（509）五月三日于小庄严寺营铸。匠本量佛身四万斤铜，融泻已竭，尚未至胸。百姓送铜，不可称计。投诸炉冶随铸而模内不满，犹自如先，又驰启闻。敕给功德铜三千斤。台内始就量送，而像处已见。羊车传诏，载铜炉侧。于是飞辅消融，一铸便满。甫尔之间，人车俱失。比台内铜出，方知向之所送，信实灵感。工匠喜踊，道俗称赞。及至开模量度，乃踊成丈九，而光相不差。又有大钱二枚，犹见在衣条，竟不销铄，并莫测其然。寻昔量铜四万，准用有余。后益三千，计阙未满。而祥瑞冥密，出自心图。故知神理幽通，殆非人事。"[③] 铸造一躯丈八的金身佛像，历宋、齐、梁三朝，经过帝王、名僧和普通百姓的苦心经营，倾囊出资才能完

---

[①] 《高僧传》卷5，T50，P0352b。
[②] 《高僧传》卷5，T50，P0354c。
[③] 《高僧传》卷13，T50，P0412c。

成，可见其工程之宏，用铜之多，超出了一朝一代的经济承受能力，而"百姓送铜，不可称计"的记载，更体现了民间百姓高涨的宗教热情。①《佛祖历代通载》还记载了梁武帝时期一位名叫傅翕的佛教徒，为了皈依佛教而舍田宅、卖妻子，建佛寺的事迹："中大通五年（533），义乌双林大士者，姓傅氏，名翕，法号善慧。年十六纳刘氏女妙光为室，生二子普建、普愿。尝有西域沙门嵩头陀者，见大士曰：'吾与汝毘婆尸佛所同发誓，今兜率宫衣钵现在，何日当归？因命临水，观其影，见圆光宝盖。大士笑谓之曰：'炉鞴之所多纯钱，良医之门足病人。度生为急，何思彼乐乎？'居无几，常见释迦、金粟、定光三如来，放光袭其身。大士喜曰：'吾得首楞严三昧！'即舍田宅及卖妻子，得钱五万，以设法施会。遂于松山之顶，因双梼树，临寺而居，故名双林。"②

南朝如此，北朝的统治者和民众在佞佛方面也毫不逊色。北魏孝文帝曾经七次下诏提倡佛教，而其所修鹿野鹿苑二浮图，更是"岩房禅室，无不严丽"③，《洛阳伽蓝记》所载熙平元年灵太后胡氏所立永宁寺，时人以为"营建过度"，其奢华宏丽的景象，"殚土木之功，穷造形之巧"，更足以为北朝伽蓝之冠。④ 北魏文成帝拓跋濬兴光元年（454）秋，"敕有司于五缎大寺内，为太祖已下五帝，铸释迦立像五，各长一丈六尺，都用赤金二万五千斤"。北齐天保三年（552），文宣帝高洋不仅亲自"下敕于邺城西南八十里龙山之阳，为（释僧稠）构精舍，名云门寺，请以居之，兼为石窟大寺主。两任纲位，练众将千，供事繁委，充诸山谷。并敕国内诸州，别置禅肆。令达解念慧者，就而教授。时扬讲诵，事事丰厚"。而且还决定："今以国储，分为三分，谓供国、自用及以三宝。"⑤ 把国家财

---

① 南朝时期上有所好，下必从之的佞佛风气，由《续高僧传·释慧约传》所载的史料可见一斑："齐建武中（慧约）谓沈曰：贫道昔为王褚二公供养，遂居令仆之省。檀越为之当复入地矣。天监元年沈为尚书仆射，启敕请入省住。十一年临丹阳尹，无何而叹，有忧生之嗟。……天监十一年（512）始敕引见。……于时日月贞华，天地融朗，大赦天下率土同庆。自是入见，别施漆榻。上先作礼，然后就座。皇储以下，爰至王姬，道俗士庶咸希度脱。弟子着籍者凡四万八千人。"《续高僧传》卷6，T50，P0469b。

② 《佛祖历代通载》卷9，T49，P0550a。

③ 《佛祖历代通载》卷8，T49，P0540c。

④ 参阅《洛阳伽蓝记》卷1《城内·永宁寺》。T51，P1000a。

⑤ 《续高僧传》卷16，T50，P0554b。本书所引佛教经籍俱见《大正新修大藏经》，在注释中，T表示卷数，P表示页码，a、b、c表示分栏数。下同。

政收入的三分之一用于供养佛教。这在中国历史上大概也是独一无二的。

隋初，沙门释昙崇深受隋文帝的宠信，文帝为之建九寺，"皆国家供给，终于文世"。开皇之初更"敕送绢一万四千疋，布五千端，绵一千屯，绫二百疋，锦二十张，五色上米，前后千石"。皇后又下令"送钱五十贯，毡五十领，剃刀五十具。崇福感于今愿，流于后望。建浮图一区，用酬国俸。帝闻大悦。内送舍利六粒。以同弘业。于时释教初开，图像全阙，崇兴此塔，深会帝心。敕为追匠杜崇，令其缮绩。料钱三千余贯计，砖八十万。帝以功业引费，恐有匮竭，又送身所著衣，及皇后所服者总一千三百对，以助随喜"①。唐朝绝大多数统治者也大力提倡佛教，兴建寺庙。《佛祖统纪》记载"唐高祖，为沙门景晖立胜业寺。为沙门昙献立慈悲寺。为并州起义立义兴寺。太宗，诏以皇家旧宅为兴圣寺，诏于建义以来交兵之处各建寺，破刘武周于汾州立弘济寺。诏以庆善宫为穆太后建慈德寺，为皇太子承干建普光寺，诏以洛阳旧宅为天宫寺，诏为穆太后建弘福寺，皇太子为文德皇后建慈恩寺。高宗，敕建西明寺大殿十三所。睿宗，诏以沙门惠云所造汴州建国寺为大相国寺。玄宗，敕以寝殿材建安国寺弥勒殿，敕天下诸郡建开元寺、龙兴寺。肃宗，上皇幸成都，沙门英干施粥救贫馁，愿国运再清，敕建大圣慈寺九十六院八千五百区，尚书右丞王维与弟缙奉佛，母丧以辋川第为寺。代宗，梦游山寺，翌日琅琊山建刹进图，赐名宝应寺。帝梦牛首山辟支佛来见，敕山中建七级浮图。淮西兵马使李重倩，舍宅为佛经坊，赐名宝应。宣宗，敕天下诸寺修治诸祖师塔。昭宗，敕罗什译经处重建草堂寺"②。

由此可见，由于历代统治者的大力支持和民众的宗教热情，汉唐时期各宗教在中国发展繁盛，庙宇、寺观林立。这些庙宇、寺院是信徒们奉祀神灵、修行弘法的场所，也是普通民众进行祈福消灾等信仰活动的空间。这种宗教空间在中国古代不仅承担着宗教教化功能，它们还是古代民众开展旅游、商贸的重要场所，构成了重要的宗教景观，是宗教文化中最为明显的阐释物。按照我们前面的界定，宗教空间又可分为物质性的宗教空间和非物质性的宗教空间。前者包括宗教圣地、祭典场所、丧葬场所等，后者则包括宗教信仰、宗教仪式、宗教信众之间及其与寺庙和社会的关系

---

① 《续高僧传》卷17，《释昙崇传》T50，P0568b。
② 《佛祖统纪》卷53，T49，P0464a。

等。汉唐时期，不少风土记著作都提到了寺院、庙观等宗教空间，其中更不乏诸如《洛阳伽蓝记》《寺塔记》《海内十洲记》《洞天福地岳渎名山记》等专门记载佛教伽蓝寺院和道教名山宫观的著作。我们可以依据这些资料，对汉唐风土记的宗教空间记述略作探讨。

首先，汉唐风土记对宗教空间的类别和不同性质作了较为合理的界定。

汉唐民间信仰和宗教文化都很发达，而各种信仰和佛教、道教都有其举行宗教活动和仪式崇拜的场所。这些场所，我们均可以称为宗教空间，但严格来说，它们又有所不同。比如，仅就各类宗教空间的位置场所而言，民间信仰仪式或崇拜活动，往往因传说或故事而起，其场所多不固定，但总的来说与人们的生活空间相近；宗教空间中，道教的宫观庙宇，在汉唐时期则往往都在远离尘世喧嚣的名山林野之中；佛教则兼具世俗性与宗教性的统一，佛教寺院既可以在闹市之中，也可在荒郊野外，更可以在名山大川之中。汉唐风土记注意到了不同宗教空间的性质和位置差别，并对其作了细微的区分。比如，唐代杜光庭的《洞天福地岳渎名山记》系专记道教仙山洞府的著作，在这部书的序言中，杜光庭就对道教宗教空间的性质作了深刻的界定。他说："乾坤既辟，清浊肇分，融为江河，结为山岳。或上配辰宿，或下藏洞天，皆大圣上真，主宰其事。则有灵宫秘府，玉宇金台，或结气所成，凝云虚构，或瑶池翠沼，流注于四隅。或珠树琼林，扶疏于其土。神凰飞虬之所产，天鳞泽马之所栖。或日驭所经，或星躔所属，含藏风雨，蕴畜云雷，为天地之关枢，为阴阳之机轴。乍标华于海上，或迥疏于天中，或弱水之所萦，或洪涛之所隔，或日景所不照，人迹所不及，皆真趣秘册，叙而载焉。太史公云：大荒之内，名山五千，其间五岳作镇，十山为佐。又《龟山玉经》云：大天之内，有洞天三十六，别有日月星辰，灵仙宫阙，主御罪福，典录死生。有高真所居，仙王所理。又有海外五岳、三岛、十洲、三十六靖庐、七十二福地、二十四化、四镇诸山。今总一卷，用传好事之士。其有宫城处所、得道姓名、洞府主张、仙曹品秩，事条繁广，不可备书，聊纪所管郡县及仙坛宫观大数而已。"[1]《洛阳伽蓝记》的作者杨衒之，也对他专门记述北魏洛阳的佛教寺院的目的作了说明："三坟五典之说，九流百氏之言，并理在人区，

---

[1] 张继禹主编：《中华道藏》第48册，华夏出版社2004年版，第80页。

而义兼天外。至于一乘二谛之原,三明六通之旨,西域备详,东土靡记。自项日感梦,满月流光,阳门饰豪眉之像,夜台图绀发之形。尔来奔竞,其风遂广。至晋永嘉唯有寺四十二所。逮皇魏受图,光宅嵩洛,笃信弥繁,法教逾盛。王侯贵臣,弃象马如脱屣,庶士豪家,舍资财若遗迹。于是昭提栉比,宝塔骈罗,争写天上之姿,竞摸山中之影。金刹与灵台比高,广殿共阿房等壮。岂直木衣绨绣,土被朱紫而已哉!暨永熙多难,皇舆迁邺,诸寺僧尼,亦与时徙。至武定五年,岁在丁卯,余因行役,重览洛阳。城郭崩毁,宫室倾覆,寺观灰烬,庙塔丘墟,墙被蒿艾,巷罗荆棘。野兽穴于荒阶,山鸟巢于庭树。游儿牧竖,踯躅于九逵;农夫耕老,艺黍于双阙。麦秀之感,非独殷墟,黍离之悲,信哉周室。京城表里凡有一千余寺,今日寥廓,钟声罕闻。恐后世无传,故撰斯记。然寺数最多,不可遍写,今之所录,上大伽蓝。其中小者,取其详世谛事,因而出之。先以城内为始,次及城外,表列门名,以远近为五篇。"① 这些论述都分别对道教和佛教的宗教性质、社会影响和佛道二教宫观庙刹的特殊意义作了深入说明。这些记载对寺庙宫观的特殊性质和它们作为宗教空间的特征都有所把握。

与佛教、道教不同,民间信仰的特征,在于它们与民众生活的密切联系。民间信仰的神灵崇拜,起源于民众日常生活的需要,因而多属杂祀,祭祀场所也因人因事而异,并不固定。这种特点,我们从汉唐风土记的有关记载中可以强烈地感受到。

《成都记》记载:"李冰为蜀郡守,有蛟岁暴,漂垫相望。冰乃入水戮蛟。己为牛形,江神龙跃,冰不胜。及出,选卒之勇者数百,持强弓大箭,约曰:'吾前者为牛,今江神必亦为牛矣。我以太白练自束以辨,汝当杀其无记者。'遂呼吼而入。须臾雷风大起,天地一色。稍定,有二牛斗于上。公练甚长白,武士乃齐射其神,遂毙。从此蜀人不复为水所病。至今大浪冲涛,欲及公之祠,皆弥弥而去。故春冬设有斗牛之戏,未必不由此也。祠南数千家,边江低坻,虽甚秋潦,亦不移适。有石牛,在庙庭下。唐大和五年,洪水惊溃。冰神为龙,复与龙斗于灌口,犹以白练为志,水遂漂下。左绵、梓、潼,皆浮川溢峡,伤数十郡。唯西蜀无害。"②

---

① (北魏)杨衒之:《洛阳伽蓝记》,卷1,T51,P0999a。
② 《太平广记》卷291《神·李冰》,中华书局1961年版,第2316页。

李冰是三国时期著名的水利学家,都江堰的设计和建造者,由于他造福民众的历史功绩,被民众传说为治水的神灵。民众为他建立神祠,在冬春季节举行斗牛的娱神和祭祀活动,神祠的地点正在江水之畔。

又《南越志》记载:"秦时,有中宿县千里水观亭江神祠坛。经过有不恪者,必狂走入山,变为虎。中宿县民至洛,及路,见一行旅,寄其书曰:'吾家在亭庙前,石间悬藤即是也。但扣藤,自有应者。'乃归如言,果有二人从水中出,取书而沦。寻还云:'江伯欲见君。'此人不觉随去。便睹屋守精丽,饮食鲜香,言语接对,无异世间也。"① 这则史料中的江神不知是属于哪一条江水的神,但被称为江伯的江神能够福佑人们过江行船平安,看来也颇受民众尊崇,他的神祠在江水亭边,路过者必须诚心致敬,否则会受到惩罚。这样,以江神祠为中心,也就形成了一个民间信仰场所。

另外,《陇州图经》记载:"陇州汧源县,有土羊神庙。昔秦始皇开御道,见二白羊斗,遣使逐之,至此化为土堆。使者惊而回。秦始皇乃幸其所,见二人拜于路隅。始皇问之,答曰:'臣非人,乃土羊之神也。以君至此,故来相谒。'言讫而灭。始皇逐令立庙,至今祭享不绝。"② 土羊神究属什么神灵,已经很难考证,但围绕他的传说历史悠久,民间的祭祀也累代不绝,可见香火旺盛,其神庙也是当地一个重要的民间信仰空间。

还有,《汉沔记》记载:"襄阳汉水西村,有庙名土地主,府君极有灵验。齐永元末,龚双任冯翊郡守。不信鬼神,过见此庙。因领人烧之。忽旋风绞火,有二物挺出,变成双青鸟,入龚双两目。两目应时疼痛,举体壮热。至明便卒。"③ 这则史料,记载的是襄阳汉水边一个村级土地神的故事。土地神的功效,不过是护佑全村百姓的平安,但在当地民众的传说中,这位土地神却"极有灵验",妄图挑战神灵权威的郡守龚双因为想要扫除此庙,却受到了土地神夺命的报应。这当然是出于当地人的传说,是不可信的。但是,土地神作为一方神灵的身份和社会影响,却以土地庙这一标志性民间信仰空间呈现无疑。

如果说上面所列举的民间信仰空间还是有祠堂、庙宇等常见建筑为标

---

① 《太平广记》卷291《神·李冰》,中华书局1961年版,第2317页。
② 同上书,第2316页。
③ 《太平广记》卷296《神·龚双》,中华书局1961年版,第2355页。

志,那么,汉唐时期的某些民间信仰空间甚至连房屋建筑都一应全无,唯一标志其神圣性或神秘性的,则是一些自然树木或是一块山石。如《括地图》记载:"桃都山有大桃树,盘屋三千里,上有金鸡,日照此则鸣。下有二神,一名郁,一名垒,并执苇索以伺不祥之鬼,得则杀之。"① 又孔灵符《会稽记》记载:"(鸟鼠)山有石室,云是仙人射堂,东高岩有射的石,远望的如射侯,形圆,视之如镜。土人常以占谷食贵贱,射的明则米贱,暗则米贵。谚曰:射的白,斛一百;射的玄,斛一千。"② 在上述史料中,桃都山的大桃树和鸟鼠山的射的石都是民众崇拜的对象,那么,以此树、此石为标志的空间范围便具有了超越自然的力量。这一范围也就构成了民间信仰的活动空间。

其次,汉唐风土记对佛教、道教宗教空间的建筑形制和自然环境有着较为详细的呈现。

民间信仰的场所和佛教寺院、道教宫观在自然环境和建筑风格上比较,皆有鲜明的特征。汉唐风土记对此有着异常完备的呈现。

对于民间信仰空间的空间和自然环境特征,《桂林风土记》对漓山澄潭的描写和《荆州记》对菊花源的描写就很详尽。《桂林风土记》曰:"漓山,在城南二里,漓水之阳,因以名焉,一名沈水山。其山孤拔,下有澄潭,上高三百余尺,傍有洞穴,其穴广数丈,南北直透,上有怪石欹危,藤萝萦茂。世乱民保以避寇,旱或祷祀颇灵。"③《荆州记》则记载:"菊花源傍悉生芳菊,被径浸潭,流其滋液,水极芳馨。谷中有三十余家,不穿井,仰饮此水,上寿二三百,中寿百余,其七八十者,犹不为寿。夫菊能轻身益气,令人久寿,于此有征矣。又后汉胡广,字伯始,为侍中,久患风赢,南归饮此水,遂瘳焉。"④ 在这两则均不足两百字的记载中,我们对漓山澄潭和菊花源的地理方位,周边的自然环境、水草树木和居民的聚落特征等已了然于胸。类似这种记载,在汉唐风土记中可谓不胜枚举。

佛教寺院是中国古代重要的宗教空间之一,汉唐时期的历代统治者、

---

① 《太平御览》卷29《时序部·元日》,第137页。
② 《太平御览》卷40《地部·鸟鼠山》,第193页。
③ 《太平御览》卷49《地部西楚南越诸山·漓山》,第242页。
④ 《太平御览》卷63《地部·河南诸水·菊花源》,第299页。

达官贵人及虔诚信众,在捐资兴庙、建筑寺院方面从来就是不遗余力,极尽奢华之能事。《洛阳伽蓝记》对北魏洛阳寺庙的建筑结构和艺术特征多有记载,其中最详尽的莫过于对永宁寺的描写。

关于永宁寺的来历和位置,《洛阳伽蓝记》记载:"永宁寺,熙平元年,灵太后胡氏所立也。在宫前阊阖门南一里御道西。其寺东有太尉府,西对永康里,南界昭玄曹,北邻御史台。"

永宁寺最抢眼的标志性建筑,莫过于其木结构的浮图,即佛塔。对于这一炫人耳目的建筑,《洛阳伽蓝记》是这样记载的:"中有九层浮图一所,架木为之,举高九十丈。有刹复高十丈,合去地一千尺。去京师百里,已遥见之。……刹上有金宝瓶,容二十五石。宝瓶下有承露金盘三十重,周匝皆垂金铎,复有铁锁四道,引刹向浮图。四角锁上亦有金铎,铎大小如一石瓮子。浮图有九级角,角皆悬金铎,合上下有一百二十铎。浮图有四面,面有三户六窗,户皆朱漆。扉上有五行金钉,其十二门二十四扇,合有五千四百枚。复有金镮铺首,殚土木之功,穷造形之巧。佛事精妙,不可思议。绣柱金铺,骇人心目。至于高风永夜,宝铎和鸣,铿锵之声闻及十余里。"

永宁寺的佛殿和寺庙院墙也很有特点。《洛阳伽蓝记》记载:"浮图北有佛殿一所,形如太极殿。中有丈八金像一躯、中长金像十躯、绣珠像三躯、金织成像五躯、玉像二躯,作功奇巧,冠于当世。僧房楼观一千余间,雕梁粉壁,青璅绮疏,难得而言。栝柏松椿,扶疏檐霤;藂竹香草,布护阶墀。是以常景碑云:'须弥宝殿,兜率净宫,莫尚于斯也。……寺院墙皆施短椽,以瓦覆之,若今宫墙也。四面各开一门。南门楼三重,通三道,去地二十丈,形制似今端门。图以云气,画彩仙灵。绮钱青琐,辉赫丽华。拱门有四力士、四狮子,饰以金银,加之珠玉,装严焕炳,世所未闻。东西两门亦皆如之。所可异者,唯楼二重。北门一道不施屋,似乌头门。四门外,树以青槐,亘以绿水,京邑行人,多庇其下。"[①]

对于这样的记载,我们无须穿越历史的时空,即使在千载之下,掩卷凝思,也能够想见永宁寺辉煌赫熠的建筑布局,雕梁画栋的建筑艺术。至于永宁寺浮图声闻十里的钟声,也仿佛余音绕梁,就在耳畔回响。《洛阳伽蓝记》对北朝寺庙建筑艺术记载的详尽,由此可见一斑。

---

① (北魏)杨衒之:《洛阳伽蓝记》卷1,T51,P1000a。

对于道教的宗教空间和宫观建筑，汉唐风土记虽然记载的资料不是很丰富，但也有一些著作可以为我们的研究提供一些佐证。如相传为汉代东方朔所著，实为魏晋人伪托的《海内十洲记》对蓬莱、昆仑两座仙山的描写，就充满了道教文化的气息："蓬丘，蓬莱山是也。对东海之东北岸，周回五千里。外别有圆海绕山，圆海水正黑，而谓之冥海也。无风而洪波百丈，不可得往来。上有九老丈人，九天真王宫，盖太上真人所居。唯飞仙有能到其处耳。昆仑，号曰昆崚，在西海之戌地，北海之亥地，去岸十三万里。又有弱水周回绕匝。山东南接积石圃，西北接北户之室。东北临大活之井，西南至承渊之谷。此四角大山，实昆仑之支辅也。……山高，平地三万六千里。上有三角，方广万里，形似偃盆，下狭上广，故名曰昆仑山三角。其一角正北，干辰之辉，名曰阆风巅；其一角正西，名曰玄圃堂；其一角正东，名曰昆仑宫；其一角有积金，为天墉城，面方千里。城上安金台五所，玉楼十二所。其北户山、承渊山，又有墉城。金台、玉楼，相鲜如流，精之阙光，碧玉之堂，琼华之室，紫翠丹房，锦云烛日，朱霞九光，西王母之所治也，真官仙灵之所宗。"① 道教的仙山，虽然都是出于宗教目的的想象，但书中对仙山远离世俗，玉宇琼楼、仙宫道观罗列其上的地理方位和建筑布局的描述，却是来源于对现实中道教名山的认识。

与《海内十洲记》记载纯粹的想象性相较，唐杜光庭的《洞天福地岳渎名山记》对唐代中国五岳和十大洞天宗教空间的记述则就显得具体一些了："东岳泰山，岳神天齐王领仙官玉女九万人。山周迥二千里在兖州奉符县。罗浮山、括苍山为佐命，蒙山、东山为佐理。南岳衡山，岳神司天王领仙官玉女三万人。山周迥二千里，以霍山、潜山为储副，天台山、句曲山为佐理。中岳嵩高山，岳神中天王，领仙官玉女一十二万人，为五土之主。周迥一千里，洛州告成县少室山，东京武当山为佐命，太和山、陆浑山同佐理。西岳华山，岳神金天王，领仙官玉女七万人。山周迥二千里在华州华阴县。地肺山、女几山为佐命，西城山、青城山、峨眉山、蟠冢、戎山、西玄具山同佐理。北岳恒山，岳神安天王领仙官玉女五万人。山周迥二千里，在镇州。河逢山、抱犊山为佐命，玄陇山、崆峒山、阳洛山为佐理。"这是对道教五岳仙山的地理方位、宗教神灵的记

---

① 张继禹主编：《中华道藏》第 48 册，华夏出版社 2004 年版，第 78 页。

载。至于十大洞天,则是分布于天下各处的道教圣地:"第一,王屋洞小有清虚天,周迥万里,王褒所理,在洛州王屋县。第二,委羽洞大有虚明天,周迥万里,司马季主所理,在武州。第三,西城洞太玄德真天,周迥三千里,王方平所理,在蜀州。第四,西玄洞三玄极真天,广二千里,裴君所理,在金州。第五,青城洞宝仙九室天,广二千里,宁真君所理,在蜀州青城县。第六,赤城洞上玉清平天,广八百里,王君所理,在台州唐舆县。第七,雁浮洞朱明曜真天,广一千里,葛洪所理,在博罗县属修州。第八,句曲洞金坛华阳天,广百五十里,茅君所理,在润州句容县。第九,林屋洞左神幽墟天,广四百里,龙威丈人所理,在苏州吴县。第十,括苍洞成德隐真天,广三百里,平仲节所理,在台州乐安县。右十大洞天、五岳皆高真上仙主统,以福天下,以统众神。"① 上述所谓十大洞天,其地理位置确在中国境内各州,唯有其所言的真天和主理的神仙,则或为历史上所实有,或为魏晋南北朝时期道教笔记小说如《列仙传》中的人物。总之,所言虽然不尽符合历史实际,要之,都是道教在汉唐时期文化发展的产物,具有一定的现实基础。

汉唐时期现实生活中道观的建筑形制,汉唐风土记中也有记载。《嵩高山记》曰:"嵩山最是栖神灵薮也。东出一里,有自然五神芝仙药。东脚下有众果树,云是汉果园。后有小石山,名牛山,多香树,昔有妇女妊身三十月生子,五岁便入嵩高学道,通神明,为母立祠,号开母祠。又有三台山,汉武东巡过此山,见三学仙女,遂以为名。又一石室,有自然经书饮食。至前石柱,似承露盘,有石暗滴下,食之一合,与天地相毕。中顶南下二百步,亦有岳庙,画为神像。有玉人高五寸,玉色光润,相传曰明公山人。或失之,经旬乃见。"② 上述记载中的开母祠,从立祠的缘由看来,应属原始的道观,后面讲到的嵩山岳庙,则必是道教宫观无疑。

最后,汉唐风土记中对宗教空间中僧徒信众与政治和社会的关系也有较为详备的记载。

宗教空间是一个特殊的场域,它由各种复杂的宗教、社会和政治关系构成。汉唐风土记的一些著作,较为详备地记载了这类关系,表现出汉唐风土记空间观念的深刻性。这里,主要以佛教寺庙为例,来简单探讨一下

---

① 张继禹主编:《中华道藏》第48册,华夏出版社2004年版,第81—82页。
② 《太平御览》卷39《地部·嵩山》,第185页。

汉唐风土记对宗教空间社会关系的记载内容和主要特征。

从宗教的角度来看，佛教寺庙本应该是一块远隔尘俗的净土，而修行于其中的则是一群置身世外、一心向佛、皈依三宝的佛徒信众。但是，从社会学的角度来看，寺庙只不过是一类较为特殊的社会单位，而生活修行于其中的僧尼也只不过是一类特殊的有组织的社会群体。他们兼具出世和在世的双重社会属性，是宗教性和社会性的二元统一。因此，在宗教空间中，不可避免地包含着复杂的社会关系，上演着宗教僧徒与世俗社会宗族关系和纠葛。这种复杂的社会关系，突出地表现为宗教信徒与政治的关系。

佛教本身是一个有政治理想和追求的宗教，佛教信徒与政治的关系自古以来就史不绝书。汉唐时期一些名僧、高僧积极参与政治，在某些政治事件中扮演了举足轻重的角色。早在佛教刚刚在中国立足的东晋十六国时期，西域来华的佛图澄大师就是当时政坛上具有重要影响的人物。据《高僧传》记载，竺佛图澄，西域人。晋怀帝永嘉四年（310）来到洛阳。他知见超群、学识渊博，门下受业者常有数百，前后门徒几及一万。永嘉六年（312）二月石勒屯兵葛陂，准备南攻建业。佛图澄入见了石勒，劝石勒少行杀戮。当时将被杀戮的，十有八九经澄的劝解而获免。澄对于石勒的军国大事多所建言，石勒对佛图澄的建议也多言听计从，[①]号佛图澄为"大和上"，待以国师之礼，有事必谘而后行。石勒卒，石虎即位，对佛图澄更加敬奉。史载："朝会之日和上升殿，常侍以下悉助举舆，太子诸公扶翼而上。主者唱大和上至，众坐皆起，以彰其尊。又敕伪司空李农旦夕亲问，太子诸公五日一朝，表朕敬焉。"[②]

佛教高僧凭借自己的宗教影响而获得政治地位，发挥政治影响的情况在南北朝时期也很普遍。有的高僧得帝王宠信，出入宫阙，或为帝王受戒传法，成为僧侣贵族，有的甚至还担任帝王的文学侍从。[③] 隋唐时期，佛教僧徒很多人热心干预政治，佛徒和道士助隋反周，女尼智先立了大功。

---

[①] 《魏书·释老志》载："石勒时，有天竺沙门浮图澄，少于乌苌国就罗汉入道，刘曜时到襄国。后为石勒所宗信，号为大和尚，军国规谟颇访之，所言多验。"（《魏书》卷114《释老志》，第3029页）

[②] 《高僧传》卷9，T50，P0384c。

[③] 严格意义上的由僧人担任的文学侍从，大概是北魏时期的所谓"内起居"，《魏书·释老志》载："世宗笃好佛理，每年常于禁中，亲讲经论，广集名僧，标明义旨。沙门条录，为内起居焉。"（《魏书》卷114《释老志》，第3042页）

所以在隋代，佛教地位最高。到了隋末唐初，佛徒景晖和道士王远知都密助李渊。在唐高祖后期的宫廷权力斗争中，法琳拥护建成，道士王远知拥护太宗，法琳因此几乎被太宗杀掉。李世民晚年，道士拥立高宗。再晚一些，和尚拥立武则天。有唐一代，佛教与政治的关系都是极为密切的。

另外，即使在佛教寺院修行的僧人，由于社会与时局的影响，有的也不能完全断绝世俗的纠缠和影响。比如，魏晋南北朝时期的女尼，很多是因为婚姻家庭的不幸而出家的，因婚姻家庭等原因出家的人，其皈依佛门的过程往往并不是一帆风顺的，有的还会受到家人的干扰或拦阻。《比丘尼传·延兴寺僧基尼传》所云僧基执意出家，而"亲属共请，意不可移"即是明证。还有，由于种种原因，魏晋南北朝时期的比丘尼往往不能独善其身，甚至常常有被乱兵玷污或权势人物强行纳娶或霸占的情况发生。《洛阳伽蓝记》记载："瑶光寺，世宗宣武皇帝所立，在阊阖城门御道北，东去千秋门二里。……尼房五百余间，绮疏连亘，户牖相通，珍木香草，不可胜言。牛筋狗骨之木，鸡头鸭脚之草，亦悉备焉。椒房嫔御，学道之所，掖庭美人，并在其中。亦有名族处女，性爱道场，落发辞亲，来仪此寺，屏珍丽之饰，服修道之衣，投心八正，归诚一乘。永安三年中，尔朱兆入洛阳，纵兵大掠，时有秀容胡骑数十入瑶光寺淫秽。自此后颇获讥讪。京师语曰：'洛阳男儿急作髻，瑶光寺尼夺作婿。'"① 又《洛阳伽蓝记》云："昭仪尼寺，阉官等所立也。在东阳门内一里御道南。……太后临朝，阉寺专宠，宦者之家，积金满堂。是以萧忻云：'高轩斗升者，尽是阉官之鳌妇；胡马鸣珂者，莫不黄门之养息也。'"②

总之，宗教空间虽然应该是一个超越世俗，为信众提供潜心修行的信仰场所，但中国汉唐时期的宗教史证明，宗教空间并非世外桃源或信仰净土，而是掺杂着、渗透着复杂的政治和社会关系，它们也是一个特殊的社会空间。

---

① 范祥雍：《洛阳伽蓝记校注》，上海古籍出版社1978年版，第46—47页。
② 同上书，第54页。

# 附录一

## 周处《风土记》辑佚

### 凡例

一、本篇辑录周处《风土记》佚文，所根据各古籍年代除《说郛》外一般均以宋朝为下限，宋以后古籍所载《风土记》佚文特别有参考价值的，酌情收录。

二、所辑佚文均注明出处，包括引书的书名、卷数、子目。

三、数书同引一则佚文，则以书籍撰作时间先后排序，载录引文较全者。其他有个别字句不同的引文列举书名、卷册，并以校注的形式在脚注说明同异。经过校勘有足以补充录文的文字以"（）"的形式加于文中。

四、内容相似而字句确有较大差别，具有史料互补的价值的佚文，原则上一并著录。

五、为保持原貌，均原文照录，加现代标点。原文模糊无法辨认者，以□代之。

六、本书所根据均为常见古籍的现代点校或注释本，相关著作所依据的版本是：《史记》：（汉）司马迁撰，（宋）裴骃集解，（唐）司马贞索隐，（唐）张守节正义，中华书局1959年版；《后汉书》：（南朝宋）范晔撰，（唐）李贤等注，中华书局1965年版；《齐民要术校释》：（北魏）贾思勰著，缪启愉校释，中国农业出版社1998年版；《水经注疏》：（北魏）郦道元著，（民国）杨守敬、熊会贞疏，段熙仲点校，陈桥驿复校，江苏古籍出版社1989年版；《文选》：（梁）萧统编，（唐）李善注，中华书局1977年版；《玉烛宝典》：（隋）杜台卿撰，清光绪遵义黎氏影刻旧钞卷子本（《古逸丛书》本）；《艺文类聚》：（唐）欧阳询等撰，中华书局上海编辑所1965年版；《初学记》：（唐）徐坚等编，中华书局1962年版；

《太平御览》：（宋）李昉等编，中华书局1960年版；《太平寰宇记》：（北宋）乐史撰，中华书局2007年版；《元丰九域志》：（北宋）王存编，中华书局2004年版；《说郛》：（明）陶宗仪纂，中国书店1986年版；《全唐文》：（清）董诰等编，中华书局1983年版。另外，本篇辑佚所引用有关佛教著作，均引自台北佛陀教育基金会印赠《大正新修大藏经》。篇中不再一一注明。

七、本篇在辑佚和相关考订过程中，参考了（清）王谟《汉唐地理书钞》（中华书局1961年版）、今人刘毅纬《汉唐方志辑佚》（北京图书馆出版社1997年版）和钱建忠《无锡方志辑考·阳羡风土记》（世界知识出版社2006年版）等相关著作辑佚或研究成果，特此注明。

（一）郡邑

1. 周处《风土记》曰：阳羡邑者，盖吴郡之名境，原则平坦，高阜冈若伏龙也。（《太平御览》卷57《地部·原》）

2. 周处《风土记》曰：阳羡本无荆溪。吴郡郡境，震泽之会也，其地理则三江之雄润，五湖之腴表。①（《太平御览》卷170《州郡部·江南道上·常州》）

3. （宜兴）本名荆溪。汉永建四年分会籍郡置吴郡，以阳羡属焉。（《太平寰宇记》卷92《江南东道·常州》）

4. （武进县）阳羡之邑。（《太平寰宇记》卷92《江南东道·常州》）

5. 舜支庶所封，今县隶会籍，在余姚山之西，以河东有姚，故曰余姚。②［（宋）罗泌《路史》卷27《国名纪四》］

6. 周处《风土记》曰：周武王追封周章于吴，又封章小子斌于无锡也。③（《太平御览》卷170《州郡部·江南道上·常州》）

7. 《风土记》曰：崞山多纵石，而有大横岘，以承众流。（《初学记》卷8《地部下·江南道》）

---

① （宋）王象之《舆地纪胜》卷6《两浙西路·常州》引此佚文作："阳羡本名荆溪。吴郡之境，震泽之会，其地理则云云。"据此，《太平御览》"本无荆溪"之"无"字当系"名"字之讹。

② 《太平御览》卷171《州郡部·江南道下·明州》引文与此条同，但无"今县隶会籍，在余姚山之西，以河东有姚"等十六字。

③ （宋）王象之《舆地纪胜》卷6《两浙西路·常州》引此佚文与《太平御览》略同，而脱"于吴，又封章"五字，文末又脱"也"字。

8.《风土记》云：石季龙取之向邺。（《太平寰宇记》卷3《河南府·河南道·西京·洛阳县》）

（二）山水

9.《风土记》曰：王莽以皇后有子，通子午道，从杜陵直抵终南。（《太平御览》卷38《地部·终南山》）

10.《风土记》曰：太湖山中有洞穴，傍行地中，无所不通，谓之洞庭。（《太平御览》卷54《地部·穴》）

11.《风土记》曰：阳羡县东，有太湖，中有包山，山下有洞穴，潜行地中，云无所不通，谓之洞庭地脉也。① （《艺文类聚》卷9《水部下·湖》）

12. 阳羡县西有洮湖，中有大小坯山。（《太平寰宇记》卷92《江南东道·宜兴县》）

13. 阳羡县西有洮湖，别名长塘湖。（《广韵》卷2《四宵》）

14.《风土记》曰：大水小口别通为浦。（《艺文类聚》卷9《水部下·浦》）

15.《风土记》云："南易水，本名漳水，源出三门山，西自肥乡县界流入。"② （《太平寰宇记》卷58《河北道·洺州·永年县》）

16.《风土记》曰：阳羡县西南有泉，常有紫黄色浮见水上，出金之地也。（《太平御览》卷70《地部·泉水》）

17. 周处《风土记》云："《史记》曰：'舜耕于历山。'而始宁、邳、郯二县③界上，舜所耕田，在于山下，多柞树。吴越之间，名柞为枥，故

---

① 《文选》卷5左思《吴都赋》注引文作"阳羡太湖中有包山"，当系对此文的节引。另外，《说郛》卷60上引文与此相同，唯文末少一"也"字。

② 《太平御览》卷64《地部·河北诸水·漳水》引文与此同，唯少末尾"西自肥乡县界流入"八字。

③ "始宁、邳、郯"，有误。始宁作为郡名，始置于南齐，而且在四川；周处是晋人，而且讲的是吴越，当然不是这个始宁郡。这里只能是始宁县，东汉分上虞县置，在今浙江省上虞县。但原文是"始宁、邳、郯二县"，这样就多出一个县，其误在"邳、郯"。"邳"，古邳国，秦为下邳县，即今江苏省邳县。"郯"，汉置的县，故治在今山东省郯城县西南。邳、郯二县虽相邻，但与上虞不相侔。晋亦置郯县，在今江苏省丹徒县，也和上虞县无法在"二县界上"。《水经注》《太平御览》引《风土记》均作"始宁、剡二县界上"，应是正确无误。剡县，秦置，汉晋仍之，即今浙江省嵊县，与上虞县正相邻。据此，"邳"衍，"郯"是"剡"字之误。

曰'历山'。"①（《齐民要术》卷10《五谷、果蓏、菜茹非中国物产者·柞》）

18. 阳羡县小溪九所，是谓三湖九溪。今县内只有六溪在，余三溪不知何处。（《太平寰宇记》卷92《江南东道·无锡县》）

19. 诸鱼浦一名余吾溪，即阳羡之东乡也。吴越之间，渔吾同音。昔舜渔于雷泽。此乡之人，一时化之，其捕鱼之人来居此浦，故名。（《太平寰宇记》卷94《江南东道·湖州》）

20. （君山）汉时县令袁玘常言，死当为神。一夕与天神饮醉，逆知水旱，无病而卒。风雨失其柩，夜闻荆山有数千人喊声，人往视之，棺已成冢，因改为君山，立祠其下，山上有池，池中有三足鳖，六眸龟。（《太平寰宇记》卷92《江南东道·常州》）

21. 卞山当作冠弁之弁。（《太平寰宇记》卷94《江南东道·湖州》）

22. 《风土记》曰：峄山多纵石，而有大横岘，以承众流。（《初学记》卷8《江南道》）

23. （童山）芳岩即此山。又有沸泉山、武花山、新妇山，俗立其名，相连接入宣州界。（《太平寰宇记》卷92《江南东道·宜兴县》）

24. 汉朝蒋侯封口山侯。（《太平寰宇记》卷92《江南东道·宜兴县》）

25. （大雷山小雷山）舜鱼泽之所。（《后汉书》卷122《郡国志》注）

26. 周处《风土记》曰："（五湖）舜渔泽之所也。"（《说郛》卷63上）

27. 柯山在惠山侧，即吴子仲雍五世孙柯相所治之地。（《元丰九域志》附录《古迹》卷5《常州》）

28. 《风土记》曰："秦赵战于长平，赵军败退，秦白起逐至此，因名武讫岭。"（《太平寰宇记》卷45《河东道·潞州·长子县》）

29. 《风土记》云："灵山，赵武灵王葬其上，故曰灵山。"（《太平寰宇记》卷58《河北道·洺州·永年县》）

（三）气候（时序）

---

① 《水经注》卷四"河水"章"又南过蒲阪县西"下引周处《风土记》是："旧说，舜葬上虞。又（按应是"史"字之误）记云：'耕于历山。'而始宁、剡二县界上，舜所耕田，于山下，多柞树。吴越之间，名柞为枥，故曰历山。"《太平御览》卷九五八"柞"引《风土记》"史"亦误为"又"，"于山下，多柞树"作"在于山下，山多柞树"，更完整些，余同《水经注》引。可注意的是地名都是"剡"，不是"鄭"，而且无"邮"。《艺文类聚》卷八九"柞"引《风土记》只有"舜所耕，多柞树"六字。

30. 《风土记》曰：自黄帝颛顼，下达三王，治历十有一家，考课损益，各有变衰，非天运之错，考察意异故也。（《艺文类聚》卷5《岁时下·历》）

31. 周处《风土记》曰：五月大雨，名为濯枝。五月风发，六日乃止。黄雀风，是时海鱼变为黄雀，因以名之。（《初学记》卷1《天部上·天·黄雀风》）

32. 周处《风土记》曰：仲夏濯枝荡川。注云：① 此节常有大雨，名濯枝。（《初学记》卷3《岁时部·夏》）

33. 《风土记》曰：六月则有东南长风，俗名黄雀，长风时，海鱼变为黄雀，因为名也。② （《艺文类聚》卷1《天部上·风》）

34. 周处《风土记》曰：榆荚雨，（春雨。）黄雀风，濯枝雨。（六月之风雨也。）（《太平御览》卷10《天部·雨上》）

35. 周处《风土记》曰：六月有大雨，名濯枝雨。③ （《初学记》卷2《天部下·雨·濯枝》）

36. 周处《风土记》曰：仲夏雨濯枝荡川。注云：此节常有大雨，名濯枝。（《太平御览》卷22《时序部·夏中》）

37. 周处《风土记》曰：梅熟时雨，谓之梅雨。④ （《初学记》卷3《岁时部·夏》）

38. 周处曰《风土记》曰：夏至之日雨，名曰黄梅雨。（《太平御览》卷22《时序部·夏至》）

39. 夏至前，芒种后雨，谓之黄梅雨，最长久半月，内验西南风以定雨候，有一日东南风主时里三日雨。⑤ ［（明）冯应京辑《月令广义》卷10《五月令·占候》］

---

① 据刘知几《史通》卷5《补注》篇，知《风土记》注文为周处自作，因此，注文也是《风土记》内容的有机组成部分。
② 《艺文类聚》卷92《鸟部下·雀》有此条引文的节引本："六月东南长风，海鱼化为黄雀。"另外，《太平御览》卷9《天部·风》也有相似的内容，而字句稍异："南中六月则有东南长风，风六月止，俗号黄雀长风。时海鱼变为黄雀，因为名也。"
③ 本条佚文又见《艺文类聚》卷2《天部下·雨》、《太平御览》卷10《天部·雨上》、《说郛》卷60上，字句全同。
④ 本条佚文又见《太平御览》卷22《时序部·夏中》，字句全同。
⑤ 冯应京（1555—1606），字可大，号慕冈，安徽泗州人，明万历二十年（1592）进士，累官至湖广监察御史。本条佚文系据钱建忠《无锡方志辑考》辑文转录。

40. 周处《风土记》：仲夏长风扇暑。注云：此节东南常有风，俗名黄雀长风。①（《初学记》卷3《岁时部·夏》）

41. 《风土记》曰：七月而蟋蟀鸣于朝，寒蝉鸣于夕。（《艺文类聚》卷97《鳞介部下·虫豸部·蝉》）

42. 按天道自南而北，凡物候先南方。故敏粤万物早熟半月始及吴楚。[（明）王象晋《群芳谱》卷3《天谱·雨》②]

43. 《风土记》曰：鸣鹤戒露。此鸟性警，至八月白露降，流于草上，滴滴有声，因即高鸣相警，移徙所宿处，虑有变害也。③（《艺文类聚》卷90《鸟部上·鹤》）

（四）风俗

44. 《风土记》曰：越俗，性率朴，意亲好合，即脱头上手巾，解仪间五尺刀以与之为交。拜亲跪妻，定交有礼，俗皆当于山间大树下，封土为坛，祭以白犬一、丹鸡一、鸡子三，名曰"木下鸡犬五"。其坛也，人畏不敢犯也。祝曰："卿虽乘车我戴笠，后日相逢下车揖。我虽步行卿乘马，后日相逢卿当下。"④（《太平御览》卷406《人事部·叙交友》）

45. 《风土记》曰：越俗饮燕，即鼓拌以为乐，取大素圜拌，以广尺五六者，抱以着腹，以右手五指更弹之，以为节，舞者蹀地击掌，以应拌

---

① 本条佚文见《太平御览》卷22《时序部·夏中》，字句全同。

② 《群芳谱》为中国古代介绍栽培植物的著作，编撰者明代王象晋（1561—1653），字荩臣，又字子进，号康宇，山东新城人。万历三十二年（1604）进士，官至浙江右布政使。学者认为《群芳谱》可能以南宋陈景沂所辑《全芳备祖》为蓝本，从体例到内容，均受该书较大影响。

③ 本条佚文又见于《初学记》卷3《岁时部·秋》、《艺文类聚》卷3《岁时上·秋》、《太平御览》卷12《天部·露》，内容大略相同。其中，《初学记》卷3《岁时部·秋》引文作："鸣鹤戒露，白鹤也。此鸟性警，至八月白露降，即鸣而相警。"《艺文类聚》卷3《岁时上·秋》引文与此相同，惟"警"字作"儆"。《初学记》卷2《天部下·露》引文作："白鹤性警，至八月白露降，流于草叶上，滴滴有声，则鸣。"与《太平御览》卷12《天部·露》，引文字句全同。

④ 本条佚文又见于《初学记》卷18《人部中·交友》、《说郛》卷60上、《太平御览》卷543《礼仪部·揖》和《太平御览》卷765《器物部·蓑笠》，内容详略不同。其中，《初学记》卷18《人部中·交友》引文作："越俗，性率朴。初与人交有礼，封土坛，祭以犬鸡，祝曰：'卿虽乘车我戴笠，后日相逢下车揖；我步行，卿乘马，后日相逢卿当下。'"内容与《说郛》卷60上引文相同，惟"卿乘马"之"卿"字改作"君"字。《太平御览》卷543《礼仪部·揖》引文作："越俗定交有礼，皆于大树下封坛，祭以白犬，咒曰：'卿虽乘车我戴笠，后日相逢下车揖。'"《太平御览》卷765《器物部·蓑笠》的佚文系对此条引文的节引，曰："越人结交，约曰：'卿虽乘车我戴笠，后日相逢下车揖！'"

节而舞。①（《太平御览》卷567《乐部·四夷乐》）

46. 每岁七月二十五日，种类四集于庙。扶老携幼，环宿其旁，凡五日。祠以牛羲，酒鲊椎歌，欢饮即还，惟不用犬云。（《说郛》卷60上）

（五）岁时

47. 周处《风土记》曰：月正元日，五熏炼形。注云：五辛所以发五藏气。②《初学记》卷四《岁时部下·元日》

48. 周处《风土记》曰：元日造五辛盘，正元日五荤炼形。注曰：五辛所以发五藏气。（《太平御览》卷29《时序部·元日》）

49. 周处《风土记》云：乃有鸡子，五辛炼形，祁农欢高堂之穆穆，末期顾之雍雍。注曰：正旦吞生鸡子，人一枚，谓之炼形。又晨噉五辛菜，以助发五脏之气也。（《北堂书钞》卷155《岁时部·元正》）

50. 周处《风土记》曰：乃有鸡子，五熏练形。正旦皆会，生吞鸡子一个，谓之练形。又晨唊五辛，以助五藏气。（《太平御览》卷918《羽族部·鸡》）

51. 周处《风土记》云：正旦当生吞鸡子一枚，谓之练形。又晨唊五辛菜以助发五藏气，则行之久矣。胶牙者，盖以使之牢固不动，今北人亦如之，熬麻子大豆兼糖散之。（《太平御览》卷29《时序部·元日》）

52. 月正元日，百礼兼崇。欧魅宿，或奉始送终。乃有鸡子五熏，炼刑祈表。注云：岁名。欧魅之鬼，严洁宿为明朝新旦也。此旦皆当生吞鸡子，谓之炼刑。又当迎晨唊五辛菜，以助发五藏气而求福之中。③（《玉烛宝典》卷1《正月·孟春》）

---

① 本条佚文又见于《艺文类聚》卷73《杂器物部·盘》、《太平御览》卷758《器物部·盘》、《说郛》卷60上，内容文字均略同。唯其他几条"拌"均作"盘"，"饮燕"均作"饮宴"，"即鼓盘以为乐"，《太平御览》卷758《器物部·盘》引文脱一"以"字。"以广尺五六者"，《太平御览》卷758《器物部·盘》引文脱此六字，相较其他佚文，"五"字当系衍文。"抱以着腹"，《太平御览》卷758《器物部·盘》引文"腹"字后多一"上"字。"以右手五指更弹之"，《太平御览》卷758《器物部·盘》引文脱一"更"字。"舞者蹀地击掌，以应拌节而舞"，各书引文均脱"蹀地击掌"四字，《说郛》卷60上作"舞者应节而舞"，《艺文类聚》卷73《杂器物部·盘》引作"舞者应节而举"，《太平御览》卷758《器物部·盘》引作"舞者应盘节而作舞"。

② 此条引文，与《说郛》卷60上佚文内容全同，唯"注云"《说郛》作"注曰"。

③ 《初学记》卷4《岁时部下·元日》引文曰："月正元日，百礼兼崇。"当系对此条佚文的节引。

53. 《风土记》曰：汉末有郭虞者，有三女，一女以三月上辰，一女以上巳二日，而三女产乳并亡。迄今时俗以为大忌，故到是月是日，妇女忌讳，不复止家，皆适东流水上，就通远地禊祓，自洁濯也。（《太平御览》卷30《时序部·三月三日》）

54. 《风土记》注云："俗先以二节一日，用菰叶裹黍米，以淳浓灰汁煮之，令烂熟，于五月五日、夏至啖之。黏黍一名'粽'，一曰'角黍'，盖取阴阳尚相裹未分散之时象也。"[①]（《齐民要术》卷9《糉法》）

55. 《风土记》曰：仲夏端午，端，初也。俗重此日与夏至同。先节一日，又以菰叶裹黏米，以栗枣灰汁煮令熟，节日啖。煮肥龟令极熟，去骨加盐豉麻蓼，名曰葅龟。黏米一名粳，一曰角黍。盖取阴尚阳包裹未之象也。龟表肉里，阳内阴外之形，所以赞时也。（《太平御览》卷31《时序部·五月五日》）

56. 周处《风土记》曰：仲夏端午，烹鹜角黍，注云[②]：端，始也，谓五月五日。进筒粽，一名角黍，《风土记》曰：以菰叶裹黏米，以象阴阳相包裹未分散。一名粽。造百索系臂，一名长命缕，一名续命缕，一名辟兵缯，一名五色缕，一名五色丝，一名朱索。又有条达等织组杂物，以相赠遗。采艾悬于户上，蹋百草，竞渡。是月俗多，禁忌盖屋及暴荐席。（《初学记》卷4《岁时部下·五月五日》）

57. 仲夏端午，方伯协极亨，惊用角黍、龟鳞顺德。注云：端，始也，谓五月初五也。四仲为方伯，俗重五月五日，与夏至同。鸭，春孵雏到夏至月，皆任啖也。先此二节一日，又以菰叶裹黏米杂粟，以淳浓灰汁煮之令熟。二节日所尚啖也。又煮肥龟，令极熟，擘择去骨，加盐豉、苦酒、苏蓼，名为葅龟，并以薤荠用为朝食，所以应节气。裹黏米，一名粽，一名角黍。盖取阴阳相苞裹未分散之象也。龟骨表肉里，外阳内阴之

---

① 周处《风土记》记载端午节饮食、娱乐的习俗佚文，除《齐民要术》外，还分别见于《太平御览》《初学记》和《玉烛宝典》等古籍的记载，除《太平御览》卷851《饮食部·粽》的引文与《齐民要术》卷9《法》的引文略同（《太平御览》卷851《饮食部·粽》引文脱"先以二节一日"六字，"用"作以"字"。《齐民要术》引文"五月五日"后脱一"及"字）、《初学记》卷4《岁时部下·五月五日》"仲夏端午，烹鹜角黍"系对《初学记》卷4《岁时部下·五月五日》引文的节引外，其他各书引文文字不同，内容也各有侧重，都有并存的价值。

② 据刘知几《史通》卷5《补注》篇，知《风土记》注文为周处自作。

形。鳝鱼又夏出冬蛰，皆所以因像而放，将气养和辅替时节者也。(《玉烛宝典》卷5《五月·仲夏》)

58. 《风土记》曰：仲夏端午，烹鹜角黍。端，始也，谓五月初五日也。又以菰叶裹黏米煮熟，谓之角黍。(《艺文类聚》卷4《岁时中·五月五日》)

59. 周处《风土记》曰：七月七日，其夜洒扫于庭，露施几筵，设酒脯时果，散香粉于河鼓、织女，言此二星神当会。守夜者咸怀私愿，或云，见天汉中有奕奕正白气，有耀五色，以此为征应。见者便拜，而愿乞富乞寿，无子乞子。唯得乞一，不得兼求。三年乃得言之，颇有受其祚者。(《初学记》卷4《岁时部下·七月七日》)

60. 夷则应履曲，七齐河鼓礼，元吉。注云：七月俗重是日，其夜洒扫于庭，露施几筵，设酒脯时果，散香粉于筵上，荧厘为稻祈，请于河鼓、织女。言此二星神当会。守夜者咸怀私愿，或云，见天汉中有弈弈正白气如地，河之波漾而辉辉有光耀五色，以此为征应。见者便拜，而愿乞富乞寿，无子乞子，惟得乞一，不得兼求，三年乃得言之。或云颇有受其祚者。①(《玉烛宝典》卷7《七月·孟秋》)

61. 周处《风土记》曰：七月初七日，其夜洒扫中庭。然则中庭乞愿，其旧俗乎？(《太平御览》卷31《时序部·七月七日》)

62. 魏时人或问董勋云："七月七日为良日，饮食不同于古，何也？"勋云："七月黍熟，七日为阳数，故以糜为珍。今北人惟设汤饼，无复有糜矣。"②(《太平御览》卷31《时序部·七月七日》)

63. 《风土记》曰：(无射绍侯，上九考祥。注曰：)九月九日，律中无射而数九，俗于此日以茱萸气烈成熟，当此日，折茱萸房以插头，言辟

---

① 此则佚文又见于《太平御览》卷31《时序部·七月七日》、《说郛》卷60上，而两书均脱"夷则应履曲，七齐河鼓礼，元吉"十二字正文和"注曰"二字以及注文中的"荧厘为稻祈"、"河之波漾而辉辉"等十二字。说明《太平御览》和《说郛》的引文均属《风土记》的自注部分。"七月俗重是日"，《太平御览》卷31《时序部·七月七日》作"七月初七日"，《说郛》作"七月七日"。《说郛》并脱"筵上"、"请于"四字。"请于"，《太平御览》作"以祈"。"有光耀五色"，《说郛》脱一"光"字。"星神"，《太平御览》作"星辰"，"白气如地"之"如地"二字，《太平御览》、《说郛》均脱。"或云"二字，《说郛》脱，《太平御览》作"咸云"。其余文字均同。

② 此条佚文又见《说郛》卷60上，"今北人"，《说郛》作"今此日"，其余文字相同。

恶气而御初寒。①（《太平御览》卷32《时序部·九月九日》）

64.《风土记》曰：茱萸，椒也。九月九日成熟，色赤可彩。世俗亦以此日折茱萸。费长房云："以插头髻，可避恶。"（《太平御览》卷960《木部·茱萸》）

65.《风土记》曰：俗上九月九日，谓为上九，茱萸到此日，气烈熟色赤，可折。茱萸囊以插头，云辟恶气，御冬。（《太平御览》卷991《药部·茱萸》）

66.进清醇以告蜡，竭恭敬于明祀，乃有明驱。注云：驱盖妇人所作金环，以锴指而缝者也。（义阳）腊日祭祀后，优妪儿童，各随其侪为藏驱之戏。分二曹以效胜负，以酒餐具。如人偶即敌对，人奇者即使奇人为游附，或属上曹，或属下曹，名为飞鸟，以齐二曹人数。一驱藏在数十手中，曹人当射知所在。一藏为（一）筹，五筹为一赌。提者捕得推手出驱，五筹尽，最后先为负，赌主部便起拜谢胜朝。②（《玉烛宝典》卷12《季冬》）

67.《风土记》曰：（击）壤者，以木作（之），前广后锐，长尺三

---

① 此条佚文，又见于《北堂书钞》卷155《岁时部·九月九日》、《艺文类聚》卷4《岁时中·九月九日》和《说郛》卷60。《北堂书钞》作："无射绍侯，上九考祥。注曰：俗谓此九日也。折茱萸房以插头，言辟恶气也。"可见，"无射绍侯，上九考祥"是正文，《艺文类聚》《太平御览》与《说郛》所载是注文部分。"以茱萸气烈成熟，当此日"十字他书均衍。"俗于此日"，《艺文类聚》作"俗尚此月"，《说郛》作"俗尚此日"，其余文字全相同。

② 此条佚文又见于《初学记》卷4《岁时部下·腊》、《太平御览》卷33《时序部十八·腊》、《艺文类聚》卷74《巧艺部·藏钩》和《太平御览》卷754《工艺部·藏钩》，后三书所载内容均是对《玉烛宝典》内容的节引。"明驱"，他本均作"藏钩"，据《太平御览》卷754《工艺部·藏钩》的注释"钩，古作驱，可知"驱"是"钩"的古字。各书引文中，《初学记》引文"进清醇以告蜡，竭恭敬于明祀。"是此条佚文的正文部分。《太平御览》卷33《时序部十八·腊》引文自"醇以告蜡"开始，至"分二曹以校胜负"终，是对此佚文前半部分的节引。"盖因"《御览》此处前脱一"驱"字。"效胜负"之"效"字《御览》作"校"字，盖因音同而通。"优妪儿童"，《御览》简为"叟妪"。"各随其侪为藏钩之戏"，《御览》衍"之戏"二字。《艺文类聚》卷74《巧艺部·藏钩》、《太平御览》卷754《工艺部·藏钩》引文自"腊日饮祭之后"开始，至"一藏为筹，五筹为一赌"止，是对《玉烛宝典》所载后半部分佚文的节引。"优妪"《类聚》和《御览》均作"嫂妪"，"腊日祭祀后"，《类聚》前多"义阳"二字，"祭祀"，《类聚》《御览》均作"饮祭"，"后"《类聚》、《御览》均作"之后"。"人奇者即使奇人为游附"，《类聚》作"人奇即人为游附"，《御览》"人奇"后脱一"者"字。"一驱藏在数十手中"，《类聚》脱一"十"字。"一藏为筹"《类聚》《御览》均作"一藏为一筹"，"五筹为一赌"，《类聚》"赌"作"都"。其余文字相同。

四寸，其形如覆。（腊）节，僮少以为戏也，（分部如掷博也。）（将戏，先侧一壤于地，遥于三四十步，以手中壤击之，中者为上部。）尧时有八九十老人，击而歌曰："日出而作，日入而息，凿井而饮，耕田而食，帝何力于我哉？"①（《太平御览》卷584《乐部·壤》）

68. 周处《风土记》云："仲夏造百索系臂。又有条达等织组杂物，以相赠遗。"（《说郛》卷17上）

69. 蜀之风俗，晚岁相与馈问，谓之馈岁；酒食相邀为别岁；至除夕达旦不眠谓之守岁。（《说郛》卷60上）

（六）舟车

70. 周处《风土记》曰：小曰舟，大曰船。温麻五会者，永宁县出豫林，合五板以为大船，因以"五会"为名也。"晨凫"，即青桐大舡名，诸葛恪所造鸭头舡也。预章栯桃诸木，皆以多曲理盘节为坚劲也。浩漂者，言船之在水，如莲花散落浮于川也。（《太平御览》卷770《舟部·叙舟下》）

71. 《风土记》曰：《周礼》以拂拭车一义，谓施严惟幰。（《太平御览》卷776《车部五·幰》）

72. 《风土记》曰：罢如从而小，敛口，从水上掩而取者也。（《太平御览》卷834《资产部·罢》）

（七）器物

73. 《风土记》曰：璇衡，即今浑仪。云古者以玉为之，转运者为机，持正者为衡。一说以良玉为管，中有光，盖取明以助远察。（《太平御览》卷2《天部·浑仪》）

74. 《风土记》曰：郑仲师以为夏至之日立八尺之表，景尺有五寸，谓之地中。一云阳地城，一云洛阳。（《太平御览》卷4《天部·晷》）

75. 《风土记》曰：自黄帝颛顼，下逮三王，治历十有一家。考课损

---

① 此佚文《文选》卷26谢灵运《初去郡》注引作："《风土记》曰：击壤者，以木作之，前广后锐，长可尺三四寸，其形如履。腊节，僮少以为戏，分部如掷博也。"《太平御览》卷755《工艺部·击壤》作："《风土记》曰：击壤者，以木作之，前广后锐，长可尺三四寸，其形如履。腊节，僮少以为戏，分部如掷博也。"此佚文又见宋四明沙门知礼述《金光明经文句记》卷5下，引文与《太平御览》卷755《工艺部·击壤》所载略同，唯"僮少以为戏"后，多一"也"字，而脱"分部如掷博也"六字。录文中"（）"中内容系分别据《太平御览》卷755《工艺部·击壤》和《文选》卷26谢灵运《初去郡》注补。

益，各有变衰，非运之错，考察异意故也。（《太平御览》卷16《时序部·律》）

76.《风土记》曰：豫章新淦县令，刻印而误作涂。（《太平御览》卷683《仪式部四·印》）

77.《风土记》云：笈，谓学士所以负书箱如冠箱而卑者也。（唐沙门释慧琳撰《一切经音义》卷10《胜天王般若经》第七卷《经后序·负笈》）

（八）服饰

78.《风土记》云：衣美爽之轻裘，蹑华光之龙舃。（《北堂书钞》卷128《衣冠部·舃》）

79.《风土记》曰：美朱爽之轻履，蔑龙舃之文章。爽，藤也，赤色，缘木而长，大如箭杆。越人以为屩，经以青芒，行山草，便于用靴，故越人重之。（《太平御览》卷698《服章部·屩》）

80. 周处《风土记》：孙权往征公孙，浮海乘船作也。时和歌者犹云：'行行盖纻出，于此炙縠子。'曰白纻细白，生纻布也，今湖州者最上也。（《说郛》卷23下）

（九）饮食

81.《风土记》曰：天正日南，黄钟践长，粥馆萌征。注云：黄钟始动，阳萌地内，日长，律之始也。是日，俗尚以赤豆为糜，所以象色也。①（《玉烛宝典》卷11《十一月·仲冬》）

82. 吴王阖闾女骄恣，尝与王争食鱼炙，怨恚而死。（《白孔六贴》卷16《炙》）

83.《风土记》曰：酒则五饼赞夏，蕤宾显名。（《初学记》卷26《器物部·酒》）

84.《风土记》云：酒则元端水齐，春酝夏成，发机连珠，澜澈神情。（《北堂书钞》卷148《酒食部·酒》）

85.《风土记》曰：穤，稻之紫茎。穤，稻之有青穗，米皆青白者

---

① 《太平御览》卷859《饮食部·糜粥》引此佚文曰："《风土记》曰：天正日南，黄钟践长，粥馆追萌，征纳休昌。是以阳始萌动，为馆粥以养幼扶微。俗尚以赤豆为糜，所以象色也。"另外，《初学记》卷26《器物部·粥》引此条佚文曰："天正日南，黄钟践长。是日始牙动，为馆粥以养幼；俗尚以赤豆为糜，以象色也。"三条佚文文字内容相似而文字差异较大，录此并存。

也。(《太平御览》卷839《百谷部·稻》)①

86.《风土记》曰：精折米，十取七八。取渐使青，蒸而饭，色乃紫绀。于东流水饭食与，洗而除不祥。②（《初学记》卷26《器物部·饭》)

（十）果实

87.《风土记》曰："甘，橘之属，滋味甜美特异者也。有黄者，有赪③者，谓之'壶甘'。"④（《齐民要术》卷10《五谷、果蓏、菜茹非中国物产者·甘》)

88.《风土记》曰："柚，大橘也，色黄而味酢。"⑤（《齐民要术》卷10《五谷、果蓏、菜茹非中国物产者·柚》)

89.《风土记》曰："枇杷，叶似栗，子似蒜，十十而丛生。"（《齐民要术》卷10《五谷、果蓏、菜茹非中国物产者·枇杷》)

90.《风土记》曰（三)："柤，梨属，内坚而香。"⑥（《齐民要术》卷10《五谷、果蓏、菜茹非中国物产者·柤》)

91.《风土记》曰："南郡细李，四月先熟。"⑦（《齐民要术》卷4《种李》)

92.周处《风土记》曰：夏至之雨，名为黄梅雨。（《太平御览》卷970《果部·梅》)

93.《风土记》曰：橙、柚属也，而叶正圆。（《太平御览》卷971

---

① 《齐民要术》卷2《水稻》引此佚文曰："稻之紫茎，稻之青穗，米皆青白也。"《初学记》卷27《草部·附五谷》引作："穄稻之青穗，米皆青白也。"《说郛》卷60上引此佚文作："穄，稻之青，穄，米皆青白也。"都不如《御览》所引文意完备。

② 《太平御览》卷850《饮食部·饭》引文与此略同，唯"精折米"作"精渐米"，揆之前后文，似以"渐"字为确。"取渐使青"，脱一"取"字。"于东流水饭食与"，《御览》无"与"字，证诸文意，说明"与"字为衍文。"洗而"《御览》作"而洗"，二者文意皆通。

③ "赪"，音称，赤色或浅赤色，《类聚》、《初学记》作"□"，俗字；湖湘本作"赭"，虽也是赤色，应是误字，《御览》同。

④ 《初学记》卷28引作周处《风土记》，《说郛》卷60上文同。《艺文类聚》卷86、《太平御览》卷966引《风土记》亦同，惟《类聚》"壶甘"作"胡甘"，《御览》则"赪者"重文，即"壶甘"专指"赪者"。《南方草木状》卷下有和《风土记》相同的记载，"赪者"也属重文。

⑤ 《太平御览》卷973引《风土记》"色黄而味酢"作"赤黄而酢也"，余同《齐民要术》。

⑥ "内坚"，可能是"肉坚"之误，《观象庐丛书》本《齐民要术》即改作"肉坚"。

⑦ 《艺文类聚》卷86引《风土记》作："南郡有细李，有青皮李。"《初学记》卷28作"南郡有细李、青皮李"。《太平御览》卷968、《说郛》卷60上引周处《风土记》同《齐民要术》，但"南郡"均讹作"南居"。

《果部·橙》）

94.《风土记》曰：枇晃，叶似栗，子似杏，小而丛生，四月熟。（《太平御览》卷971《果部·枇晃》）

95.《风土记》曰："博士芋，蔓生，根如鹅、鸭卵。"① （《齐民要术》卷2《种芋》）

（十一）草木

96. 周处《风土记》曰：旧说舜葬上虞。又《记》云：耕于历山。而始宁、剡二县界上，舜所耕田，在于山下，山多柞树。吴越之间名柞为枥，故曰历山。② （《太平御览》卷958《木部·柞》）

97.《风土记》曰：三香：椒、档、姜。（《太平御览》卷958《木部·椒》）

98.《风土记》曰：夜合，叶晨舒而暮合。一名合昏。（《太平御览》卷958《木部·夜合》）

99.《风土记》曰："宜男，草也，高六尺，花如莲。怀妊人带佩，必生男。"③ （《齐民要术》卷10《五谷、果蓏、菜茹非中国物产者·鹿葱》）

100. 周处《风土记》曰：日精，治蔷，皆菊之花茎别名也。生依水边，其华煌煌；霜降之时，唯此草盛茂。九月，律中无射，俗尚九日而用候时之草也。④ （《初学记》卷27《草部·菊》）

101.《风土记》曰：蒲生于陆，叶如乌扇而紫葩。一曰荻蒲，好草也。（《太平御览》卷999《百卉部·蒲》）

102. 周处《风土记》曰：萍，苹，芹菜之名也。大者苹，小者萍。⑤

---

① 《太平御览》卷975《果部·芋》引文与此同，惟"鹅"作"鸡"。

② 《艺文类聚》卷89《木部下·柞》引此条佚文作"舜所耕多柞树"，当系对《风土记》原文之节引。

③ 《太平御览》卷994、《艺文类聚》卷81"鹿葱"条均引到《风土记》此条，文句略同。"高六尺"《艺文类聚》作"高六七尺"，"怀妊人带佩"《类聚》作"宜怀妊妇人佩之"，《御览》"妊"作"娠"。《御览》卷996"萱"再引《风土记》多"又名萱草"句。

④ 《太平御览》卷996《百卉部·菊》引文与此略同。而"日精"后多一"也"字，中间脱"生依水边，其华煌煌；霜降之时，唯此草盛茂"十七字。"律中无射"后多"数尚九"三字。

⑤ 《初学记》卷27《草部·萍》、《太平御览》卷1000《百卉部·萍》引文与此相同，而均脱"大者苹，小者萍"六字。

(《祖庭事苑》卷3《雪窦祖英上·白苹》)

103.《风土记》曰：石发，水苔也，青绿色，皆生于石。①（《文选》卷12 郭璞《江赋》注）

104.《风土记》曰：茱萸，椴也。九月九日熟，色赤，可采时也。（《艺文类聚》卷89《木部下·茱萸》）

105.《风土记》曰："藇，蔓生，被树而升，紫黄色。子大如牛角，形如蟥，二三同蒂，长七八寸，味甜如蜜。其大者名'枺'。"②（《齐民要术》卷10《五谷、果蓏、菜茹非中国物产者·藇》）

106. 周处《风土记》曰：合昏，槿也，叶晨舒而昏合。[《文选》卷56 陆佐公《新刻漏铭（并序）》注]

107.《风土记》曰：蕋，香菜，根似茆根，蜀人所菹香。蕋与蕺同。（《文选》卷4 张衡《南都赋》注）

（十二）鸟兽

108.《风土记》曰：六月，东南长风，俗名黄雀风，时海鱼化为黄雀，因为名也。（《太平御览》卷940《鳞介部·黄雀鱼》）

109. 鸣鹤戒露。注云：白鹤也。此鸟性儆，至八月白露降，流于草叶上，适适有声，因即高鸣相儆，移徙所宿，虑有变害也。③（《玉烛宝典》卷8《八月·仲秋》）

110.《风土记》曰：祝鸠，反舌也。郑注《礼记》云："反舌、百舌鸟。"糜信难曰："案《纬书》：反舌，虾蟆也。昔于长安，与诸生共至城北水中取虾蟆，剥视之，其舌反成向。此则郑君得毋过乎？"乔凫答曰："虾蟆五月中始得水，当聒人耳，何云无声？是知虾蟆非反舌鸟。"④（《太平御览》卷923《羽族部·百舌》）

---

① 《初学记》卷27《草部·苔》、《说郛》卷60上引文与此全同。《艺文类聚》卷82《草部下·苔》、《太平御览》卷1000《百卉部·苔》引文与此亦同，唯"苔"作"衣"字。

② 《太平御览》卷998引《风土记》无"形如蟥"及最末句，脱"子"字，"寸"误"尺"，余同《齐民要术》。

③ 《太平御览》卷916《羽族部·鹤》、《说郛》卷60上引文与此略同。《御览》"鸣鹤戒露"后脱"注云：白鹤也"五字，"适适"作"滴滴"，"儆"作"警"，盖俗字也。文末多一"处"字而脱"虑有变害也"五字。《说郛》引文作"白鹤性警，至八月白露降，流于草叶上，滴滴有声，即鸣"。则是对此条佚文的节引。

④ 《艺文类聚》卷92《鸟部下·反舌》引《风土记》曰："祝鸠，反舌也"，是对此条佚文的节引。

111.（隽），是赤口燕也。（《太平御览》卷923《羽族部·隽》）

112.《风土记》曰：说《诗》义者，或说雎鸠为白鹭。白鹭，鹫属，于义无取。盖苍鹨，大如白鹭而色苍，其鸣"戛戛"和顺，又游于水而息于洲，常只不双。（《太平御览》卷926《羽族部·白鹭》）

113.《风土记》曰：鹬鹣，鸳属。飞则鸣，其翅肃肃者也。（《太平御览》卷928《羽族部·众鸟》）

114.周处《风土记》曰：鹭，鹭䴋也，以名自呼，大如鸡，生卵于荷叶上。（《后汉书》卷40《班固传》注）

115.《风土记》曰：鹭，鹭䴋也。以名自呼，大如小鸡，生于荷叶上。（《太平御览》卷928《羽族部·众鸟》）

116.《风土记》曰：鸭，春季雏，到夏五月则任啖，故俗五六月则烹食之。①（《齐民要术》卷6《养鹅、养鸭》）

117.《风土记》曰：犬则青鹨白雀，飞龙虎子，驯良捷警，难狎易使也。②（《初学记》卷29《兽部·狗》）

118.《风土记》曰：阳羡县前有大桥，下有白獭。将有兵动，獭出穴口，向人噑也。③（《太平御览》卷912《兽部·獭》）

119.《风土记》曰：石豰，似貉而形短，常捕取猴猨。（《太平御览》卷913《兽部·杂兽·石》）

（十三）虫鱼

120.周处《风土记》云：土宿，大蜂也。骆各，小蜂。啮断其翅，使塘土以广其室。观其穴口聚土多，知其贫富。人掘其子，煮而食之。（《北堂书钞》卷158《地部·穴篇》）

121.《风土记》曰：七月而蟋蟀鸣于朝，寒蛬鸣于夕。（《艺文类聚》

---

① （隋）杜台卿《玉烛宝典》卷5引《风土记》作："鸭，春孚雏，到夏至月皆任啖也"，无"故俗五六月则烹食之"句。

② 《太平御览》卷905《兽部·狗下》、《说郛》卷60上引文与此全同。但《初学记》卷29《兽部·狗》事对部分"锯齿"条又引此佚文作"犬则青鹨白雀，飞龙虎子，猲獢五鱼，狼牙锯齿"，与此稍异。

③ 《初学记》卷7《地部下·桥》引文与此大略相同，唯"下有白獭"句脱一"白"字，"向人噑也"作"西向而噑"。另外，《初学记》卷7《地部下·江南道》引此佚文作："长桥下有白獭。若将有兵，獭出穴口，四望而噑。旧言有神。"与上述引文又略有不同。

卷97《鳞介部下·虫豸部·蝉》)①

122. 周处《风土记》曰：阳羡谷，五月以薤蒸鳝而食。凡鳝鱼夏出冬蛰，亦以将气养和实时节也。（《太平御览》卷937《鳞介部·鳝鱼》）

123.《风土记》曰：俗说鲲，一名海䱱，长数千里，穴居海底，入穴则水溢为潮，出穴则水入潮退，出入有节，故潮水有期。②（《太平御览》卷68《地部·潮水》）

（十四）武备

124. 周处《风土记》云：戟为五兵雄也。（《史记》卷117《司马相如列传》索隐）

125.《风土记》曰：仗，谓刀戟之总名也。（《一切经音义》卷21《音新译大方广佛花严经音义》卷上《经卷第十四·净行品·铠仗》）

126. 周处《风土记》曰：戟长一丈三尺，奋扬俯仰，乍跪乍立，兼五兵而能，乃谓名人。（《太平御览》卷353《兵部·戟下》）

127. 周处《风土记》曰：教学讲武，戒远虑戎。首玄戈奋长雄，迎来送往，斫截横从。扶强顿弱，惟敌所从。（首，先也。玄戈，北斗杓端招摇之内、贯索之外，独星也。戟为五兵之雄，盖取威奋振也。凡用戟法必先小振动之，陵上摄下，收功于中，恒在首领之间来迎去送，顺而不逆也）植则虎龙交牙，神变无常。去者厚饯，来者不攘。（言用双戟之法，交戟相向，左手为龙，右手为虎，更出更入，更上更下，上下无常，随变而改。颠倒入怀，转如回风，敌毙孤胜，摄戟徐反，可谓上下无常，非为邪也，进退无恒，非离群也。盖乃进足奋手欲及机也。如敌来轻去，疾进而送之；来重进疾，开而待之）（《太平御览》卷353《兵部·戟下》）

（十五）居处

128. 周处《风土记》曰：阳羡县前有大桥，南北七十二丈。桥中高起，有似虹形。袁君所立。③（《初学记》卷7《地部下·桥》）

129.（宜兴）县有九亭，今三可识，其六不知其所。（《舆地纪胜》卷6《常州·景物下》，《太平寰宇记》卷92《江南东道·常州》）

---

① 《太平御览》卷949《虫豸部·刀口劳》引文与此略同，唯"七月"作"秋"，"夕"作"夜"。

② 唐孔颖达《春秋左传正义》卷23《宣十二年》引此条佚文作："鲸鲵，海中大鱼也。俗说出入穴即为潮水。"系对《御览》所载佚文的节引。

③ 《说郛》卷60上引文与此全同，仅文末脱"袁君所立"四字。

130. 宅亦曰第，言有甲乙之次第也。一曰出不由里门，面大道者名曰第。（《初学记》卷 24《居处部·宅第》）

131. 周处《风土记》云：（晋陵东郭外南庙后有古墓）此墓即季子墓也。（《全唐文》卷 294 高绍①《重修吴季子庙记》）

（十六）人物

132.《风土记》曰：舜，东夷之人，生于桃丘妫水之汭，损石之东。旧说言舜上虞人也。虞即会稽县，距余姚七十里，始宁上虞，南乡也，后为县。桃丘，即姚丘，方相近也。今吴北亭虞滨，在小江里，县复五十里对小江北岸。临江山上有立石，所谓"损石"者也。斜角西南揩俗呼为"芴公崭"，高石也。（《太平御览》卷 81《皇王部六·帝舜有虞氏》）

133.《风土记》曰：阳羡县令袁起生有神灵，无疾暴亡。殡敛已竟，风雷冥晦，失起丧柩。山下居民夜闻山下有数十人，晨往山上，见起棺柩。俄而潜藏，惟有石冢、石坛今在。（《太平御览》卷 551《礼仪部·棺》）

134.《风土记》曰：阳羡县令袁起生有神异，无病而亡。冢东面有屏风，盖神之所座。（《太平御览》卷 701《服用部·屏风》）

135.《风土记》曰：阳羡县有袁君冢，坛边有数枚大竹，高二三丈。枝皆两两。枝下垂，如有尘秽，则扫拂，坛上恒净洁。②（《太平御览》卷 962《竹部·竹上》）

136.《风土记》曰：阳羡袁君庙有祈雨者，则祝称神命，常赐芝草。草菌也。便以神前酒杯灌地，以大羹杯复之。有须，发杯，而菌生。今犹然。（《太平御览》卷 962《竹部·菌》）

---

① 《全唐文》作者简介曰："绍官考功郎中，开元七年，由长安令左迁润州长史。"
② 《齐民要术》卷 10《五谷、果蓏、菜茹非中国物产者·竹》引文与此略同，唯"枚"作"林"，"两两"作"两披"，脱"枝下垂，如有尘秽"七字，"则扫拂，坛上恒净洁"作"下扫坛上，常洁净也"。

# 附录二

# 《晋书》卷58《周处传》

周处，字子隐，义兴阳羡人也。父鲂，吴鄱阳太守。处少孤，未弱冠，膂力绝人，好驰骋田猎，不修细行，纵情肆欲，州曲患之。处自知为人所恶，乃慨然有改励之志，谓父老曰："今时和岁丰，何苦而不乐耶？"父老叹曰："三害未除，何乐之有！"处曰："何谓也？"答曰："南山白额猛兽，长桥下蛟，并子为三矣。"处曰："若此为患，吾能除之。"父老曰："子若除之，则一郡之大庆，非徒去害而已。"处乃入山射杀猛兽，因投水搏蛟，蛟或沉或浮，行数十里，而处与之俱，经三日三夜，人谓死，皆相庆贺。处果杀蛟而反，闻乡里相庆，始知人患己之甚，乃入吴寻二陆。时机不在，见云，具以情告，曰："欲自修而年已蹉跎，恐将无及。"云曰："古人贵朝闻夕改，君前途尚可，且患志之不立，何忧名之不彰！"处遂励志好学，有文思，志存义烈，言必忠，信克己。期年，州府交辟。仕吴为东观左丞。孙皓末，为无难督。及吴平，王浑登建邺宫酾酒，既酣，谓吴人曰："诸君亡国之余，得无戚乎？"处对曰："汉末分崩，三国鼎立，魏灭于前，吴亡于后，亡国之戚，岂惟一人！"浑有惭色。

入洛，稍迁新平太守。抚和戎狄，叛羌归附，雍土美之。转广汉太守。郡多滞讼，有经三十年而不决者，处详其枉直，一朝决遣。以母老罢归。寻除楚内史，未之官，征拜散骑常侍。处曰："古人辞大不辞小。"乃先之楚。而郡既经丧乱，新旧杂居，风俗未一，处敦以教义，又检尸骸无主及白骨在野收葬之，然始就征，远近称叹。

及居近侍，多所规讽。迁御史中丞，凡所纠劾，不避宠戚。梁王肜违法，处深文案之。及氐人齐万年反，朝臣恶处强直，皆曰："处，吴之名将子也，忠烈果毅。"乃使隶夏侯骏西征。伏波将军孙秀知其将死，谓之曰："卿有老母，可以此辞也。"处曰："忠孝之道，安得两全！既辞亲事君，父母复安得而子乎？今日是我死所也。"万年闻之，曰："周府君昔临新平，我知其为人，才兼文武，若专断而来，不可当也。如受制于人，此成擒耳。"既而梁王肜为征西大将军、都督关中诸军事。处知肜不平，必当陷己，自以人臣尽节，不宜辞惮，乃悲慨即路，志不生还。中书令陈准知肜将逞宿憾，乃言于朝曰："骏及梁王皆是贵戚，非将率之才，进不求名，退不畏咎。周处吴人，忠勇果劲，有怨无援，将必丧身。宜诏孟观以精兵万人，为处前锋，必能殄寇。不然，肜当使处先驱，其败必也。"朝廷不从。时贼屯梁山，有众七万，而骏逼处以五千兵击之。处曰："军无后继，必至覆败，虽在亡身，为国取耻。"肜复命处进讨，乃与振威将军卢播、雍州刺史解系攻万年于六陌。将战，处军人未食，肜促令速进，而绝其后继。处知必败，赋诗曰："去去世事已，策马观西戎。藜藿甘梁黍，期之克令终。"言毕而战，自旦及暮，斩首万计。弦绝矢尽，播、系不救。左右劝退，处按剑曰："此是吾效节授命之日，何退之为！且古者良将受命，凿凶门以出，盖有进无退也。今诸军负信，势必不振。我为大臣，以身殉国，不亦可乎！"遂力战而没。追赠平西将军，赐钱百万，葬地一顷，京城地五十亩为第，又赐王家近田五顷。诏曰："处母年老，加以远人，朕每愍念，给其医药酒米，赐以终年。"

处著《默语》三十篇及《风土记》，并撰集《吴书》。时潘岳奉诏作《关中诗》曰："周徇师令，身膏齐斧。人之云亡，贞节克举。"又西戎校尉阎缵亦上诗云："周全其节，令问不已。身虽云没，书名良史。"及元帝为晋王，将加处策谥，太常贺循议曰："处履德清方，才量高出；历守四郡，安人立政；入司百僚，贞节不挠；在戎致身，见危授命：此皆忠贤之茂实，烈士之远节。案谥法执德不回曰孝。"遂以谥焉。有三子：玘、靖、札。靖早卒，玘、札并知名。

# 附录三

## 《义兴周将军庙记》

徐锴[①]

《全唐文》卷888

　　君字子隐，义兴阳羡人。晋鄱阳太守鲂之子。少而跅弛，任侠自处，不护细行，乡人以为暴焉。尝感父老之言，以南山之虎，长桥之蛟，并己为三害。于是入山杀兽，既而搏蛟，浮沈三日，竟断之而出。初，里人以为君之没也，室家相庆。既出，始知人患己之深也。乃入吴，寻二陆而师之。学成义立，以忠烈自处，期年而州府交辟。嗟夫！观过知仁，则向之所为，非巨恶矣。

　　吴末为无难督，及王浑平吴，置酒高会，调吴人曰："诸君亡国之余，得无戚乎？"君曰："汉室分崩，三方鼎足。魏灭于前，吴亡于后。亡国之戚，岂独一人。"浑有惭色。荆楚之烈，气凌太原。兵灭之余，折而不挠。及为广平太守，积纪滞讼，决之一朝。君之果也，于从政乎何有？以母疾罢归，为楚内史，征拜散骑常侍。君曰："古人辞大不辞小。"乃先之楚，化行俗易，然后从征。及居近侍，多所规讽。迁御史中丞，纠劾不避宠戚。梁王肜违法，君深文按之。齐万年反，权臣恶君之强直，以君讨之。移孝于忠，有死无二。贼策之曰："周君才兼文武，若专断而来，不可当也。如受制于人，此成擒耳。"呜呼！盗有道焉，其知之矣。及六陌之役，梁王为帅，军人未食，肜促令进，而绝其后继。君自知必

---

[①] 徐锴，字楚金，与兄铉齐名。事南唐嗣王，为秘书郎，授右拾遗集贤殿直学士。忤权要，以秘书郎分司东都，复召为虞部员外郎。后主立，迁屯田郎知制诰集贤殿学士。及贬制度，改拜右内史舍人兼兵吏部选事。开宝七年卒，年五十五，赠礼部侍郎，谥曰文。

败，赋诗曰："去去世事已，策马观西戎。藜藿甘粱黍，期之克令终。"言毕而战。自旦至暮，斩首万计。弦绝矢尽，而援不至。左右劝之退，君以为凿门而出，义不旋踵，遂殁焉。

夫梁王以宗戚之贵，义兼家邦，非不知良材为国之所凭，盖利欲之诱深，而爱国之情浅也。而况悠悠群品，安足言哉。由是而言，君之所按，非深文也。夫奸臣之与直士，其不合有三。佞直不同，嗜好亦异，一也。邪正相形，才望相绝，虽欲企尚，不能效之，抚心内愧，遂成雠恶，二也。以小人之性，度君子之心，以为善人之进，必来排己，三也。有此三者，至于反兵。贤人既殒，遂及于国。夫剖巢破卵，凤凰不翔。杀觢损犊，圣人亦逝。将军既殁，此西晋之所以沦胥也。二子继德，此东晋之所以光启也。君既除害，乡里称之。又尝著《阳羡风土记》，则精灵所留，游盼有在矣。错以癸亥奉诏为祠官，东祷山岳。历将军之庙貌，想先贤之高风。周旋徜徉，欲去不忍。惟君之见危授命，当官必理，虽百代之王者，愿以为臣焉。郡县既以时致祀，敢即其图像而为颂曰：

深山大泽，实生龙蛇。左湖右溇，君子之家。烈烈周君，国之爪牙。梁摧国圮，命也如何。越在童龀，所游非类。见善则迁，过而无遂。眈眈白额，择肉朱殷。矫矫长蛟，喷沫飞涎。摧斑碎掌，润草丹川。无文曷行，不学将落。裹足时彦，见机而作。学成德备，敿我王庭。所居成政，所历传名。敏而应敌，正以持倾。亦既霜台，纠斯强御。自亲及疏，何吐何茹。翩彼权幸，假国之威。妒贤丑正，言遂其私。取彼贤人，委之豺虎。君实致身，曾无二虑。恭闻仙诰，惟忠是与。仰料将军，解形而去。辽东千岁，归鹤来翔。威加四海，魂魄还乡。矧兹蘋藻，在渚之阳。斯文曷补，实德无疆。

# 附录四

# 周处《风土记》序跋十种辑存

## 一　严可均《风土记》叙

《隋志》：风土记三卷，晋平西将军周处撰。旧新唐志作十卷。以史能之《咸淳毗陵志》考之，知石晋后有续补本，或旧志误据而新志沿之，故卷数增多耳。

处字子隐，义兴阳羡人，元康七年征齐万年战没，谥曰孝。著《默语》三十篇及《风土记》，并撰集《吴书》，见晋书本传。今《默语》、《吴书》只字不传，而《风土记》引见各书者尚多。余采得二百三十余事，省并复重，定著一卷。其正文协韵如古赋，而故实皆载于注，注即子隐自撰。征用者多取注而略正文，故今所辑，注居十之九。或议其书，以震泽作雷泽，为舜渔处。以上虞有历山为舜耕处，未免失实。余谓方志与史同科，疑以传疑，信以传信，博征旧说，足广异闻。其言阳羡本名荆溪者，汉书功臣侯表高帝十二年十月以荆令尹灵常封阳羡侯，荆即荆溪，盖秦县。可补地理志所未备。其言武进为阳羡之邑者，武进晋太康初置县，吴时但有毗陵、曲阿二县也。宋书州郡志义兴郡，惠帝永兴元年分吴兴之阳羡、丹扬之永世立。子隐死后八年改元永兴，则子隐吴兴阳羡人，而本传作义兴阳羡人者，以后蒙前也。晋地理志无阳羡县，亦无义兴郡，殊属脱漏。其书撰于吴时，故称大吴，或名孙权征用者变其词也。惜其久亡，所得见者仅十之二三，然而亭邑、古迹、山水、节候、风俗、舟车、器服、物产、果实、草木、鸟兽、虫鱼，品类略备，原次无可考，即以此区分，取便检阅。别有《冀州风土记》、《湖南风土记》等书，易与相混，故征用者多标周处名以别之，亦有不标名者，审按故实，果本书所互有，即不必质疑，当疑者附录卷末，具《咸淳毗陵志》所载可据用者十四事，又七事为续补本,亦附录卷末。子隐斩蛟射虎,卒以身殉国,烈士远节,踔越古今。

寓斋有石本画像,忠勇之气,凛凛如生。余辑此本,凡四易稿,古地说自《山海经》《水经》外,此为最旧。《三辅黄图》《华阳国志》并出其后。

嘉庆乙亥岁立冬日,乌程严可均谨叙。《铁桥漫稿》卷五。

## 二 金武祥补校王谟辑《阳羡风土记》序

晋书载周孝侯斩蛟射虎,讨氐羌以身殉国,而励志好学,有文思。著《默语》三十篇及《风土记》,并撰集《吴书》。其《风土记》隋志称三卷,唐志称十卷。刘知几《史通》补注篇谓:"文言美词,列于章句,委曲叙事,存于细书"[①]者也。书已亡佚。国朝嘉庆间,金谿王进士谟于群籍十九种中采获九十七条,入所辑汉魏遗书钞别史地理书类。刊布未广,板已被毁。近于阳湖吕大令椿培许得旧本,武祥复于他书采获若干条补王本之缺,其有同此一条两书引用互异者,仍兼收,以备参校。王氏原辑讹误者,亦辨正之。并以会稽章孝廉宗源所著《隋书经籍志考证》附于后。虽纂辑无多,而时令、山川、古迹、物产略备,亦足以存古书梗概矣。阳羡为今宜兴荆溪境,与余邑近在同郡。风土相似,刊此以寄乡关之思,且以景慕前哲云尔。

(光绪二十年甲午季秋,江阴金武祥识于广州坡山古渡头。《中国风土志丛刊》)

## 三 章宗源《隋书经籍志考证》

《风土记》三卷,晋平西将军周处撰。

《晋书》周处传:处著《风土记》,唐志十卷,《史通》补注篇曰:若挚虞三辅决录,陈寿季汉辅臣,周处阳羡风土,常璩华阳士女。文言美词,列于章句;委曲叙事,存于细书。愚按《初学记》岁时部:正月元

---

① (唐)刘知几著,赵吕甫校注:《史通新校注·内篇·补注》,重庆出版社1990年版,第322页。

日食五辛练形。注曰：辛菜所以助发五脏也。庄子曰，春日饮酒茹葱以通五脏。仲夏长风扇暑。注曰：此节东南常有风至，俗名黄雀长风。仲夏濯枝潋川。注曰：此节常多大雨，名濯枝。《太平御览》时序部：榆荚雨，注曰：春雨。黄鹤风，濯枝雨。注曰：六月之雨也。此引周处《风土记》皆分晰正文及注。他如：鲸鲵，海中大鱼也，俗说出入穴即为潮水。（《春秋左传》宣公正义）舜耕于历山，山多柞树，吴越名柞为历，故曰历山。（《水经》河水注）蕊香菜根似茆根，蜀人所谓蒩香。（《文选》南都赋注）石发，水苔也，青绿色，皆生于石。（《文选》江赋注）笈，谓学士所以负书箱，如冠箱而卑者也。（《一切经音义》卷一）大水有小口，别通口浦。（《广韵》卷三）茱萸，椴也。九月九日熟，色赤，可采时也。（《艺文类聚》木部）璇衡即今之浑仪也。古者以玉为之，转运者为机，持正者为衡。（《御览》天部，文《北堂书钞》仪饰部作"转运者为衡"，削"持正"句。）此皆注文。若月正元日，百礼兼崇。（《初学记》岁时部）舡舸单乘载数百斛。（《北堂书钞》舟部）戟为五兵雄。（《史记》司马相如传索隐。《书钞》武功部曰："戟长一丈三尺，奋扬俯仰能兼五兵"。当即此句注文。）此皆正文。又《北堂书钞》舟部曰：若乃越腾百川，济江泛海，其舟则温麻。五会东甄，晨凫青桐梧樟，航疾乘风，轻帆电驱。此类赋体所谓"文言美词"也。至《御览》服章部：美朱爽之轻履，蔑尤舄之文章。（《书钞》衣冠部亦引此二句）爽，藤也，赤色，以为履行。山草，便于用靴，故越人重之。又，羽族部：鸣鹤戒露，此鸟警，至八月白露流于草上，适适行声。因即高鸣相警，移徙所宿处。（《艺文类聚》鸟部同）此皆正文及注同引，而脱去"注曰"二字。然分别观之，自可考见。（《二十五史补编》）

## 四　姚振宗《隋书经籍志考证》

　　《风土记》三卷，晋平西将军周处撰。
　　《晋书》本传，处字子隐，义兴阳羡人也。未弱冠膂力绝人，不修细行，纵情肆欲，州曲患之。处自知为人所恶，乃入吴寻二陆，时机不在，见云具以情告。遂励志好学，有文思。期年州府交辟，仕吴为东观左丞，孙皓末为无难督。吴平入洛，迁新平广汉太守、楚内史散骑常侍御史中丞，后西征氐人齐万年战没，追赠平西将军。处著《默语》三十篇及

《风土记》,并撰集《吴书》。元帝为晋王策谥曰孝。又惠帝本纪元康七月正月癸丑,周处及齐万年战于六陌,处死之。

《唐书经籍志》:《风土记》十卷,周处撰。《唐书艺文志》:周处《风土记》十卷。

《史通》补注篇曰,若挚虞三辅决录,陈寿季汉辅臣,周处阳羡风土,常璩华阳士女。文言美词,列于章句;委曲叙事,存于细书。按此,则是书亦称《阳羡风土记》也。

章氏考证曰:诸书引《风土记》有分析正文、注文者,有但引注文者,有但引正文者,有正文及注同引而脱去"注曰"二字者,然分别观之,自可考见。

乌程严可均辑本序曰:处著《默语》《风土记》《吴书》。今《默语》《吴书》只字不传,而《风土记》引见各书者尚多,采得二百三十余事,省并复重定著一卷。其正文协韵如古赋而故实皆载于注,注即子隐自撰。征用者多取注而略正文。故今所辑,注居十之九,其书撰于吴时,故称大吴。惜其久亡,所得见者仅十之二三。然而亭邑、古迹、山水、节候、风俗、舟车、器服、物产、果实、草木、鸟兽、虫鱼,品类略备。原次无可考,即以此区分焉。又曰,隋志三卷、旧新唐志作十卷。以史能之《咸淳毗陵志》考之,知石晋后有续补本,或旧志误据而新志沿之,故卷数增多耳。(《二十五史补编》)

## 五　赵绍祖《风土记》跋

晋周孝侯《风土记》十卷,载唐新旧二志,至托克托总修国史而书已不见于艺文。我高宗纯皇帝钦定四库,特命词臣采辑《永乐大典》。凡可成帙者,皆还旧观,而此书不在是焉。则其佚必自元初矣。陶宗仪《说郛》卷六十所刻,凡二十条。然《说郛》意在广存书目,非肯细心搜罗者。吾友鸿轩先生为孝侯裔孙,乃能取《艺文类聚》《初学记》以下诸书有引《风土记》者,鳞次栉比并存其异同而详辨其疑。似此真仁人孝子之用心而为孝侯所首肯于千载之上者也。鸿轩本以选拔为名广文。今庸保荐莅任仙源,政简民安,留心翰墨,又复虚心善下,特遣健足寄示,而商及老拙。因喜为跋而归之,即以代复简焉。

嘉庆二十年季夏,中浣之吉泾川赵绍祖谨跋。

## 六　周冕《风土记》按

孝侯所著《吴书》及《默语》，世既无传本。即《风土记》一书，名人多引用之，究未见成编，不过于类书中散见一二，字句多寡各书互异。久欲觅一全本，杳不可得，因于流览之下值有征引《风土记》者必手录之。积数十年衮然成帙，然重复居多，错互尤其。暇时汇集各本细为校订，复者删之，讹者订之，得若干页藏诸箧中，兹将付梓，不敢自信，录请泾川赵琴士先生订正。先生藏书最富，考核精当，又为增入数条。适二弟之浩寄余《风土记拾遗考》一编，较余所辑益详且备。又云邑人路蒙山手辑数条。今已录来，亦宜增入。冕不胜欣喜，并登载之，共计一百三十余条。以视蒋初重本不啻倍蓰之矣，然未知此外尚有遗佚否，尚望博雅君子于他书得《风土记》者惠寄增刻，尤为幸甚。

## 七　周诰《风土记》案

《晋书》孝侯本传称著有《默语》三十篇及《风土记》，并撰集《吴书》。今《默语》《吴书》佚不可考，而《风土记》亦未著卷目。《隋书经籍志》云：周子隐《风土记》三卷，《唐书艺文志》云：晋平西将军周处《风土记》十卷，郑氏通志仍云三卷，至《宋史艺文志》曰：常州《风土记》一卷注：不知作者。想是书自宋渡南后已亡佚无可征矣。故马氏通考经籍门竟无其书。宋志所称或非孝后书也。元陶宗仪《说郛》内著录仅得二十条，而中三条非孝侯原文考证见后。明顾起元有志搜罗而未及遂，见周亮工《江宁府志摭佚》。本邑沈敕《荆溪外纪》搜采得四十二条，较南村为详矣。然视他类书所引尚不及三之一，又未著采摭所自，无以征信。伯兄莅任留村梓《忠义集》，自署致书属诰博采，以竣其业。诰质浅学鄙，就耳目所悉，并资同学搜讨得百数十条，其有原注一依原文，其有互异亦详注于下。案是书既亡，篇次无考。今所搜录自当以所本书之前后为次，但家少藏书，见闻不广。仅于贾思勰《齐民要术》、李善《文选注》得数条，其余皆得自类书者为多。因思孝侯原书未必不分类，编次因仍以类编辑其次第，则本《唐类函》。以其为钦定《渊鉴类函》所本故也。若《艺文类聚》等书固为古远，然次第尚欠详备，故宁从其近。

案：孝侯而后以风土名记者不一。如后魏《舆图风土记》《岳阳风土记》《辰阳风土记》《荆州风土记》《桂林风土记》。本邑如单锡重修《宜兴风土记》，单子发《续风土记》，外有《真腊风土记》。兹所录者，俱确征为孝侯原书始行登录，不敢滥收。

案《说郛》中第九条"潘城西北三里"云云，第十条"卢县西三十九里"云云，俱是后魏《舆图风土记》，见《唐类函》第二十条。"每岁七月二十五日"云云，此系《辰阳风土记》，见《天中记》，俱不得掺入孝侯记内，故竟从删。又查类函第十八卷浙江风俗，言"春序正中百花竞放"一条下有宋制云云。按：孝侯时不知有宋。第四百七十卷"日开而夜落花"一条下有大同中云云。按：大同系梁武年号，在孝后二百载，俱不敢滥入。其余尚有未经考订者，望渊雅君子教正之。

## 八　周湛霖《风土记》跋

谨考史册《隋书经籍志》云：《风土记》三卷，晋平西将军周讳（处）撰。唐艺文志乙部地理类云周讳（处）《风土记》十卷。自唐以后各史俱不载。及蒋汝诚跋《风土记》后云：孝侯材兼文武，其仗节致身，义镌金石尚已。文笔复渊雅古峭，方之汉人笔墨何多让焉。其景仰之深于此可见。从伯祖鸿轩公宰太平时梓行《忠义集》，与仲弟勋斋公悉心搜罗，搜得《风土记》百数十条，载入集中。兹照原辑谨录，删去重复二条，增入十一条，加以注释，纂订成编，寿之锓梓，吉光片羽，我子孙固当什袭珍之，即好古者应亦乐为观览也。惟是见闻不广，家少藏书，其辑注之处讹漏殊多。尚祈大雅正其谬，补其阙，俾成善本，以广流传，不胜幸甚。六十三代孙湛霖谨跋。（以上辑自《国山周氏世谱》卷五十一）

## 九　许颀《阳羡风土记》跋

《阳羡风土记》书后，己未。周处《阳羡风土记》一卷，金谿王谟原辑，江阴金武祥补校。

案，周处撰《风土记》，见《晋书》本传，隋志著录三卷，唐志十卷，其书久佚。嘉庆间，谟刺取群籍，得九十七条，刊入《汉魏遗书钞》。光绪甲午，武祥复采若干条，并作《校勘记》订正王本之误，刊入

《粟香室丛书》。其中载袁妃事，颇近怪诞。舜为上虞人，证以《史记·五帝纪》正义，知所称"旧说"即《会稽旧记》。要以《会稽风俗赋》周注引"舜后支庶所封"为正，《史记正义》引顾野王说同。黄梅雨霑衣服皆败䵝，此即《周礼·染人》"夏薰玄"注"故书薰作䵝"之䵝，亦即《说文》黑部"黰，黑有文也"之黰。段玉裁注乃谓唐、宋人诗词多用"黦"字，不知此书已有之，盖"黦"为"黰"之移易，而即"䵝"之变体也。嘉庆间严可均有是书辑本，据《铁桥漫稿》所载自序，知石晋后有续补本，可均分别甚严，而所采乃二百三十余事，省并复重，定著一卷，当视此本为胜。惟杜台卿《玉烛宝典》所引出自近世，当为可均所未见云。（《续修四库提要三种·许庼经籍题跋》）

## 十 《中国风土志丛刊·阳羡风土记》序

《阳羡风土记》一卷，晋周处撰，清王谟辑。校刊记一卷，补辑一卷，续补辑一卷，民国金武祥撰。考证一卷，清章宗源撰。《粟香室丛书》本。

周处（236—297）字子隐，阳羡（今江苏宜兴）人。少孤，膂力绝人，好驰骋田猎。不修细行，后励志好学，有义思。先仕吴任东观左丞，后入晋历任新平太守、广汉太守、散骑常侍、御史中丞等。任职处，有政绩，且留意当地风土人情，著行《默语》、《吴书》等，均散佚。

《阳羡风土记》，简称《风土记》。阳羡，汉置县，晋置义兴郡，在今江苏宜兴。撰辑时间不详，或撰于吴时。卷帙有十卷、三卷之说，早佚，后人有多种辑本。清王谟，清章宗源，民国金武祥等辑补、校刊、考证。

记载内容涉及亭邑、器服、物产、果实、草木、鸟兽、虫鱼等。实为今宜兴地区及附近的一部风土志书。对后世志书影响较大，如宋《景定建康志》、明《洪武苏州府志》《嘉靖吴邑志》等皆引此书资料。宋单子发纂有《续风土记》。清严可均评价："古地说《山海经》《水经》外，此为最旧，《三辅黄图》《华阳国志》并出其后。"章宗源《隋书经籍志考证》称其书："文言美词，列于章句；委曲叙事，存于细书。"书前有清光绪二十年（1894）金武祥补校王谟辑《阳羡风土记》序。（《中国风土志丛刊》）

（以上《风土记》序跋均转录自钱建忠《无锡方志辑考》）

# 附 录 五

# 隋唐正史经籍志著录风土记目录异同表

| 书名 | 内容特点与相关信息 | 作者 | 隋志 | 旧唐书 | 新唐书 | 存佚 |
|---|---|---|---|---|---|---|
| 《山海经》 |  | 郭璞注 | 二十三卷 | 十八卷 | 二十三卷 |  |
| 《山海经图赞》 |  | 郭璞撰 |  | 二卷 | 二卷 |  |
| 《山海经音》 |  |  |  | 二卷 | 二卷 |  |
| 《水经》 |  | 郭璞注，郭璞撰（桑钦） | 三卷 | 二卷 | 三卷 |  |
| 《水经注》 |  | 郦道元 | 四十卷 | 四十卷 | 四十卷 |  |
| 《山水经》 |  |  |  |  | 十卷 |  |
| 《黄图》 | 记三辅宫观、陵庙、明堂、辟雍、郊畤等事 |  | 一卷 | 一卷 |  |  |
| 《三辅黄图》 |  |  |  |  | 一卷 |  |
| 《三辅旧事》 |  |  |  |  | 三卷 |  |
| 《关中记》 |  | 潘岳撰 |  | 一卷 | 一卷 |  |
| 《西京记》 |  | 薛冥志 |  | 三卷 |  |  |
| 《洛阳记》 |  |  | 四卷 |  |  |  |
| 《洛阳图》 |  | 杨佺期撰 |  | 一卷 |  |  |
| 《洛阳记》 |  | 陆机撰 | 一卷 | 一卷 | 一卷 |  |
| 《洛阳记》 |  | 戴延之撰 |  | 一卷 | 一卷 |  |
| 《后魏洛阳记》 |  |  |  |  | 五卷 |  |
| 《洛阳宫殿簿》 |  |  | 一卷 | 三卷 | 三卷 |  |
| 《汉宫阁簿》 |  |  |  | 三卷 | 三卷 |  |
| 《洛（城）阳图》 |  | 杨佺期撰 | 一卷 |  | 一卷 |  |

续表

| 书名 | 内容特点与相关信息 | 作者 | 隋志 | 旧唐书 | 新唐书 | 存佚 |
|---|---|---|---|---|---|---|
| 《东都记》 | | 邓行俨撰 | | 三十卷 | 三十卷 | |
| 《东都记》 | | 邓世隆 | | | 三十卷 | |
| 《东都记》 | | 韦机 | | | 二十卷 | |
| 《述征记》 | | 郭缘生撰 | 二卷 | 二卷 | 二卷 | |
| 《西征记》 | | 戴（祚）延之撰 | 二卷 | 一卷 | | |
| 《娄地记》 | | 吴顾启期撰 | 一卷 | | | |
| 《风土记》 | | 周处撰 | 三卷 | 十卷 | 十卷 | |
| 《吴兴记》 | | 山谦之撰 | 三卷 | | | |
| 《吴郡记》 | | 顾夷撰 | 一卷 | | | |
| 《吴地记》 | | 张勃撰 | | 一卷 | 一卷 | |
| 《分吴会丹阳三郡记》 | | | | 三卷 | | |
| 《东阳记》 | | 郑缉之撰 | | 一卷 | 一卷 | |
| 《京口记》 | | 刘损（之） | 二卷 | 二卷 | 二卷 | |
| 《秣陵记》 | | | | | 二卷 | |
| 《徐地录》 | | 刘芳撰 | | 一卷 | 一卷 | |
| 《南徐州记》 | | 山谦之撰 | 二卷 | 二卷 | 二卷 | |
| 《会稽土地记》 | | 硃育撰 | 一卷 | | | |
| 《会稽记》 | | 贺循撰 | 一卷 | | | |
| 《随王入沔记》 | | 沈怀文撰 | 六卷 | | 十卷 | |
| 《荆州记》 | | 盛弘之撰 | 三卷 | | | |
| 《荆州记》 | | 郭仲产 | | | 二卷 | |
| 《神壤记》 | 记荥阳山水 | 黄闵撰 | 一卷 | | | |
| 《豫章记》 | | 雷次宗撰 | 一卷 | | 一卷 | |
| 《蜀王本记（纪）》 | | 扬（杨）雄撰 | 一卷 | 一卷 | 一卷 | |
| 《三巴记》 | | 谯周撰 | 一卷 | 一卷 | 一卷 | |
| 《珠崖传》 | | 伪燕聘晋使盖泓撰 | 一卷 | | | |
| 《交广二州记》 | | 王范 | | | 一卷 | |

附录五　隋唐正史经籍志著录风土记目录异同表　223

续表

| 书名 | 内容特点与相关信息 | 作者 | 隋志 | 旧唐书 | 新唐书 | 存佚 |
|---|---|---|---|---|---|---|
| 《陈留风俗传》 |  | 圈称撰 | 三卷 | 三卷 | 三卷 |  |
| 《齐州记》 |  | 李叔布撰 |  | 四卷 | 四卷 |  |
| 《中岳颍川志》 |  | 樊文深撰 |  | 五卷 | 五卷 |  |
| 《润州图经（注）》 |  | 孙处玄撰 |  | 二十卷 | 二十卷 |  |
| 《齐地记》 |  | 晏模 |  |  | 二卷 |  |
| 《十国都城记》 |  |  |  |  | 十卷 |  |
| 《鄴中记》 |  | 陆翙撰 | 二卷 |  | 二卷 |  |
| 《京邦记》 |  |  |  |  | 二卷 |  |
| 《春秋土地名》 |  | 晋裴秀客京相璠撰 | 三卷 |  |  |  |
| 《衡山记》 |  | 宗居士撰 | 一卷 |  |  |  |
| 《游名山志》 |  | 谢灵运撰 | 一卷 |  |  |  |
| 《圣贤冢墓记》 |  | 李彤撰 | 一卷 |  | 一卷 |  |
| 《佛国记》 |  | 释法显撰 | 一卷 |  |  |  |
| 《（游行）外国传》 |  | 释智猛撰 | 一卷 | 一卷 | 一卷 |  |
| 《交州以南（来）外国传》 |  |  | 一卷 | 一卷 | 一卷 |  |
| 《十洲记》 |  | 东方朔撰 | 一卷 | 一卷 |  |  |
| 《神异经》 |  | 东方朔撰，张华注 | 一卷 | 二卷 |  |  |
| 《异物志》 |  | 杨孚撰 | 一卷 |  |  |  |
| 《异物志》 |  | 陈祈畅 |  |  |  |  |
| 《南州异物志》 |  | 万震撰 | 一卷 | 一卷 | 一卷 |  |
| 《蜀志》 |  | 常宽撰 | 一卷 |  |  |  |
| 《发蒙记》 | 载物产之异 | 束晳撰 | 一卷 |  |  |  |

续表

| 书名 | 内容特点与相关信息 | 作者 | 隋志 | 旧唐书 | 新唐书 | 存佚 |
|---|---|---|---|---|---|---|
| 《地理书》 | 合《山海经》以来一百六十家,以为此书。澄本之外,其旧事并多零失 | 陆澄 | 一百四十九卷 录一卷 | 一百五十卷 | | |
| 《地理志》 | | 邓基、陆澄 | | | 一百五十卷 | |
| 《三辅故事》 | | 晋世撰 | 二卷 | | | |
| 《吴郡记》 | | 顾夷撰 | 二卷 | | | |
| 《南越志》 | | 沈怀远撰 | | 五卷 | 五卷 | |
| 《日南传》 | | | 一卷 | 一卷 | 一卷 | |
| 《西南蛮入朝首领记》 | | | | 一卷 | 一卷 | |
| 《中天竺国行记》 | | 王玄策撰 | | 十卷 | 十卷 | |
| 《赤土国记》 | | 常骏等撰 | | 二卷 | 二卷 | |
| 《奉使高丽记》 | | | | 一卷 | 一卷 | |
| 《高丽风俗》 | | 裴矩撰 | | 一卷 | 一卷 | |
| 《江记》 | | 庾仲雍撰 | 五卷 | 五卷 | 五卷 | |
| 《汉水记》 | | 庾仲雍撰 | 五卷 | 五卷 | 五卷 | |
| 《居名山志》 | | 谢灵运撰 | 一卷 | | | |
| 《西征记》 | | 戴祚撰 | 一卷 | | 二卷 | |
| 《职贡图》 | | 梁元帝撰 | | 一卷 | 一卷 | |
| 《职方记》 | | | | 十六卷 | 十六卷 | |
| 《庐山南陵云精舍记》 | | | 一卷 | | | |
| 《永初山川古今记》 | | 刘澄之撰 | 二十卷 | | 二十卷 | |
| 《元康三年地记》 | | | 六卷 | | | |
| 《司州记》 | | | 二卷 | | | |
| 《并帖省置诸郡旧事》 | | | 一卷 | | | |
| 《晋太康土地记》 | | | | | 十卷 | |

附录五　隋唐正史经籍志著录风土记目录异同表

续表

| 书名 | 内容特点与相关信息 | 作者 | 隋志 | 旧唐书 | 新唐书 | 存佚 |
|---|---|---|---|---|---|---|
| 《地记》 | 太康三年撰 | | 五卷 | | | |
| 《地记》 | 任昉增陆澄之书八十四家，以为此记。其所增旧书，亦多零失 | 任昉 | 二百五十二卷 | 二百五十二卷 | 二百五十二卷 | |
| 《杂志记》 | | | 十二卷 | | | |
| 《杂记》 | | | | | 十二卷 | |
| 《杂地记（志）》 | | | | 五卷 | 五卷 | |
| 《山海经图赞》 | | 郭璞注 | 二卷 | | | |
| 《庙记》 | | | 一卷 | 一卷 | 一卷 | |
| 《地理书抄》 | | 陆澄撰 | 二十卷 | | | |
| 《地理书抄》 | | 任昉撰 | 九卷 | | | |
| 《地理书抄》 | | 刘黄门撰 | 十卷 | | | |
| 《地理志书钞》 | | | | | 十卷 | |
| 《地域方丈图》 | | | | | 一卷 | |
| 《地域方尺图》 | | | | | 一卷 | |
| 《洛阳伽蓝记》 | | 杨（阳）衒之撰 | 五卷 | 五卷 | | |
| 《荆南地志》 | | 萧世诚撰 | 二卷 | | 二卷 | |
| 《巴蜀记》 | | | 一卷 | | | |
| 《交州异物志》 | | 杨孚撰 | 一卷 | 一卷 | 一卷 | |
| 《畅异物志》 | | 陈祈撰 | 一卷 | | | |
| 《元康六年户口簿记》 | | | 三卷 | | | |
| 《元嘉六年地记》 | | | 三卷 | | | |
| 《九州郡县名》 | | | 九卷 | | | |
| 《（太康）州郡县名》 | 太康三年撰 | | | 五卷 | 五卷 | |
| 《扶南异物志》 | | 硃应撰 | 一卷 | 一卷 | 一卷 | |
| 《临海水土异物志》 | | 沈莹撰 | 一卷 | 一卷 | 一卷 | |
| 《益州记》 | | 李氏（充）撰 | 三卷 | | 三卷 | |

续表

| 书名 | 内容特点与相关信息 | 作者 | 隋志 | 旧唐书 | 新唐书 | 存佚 |
|---|---|---|---|---|---|---|
| 《湘州记》 |  | 庾仲雍撰 | 二卷 |  | 四卷 |  |
| 《湘州记》 |  |  |  |  | 一卷 |  |
| 《湘州记》 |  | 郭仲产撰 | 一卷 |  |  |  |
| 《湘州图副记》 |  |  | 一卷 |  | 一卷 |  |
| 《湘州图记》 |  |  |  | 一卷 |  |  |
| 《四海百川水（源）记》 |  | 释道安撰 | 一卷 | 一卷 | 一卷 |  |
| 《京师寺塔记》 |  | 刘璆撰 | 十卷录一卷 |  |  |  |
| 《华山精舍记》 |  | 张光禄撰 | 一卷 |  |  |  |
| 《南雍州记》 |  | 鲍至撰 | 六卷 |  |  |  |
| 《南雍州记》 |  | 鲍坚 |  |  | 三卷 |  |
| 《南雍州记》 |  | 郭仲彦撰 |  | 三卷 |  |  |
| 《南兖州记》 |  | 阮叙之 |  |  | 一卷 |  |
| 《京师寺塔记》 |  | 释昙宗撰 | 二卷 |  |  |  |
| 《张骞出关志》 |  |  | 一卷 |  |  |  |
| 《外国传》 |  | 释昙景撰 | 五卷 |  |  |  |
| 《历国传》 |  | 释法盛撰 | 二卷 | 二卷 | 二卷 |  |
| 《西京记》 |  | 薛冥 | 三卷 |  | 三卷 |  |
| 《西京杂记》 |  | 葛洪撰 |  | 一卷 | 二卷 |  |
| 《京师录》 |  |  | 七卷 |  |  |  |
| 《寻江源记》 |  | 庾仲雍撰 |  | 五卷 | 五卷 |  |
| 《寻江源记》 |  |  | 一卷 |  |  |  |
| 《后园记》 |  |  | 一卷 |  |  |  |
| 《江表行记》 |  |  | 一卷 |  |  |  |
| 《淮南记》 |  |  | 一卷 |  |  |  |
| 《古来国名》 |  |  | 二卷 |  |  |  |
| 《十三州志》 |  | 阚骃撰 | 十卷 | 十四卷 | 十四卷 |  |
| 《慧生行传》 |  |  | 一卷 |  |  |  |
| 《宋武北征记》 |  | 戴氏撰 | 一卷 |  |  |  |
| 《林邑国记》 |  |  | 一卷 |  | 一卷 |  |
| 《真腊国事》 |  |  |  | 一卷 | 一卷 |  |

续表

| 书名 | 内容特点与相关信息 | 作者 | 隋志 | 旧唐书 | 新唐书 | 存佚 |
|---|---|---|---|---|---|---|
| 《凉州异物志》 | | | 一卷 | | 二卷 | |
| 《阌象传》 | | 闾先生撰 | 二卷 | | | |
| 《司州山川古今记》 | | 刘澄之撰 | 三卷 | | | |
| 《江图》 | | 张氏撰 | 一卷 | | | |
| 《江图》 | | 刘氏撰 | 二卷 | | 二卷 | |
| 《广梁南徐州记》 | | 虞孝敬撰 | 九卷 | | | |
| 《水饰图》 | | | 二十卷 | | | |
| 《瓯闽传》 | | | 一卷 | | | |
| 《国郡城记》 | | 周明帝撰 | | 九卷 | 九卷 | |
| 《北荒风俗记》 | | | 二卷 | | | |
| 《诸蕃风俗记》 | | | 二卷 | | | |
| 《魏国已（以）西十一国事》 | | 宋云撰 | | 一卷 | 一卷 | |
| 《男女二国传》 | | | 一卷 | | | |
| 《突厥所出风俗事》 | | | 一卷 | | | |
| 《古今地谱》 | | | 二卷 | | | |
| 《古今地名》 | | | | | 三卷 | |
| 《序行记》 | | 姚最撰 | 十卷 | | | |
| 《述行记》 | | 姚最撰 | | 二卷 | 二卷 | |
| 《魏诸州记》 | | | 二十卷 | | | |
| 《魏永安记》 | | 温子升撰 | 三卷 | | | |
| 《国都城记》 | | | 二卷 | | | |
| 《周地图》 | | | | 九十卷 | 一百三十卷 | |
| 《周地图记》 | | | 一百九卷 | | | |
| 《冀州图经》 | | | 一卷 | | | |
| 《齐州图经》 | | | 一卷 | | | |
| 《齐州记》 | | 李叔布撰 | 四卷 | | | |
| 《幽州图经》 | | | 一卷 | | | |
| 《魏聘使行记》 | | | 六卷 | 五卷 | 五卷 | |
| 《聘北道里记》 | | 江德藻撰 | 三卷 | | | |

续表

| 书名 | 内容特点与相关信息 | 作者 | 隋志 | 旧唐书 | 新唐书 | 存佚 |
|---|---|---|---|---|---|---|
| 《李谐行记》 | | | 一卷 | | | |
| 《聘游记》 | | 刘师知撰 | 三卷 | | | |
| 《朝觐记》 | | | 六卷 | | | |
| 《封君义行记》 | | 李绘撰 | 一卷 | | | |
| 《舆驾东行（幸）记》 | | 薛泰撰 | 一卷 | 一卷 | 一卷 | |
| 《北伐记》 | | 诸葛颖撰 | 七卷 | | | |
| 《巡抚（总）扬州记》 | | 诸葛颖撰 | 七卷 | 七卷 | 七卷 | |
| 《大魏诸州记》 | | | 二十一卷 | | | |
| 《后魏诸州记》 | | | | 二十卷 | | |
| 《并州入朝道里记》 | | 蔡允恭撰 | 一卷 | | | |
| 《赵记》 | | | 十卷 | | | |
| 《代都略记》 | | | 三卷 | | | |
| 《世界记》 | | 释僧祐撰 | 五卷 | | | |
| 《州郡县簿》 | | | 七卷 | | | |
| 《大隋翻经婆罗门法师外国传》 | | | 五卷 | | | |
| 《区宇图》 | | 虞茂撰 | | 一百二十八卷 | 一百二十八卷 | |
| 《隋区宇图志》 | | | 一百二十九卷 | | | |
| 《隋王入沔记》 | | 沈怀文撰 | | 十卷 | | |
| 《隋西域图》 | | 裴矩撰 | 三卷 | | | |
| 《隋诸州图经集》 | | 郎蔚之撰 | 一百卷 | | | |
| 《隋图经集记》 | | 郎蔚之撰 | | 一百卷 | 一百卷 | |
| 《隋诸郡土俗物产》 | | | 一百五十一卷 | | | |
| 《诸郡土俗物产记》 | | | | 十九卷 | 十九卷 | |
| 《西域道里记》 | | | 三卷 | 三卷 | 三卷 | |
| 《诸蕃国记》 | | | 十七卷 | | | |
| 《方物志》 | | 许善心撰 | 二十卷 | | | |

附录五　隋唐正史经籍志著录风土记目录异同表

续表

| 书名 | 内容特点与相关信息 | 作者 | 隋志 | 旧唐书 | 新唐书 | 存佚 |
|---|---|---|---|---|---|---|
| 《京兆郡方物志》 | | | | 三十卷 | 二十卷 | |
| 《并州总管内诸州图》 | | | 一卷 | | | |
| 《异地志》 | | 陈顾野王撰 | 三十卷 | | | |
| 《舆地志》 | | 顾野王撰 | | 三十卷 | 三十卷 | |
| 《括地志》 | | | | | 五百五十卷 | |
| 《括地志序略》 | 魏王泰命著作郎萧德言、秘书郎顾胤、记室参军蒋亚卿、功曹参军谢偃苏勖撰 | 魏王泰撰 | | 五卷 | 五卷 | |
| 《长安四年十道图》 | | | | 十三卷 | 十三卷 | |
| 《开元三年十道图》 | | | | 十卷 | 十卷 | |
| 《剑南地图》 | | | | 二卷 | 二卷 | |
| 《分吴会丹杨三郡记》 | | | | | 二卷 | |
| 《浔阳记》 | | 张僧监 | | | 二卷 | |
| 《西河旧事》 | | | | | 一卷 | |
| 《宜都山川记》 | | 李氏 | | | 一卷 | |
| 《方志图》 | | 李播 | | | 卷亡 | |
| 《西域国志》 | 高宗遣使分往康国、吐火罗，访其风俗物产，画图以闻。诏史官撰次，许敬宗领之，显庆三年上 | 许敬宗 | | | 六十卷 | |
| 《元和郡县图志》 | | 李吉甫 | | | 五十四卷 | |
| 《十道图》 | | | | | 十卷 | |
| 《十道志》 | | 梁载言 | | | 十六卷 | |

续表

| 书名 | 内容特点与相关信息 | 作者 | 隋志 | 旧唐书 | 新唐书 | 存佚 |
|---|---|---|---|---|---|---|
| 《贞元十道录》 | | | | | 四卷 | |
| 《九嵕山志》 | | 王方庆 | | | 十卷 | |
| 《地图》 | | 贾耽 | | | 十卷 | |
| 《皇华四达记》 | | | | | 十卷 | |
| 《古今郡国县道四夷述》 | | | | | 四十卷 | |
| 《关中陇右山南九州别录》 | | | | | 六卷 | |
| 《吐蕃黄河录》 | | | | | 四卷 | |
| 《诸道山河地名要略》一作《处分语》 | | 韦澳 | | | 九卷 | |
| 《九州要略》 | | 刘之推、文括 | | | 三卷 | |
| 《郡国志》 | | | | | 十卷 | |
| 《诸道行程血脉图》 | | 马敬寔 | | | 一卷 | |
| 《两京新记》 | | 韦述 | | | 五卷 | |
| 《两京道里记》 | | | | | 三卷 | |
| 《戎州记》 | | 李仁实 | | | 一卷 | |
| 《嵩山记》 | 天宝人 | 卢鸿 | | | 一卷 | |
| 《邺都故事》 | 肃宗、代宗时人 | 马温 | | | 二卷 | |
| 《鄴城新记》 | | 刘公锐 | | | 三卷 | |
| 《华阳风俗录》 | 字子望，西川节度使李德裕从事，试协律郎 | 张周封 | | | 一卷 | |
| 《成都记》 | 西川节度使白敏中从事 | 卢求 | | | 五卷 | |
| 《益州理乱记》 | | 郑□韦 | | | 三卷 | |
| 《太原事迹记》 | | 李璋 | | | 十四卷 | |
| 《吴兴杂录》 | | 张文规 | | | 七卷 | |
| 《南方异物志》 | | 房千里 | | | 一卷 | |

续表

| 书名 | 内容特点与相关信息 | 作者 | 隋志 | 旧唐书 | 新唐书 | 存佚 |
|---|---|---|---|---|---|---|
| 《岭南异物志》 |  | 孟琯 |  |  | 一卷 |  |
| 《岭表录异》 |  | 刘恂 |  |  | 三卷 |  |
| 《渚宫故事》 | 文宗时人 | 余知古 |  |  | 十卷 |  |
| 《襄沔记》 |  | 吴从政 |  |  | 三卷 |  |
| 《燕吴行役记》 | 宣宗时人，失名 | 张氏 |  |  | 二卷 |  |
| 《零陵录》 |  | 韦宙 |  |  | 一卷 |  |
| 《庐山杂记》 |  | 张密 |  |  | 一卷 |  |
| 《九江新旧录》 | 咸通人 | 张容 |  |  | 三卷 |  |
| 《桂林风土记》 |  | 莫休符 |  |  | 三卷 |  |
| 《北户杂录》 | 文昌孙 | 段公路 |  |  | 三卷 |  |
| 《闽中记》 |  | 林谞 |  |  | 十卷 |  |
| 《西域图记》 |  | 裴矩 |  |  | 三卷 |  |
| 《新罗国记》 | 大历中，归崇敬使新罗，愔为从事 | 顾愔 |  |  | 一卷 |  |
| 《渤海国记》 |  | 张建章 |  |  | 三卷 |  |
| 《诸蕃记》 |  | 戴斗 |  |  | 一卷 |  |
| 《海南诸蕃行记》 |  | 达奚通 |  |  | 一卷 |  |
| 《云南记》 |  | 袁滋 |  |  | 五卷 |  |
| 《北荒君长录》 |  | 李繁 |  |  | 三卷 |  |
| 《四夷朝贡录》 |  | 高少逸 |  |  | 十卷 |  |
| 《黠戛斯朝贡图传》 | 字修业，会昌秘书少监，商州刺史 | 吕述 |  |  | 一卷 |  |
| 《蛮书》 | 咸通岭南西道节度使蔡袭从事 | 樊绰 |  |  | 十卷 |  |
| 《云南别录》 |  | 窦滂 |  |  | 一卷 |  |
| 《云南行记》 |  |  |  |  | 一卷 |  |
| 《南诏录》 | 乾符中人 | 徐云虔 |  |  | 三卷 |  |

# 参考文献

**（一）经籍类**

（清）阮元校刻：《十三经注疏》，中华书局1979年版。

**（二）正史类**

（汉）司马迁撰：《史记》，中华书局1959年版。
（汉）班固撰：《汉书》，中华书局1962年版。
（南朝宋）范晔撰：《后汉书》，中华书局1965年版。
（晋）陈寿撰，（刘宋）裴松之注：《三国志》，中华书局1959年版。
（唐）房玄龄等撰：《晋书》，中华书局1974年版。
（梁）沈约撰：《宋书》，中华书局1974年版。
（梁）萧子显撰：《南齐书》，中华书局1972年版。
（唐）姚思廉撰：《梁书》，中华书局1973年版。
（唐）姚思廉撰：《陈书》，中华书局1973年版。
（唐）李延寿撰：《南史》，中华书局1975年版。
（北齐）魏收撰：《魏书》，中华书局1974年版。
（唐）李百药撰：《北齐书》，中华书局1972年版。
（唐）令狐德棻等撰：《周书》，中华书局1971年版。
（唐）李延寿撰：《北史》，中华书局1974年版。
（唐）魏征等撰：《隋书》，中华书局1973年版。
（宋）欧阳修、宋祁撰：《新唐书》，中华书局1975年版。
（宋）司马光编著：《资治通鉴》，中华书局1982年版。

### （三）诸子、专集、类书类

《二十二子》，上海古籍出版社1986年版。

（东汉）崔寔著，石声汉校注：《四民月令校注》，中华书局1965年版。

（北齐）颜之推著，王利器集解：《颜氏家训集解》，中华书局1993年版。

（宋）刘义庆著，余家锡笺疏：《世说新语笺疏》，上海古籍出版社1993年版。

（北魏）杨衒之著，范祥雍校注：《洛阳伽蓝记校注》，上海古籍出版社1978年版。

（北魏）贾思勰著，缪启愉校释：《齐民要术校释》，中国农业出版社1998年版。

（北魏）郦道元著，（民国）杨守敬、熊会贞疏，段熙仲点校，陈桥驿复校：《水经注疏》，江苏古籍出版社1989年。

（梁）萧统编，（唐）李善注：《文选》，中华书局1977年版。

（南朝梁）宗懔著，（隋）杜公瞻注，（清）陈运溶辑：《荆楚岁时记》，麓山精舍丛书辑本。

（唐）欧阳询等撰：《艺文类聚》，中华书局上海编辑所1965年版。

（唐）杜佑著，王文锦点校：《通典》，中华书局1988年版。

（宋）郭茂倩编撰，乔象钟、陈友琴等点校：《乐府诗集》，中华书局1979年版。

（宋）李昉等编：《太平御览》，中华书局1960年版。

（宋）李昉等编：《太平广记》，中华书局1961年版。

（明）程荣纂辑：《汉魏丛书》，吉林大学出版社1992年影印明万历新安程氏刊本。

（明）张溥辑：《汉魏六朝百三名家集》，江苏古籍出版社2002年影印版。

严可均辑：《全上古三代秦汉魏晋南北朝文》，中华书局1958年影印本。

（唐）玄奘撰，辩机编次，季羡林等校注：《大唐西域记校注》，中华书局1985年版。

（唐）玄奘撰，辩机编次，芮传明译注：《大唐西域记全译》，贵州人民出版社1995年版。

（宋）王象之：《舆地纪胜》，（台北）文海出版社有限公司1971年版。

（宋）范成大撰，陆振岳点校：《吴郡志》，江苏古籍出版社1999年版。

（清）永瑢等：《四库全书总目提要》，中华书局1965年版。
（清）王谟辑：《汉唐地理书钞》，中华书局1961年版。
张继禹主编：《中华道藏》第48册，华夏出版社2004年版。

### （四）民俗学与历史学专著类

钟敬文：《民俗文化学——梗概与兴起》，中华书局1996年版。
钟敬文：《民俗学概论》，上海文艺出版社1998年版。
黄文权编：《钟敬文文集——民俗学卷》，安徽教育出版社1999年版。
乌丙安：《中国民俗学》，辽宁大学出版社1985年版。
顾颉刚：《顾颉刚民俗学论集》，上海文艺出版社1998年版。
江绍原：《江绍原民俗学论集》，上海文艺出版社1998年版。
刘魁立：《刘魁立民俗学论集》，上海文艺出版社1998年版。
周作人：《周作人民俗学论集》，上海文艺出版社1999年版。
董晓萍：《说话的文化——民俗传统与现代生活》，中华书局2002年版。
董晓萍：《田野民俗志》，北京师范大学出版社2003年版。
董晓萍、（法）蓝克利（Christian Lamouroux）：《不灌而治：山西四社五村水利文献与民俗》，中华书局2003年版。
萧放师：《荆楚岁时记研究》，北京师范大学出版社2002年版。
向达：《唐代长安与西域文明》，河北教育出版社2001年版。
郑炳林：《敦煌地理文书汇辑校注》，甘肃人民出版社1989年版。
袁珂：《中国神话传说》，人民文学出版社1998年版。
叶舒宪：《探索非理性的世界》，四川人民出版社1986年版。
陈光贻：《中国方志学史》，福建人民出版社1998年版。
仓修良：《方志学通论》，齐鲁书社1990年版。
林梅村：《汉唐西域与中国文明》，文物出版社1998年版。
葛兆光：《七世纪前中国的知识、思想与信仰世界》，复旦大学出版社2001年版。
田继周：《先秦民族史》，四川民族出版社1996年版。
董楚平等：《吴越文化志》，上海人民出版社1998年版。
张正明等：《荆楚文化志》，上海人民出版社1998年版。
钱建忠：《无锡方志辑考》，世界知识出版社2006年版。
包亚明主编：《现代性与空间的生产》，上海教育出版社2002年版。

周星：《境界与象征：桥和民俗》，上海文艺出版社1998年版。
吕昌仪：《石与石神》，学苑出版社1994年版。
王孝廉：《水与水神》，学苑出版社1994年版。
王永谦：《土地与城隍信仰》，学苑出版社1994年版。
徐华龙：《山与山神》，学苑出版社1994年版。
王树村：《门与门神》，学苑出版社1994年版。
刘锡诚：《灶与灶神》，学苑出版社1994年版。
何立智：《唐代民俗和民俗诗》，语文出版社1993年版。
程蔷：《唐帝国的精神文明：民俗与文学》，中国社会科学1996年版。
高曾伟：《中国民俗地理》，苏州大学出版社1996年版。
高丙中：《文化与民俗生活》，中国社会科学出版社2000年版。
陈寅恪：《隋唐制度渊源略论稿》，中华书局1963年版。
王仲荦：《魏晋南北朝史》，上海人民出版社1979年版。
何兹全：《中国古代社会》，河南人民出版社1991年版。
周一良：《魏晋南北朝史札记》，中华书局1985年版。
唐长孺：《魏晋南北朝史论丛》，三联书店1955年版。
逯钦立辑：《先秦汉魏晋南北朝诗》，中华书局1983年版。
曹文柱主编：《中国文化通史（魏晋南北朝卷）》，中央党校出版社2000年版。
曹文柱：《魏晋南北朝史论合集》，商务印书馆2008年版。

### （五）译著类

[美] L. 布鲁姆、P. 塞尔茨内克、D. B. 达拉赫著，张杰等译：《社会学》，四川人民出版社1991年版。
史宗主编：《20世纪西方宗教人类学文选》，上海三联书店1995年版。
[法] 布罗代尔：《地中海与腓力浦二世时期（1551—1598）的地中海世界》，唐家龙、曾培耿译，商务印书馆1996年版。
[法] 布罗代尔：《历史和社会科学：长时段》，载《资本主义论丛》，中央编译出版社1997年版。
[德] 马克斯·韦伯：《儒教和道教》，王容芬译，商务印书馆1999年版。
[美] 史太文：《幽灵的节日——中国中世纪的信仰与生活》，侯旭东译，浙江人民出版社1999年版。

［英］丹尼斯·史密斯：《历史社会学的兴起》，周辉荣等译，上海人民出版社 2000 年版。

［日］和辻哲郎：《风土》，陈力为译，商务印书馆 2006 年版。

# 后 记

本书系我在北京师范大学文学院民俗学专业攻读博士后的研究报告，是由萧放教授指导完成的。完成于2010年的腊月二十三日，糖瓜祭灶，新春即至的时刻。经过润色修改，现在即将出版。作为作者，心情真是一则以喜，一则以惧。高兴的是这篇论文终于可以拿出来向师友请教了；担心的是限于自己的学术修养和功底，书中有待完善乃至存在错误的地方一定还有不少，贻笑大方恐是难免的事情。

从北师大六楼的历史系到七楼的文学院，对我而言，从空间上只是迈出了一小步，从学科上却是跨越了一大步。受北师大民俗学学科的影响，我早在1999年进入北师大历史系之际，就对历史民俗学深感兴趣，2002年继续攻读博士学位，博士论文的题目《歌谣俗语与两汉魏晋南北朝社会》和民俗学的歌谣研究也有一定的关系。在博士论文的写作过程中，由于民俗学理论功底不足，常有捉襟见肘之感。2005年到青岛大学工作以后，所讲课程主要涉及中国古代宗教、区域文化与社会民俗领域，更使我深感有再寻名师、继续深造的迫切需要。2007年9月，在我的博士导师曹文柱教授的帮助下，蒙历史学院晁福林教授的大力推荐，我终于得偿所愿，忝列萧放先生的门下，研读历史民俗学。

北师大文学院是闻名于世的民俗学学术圣殿，这里大师云集，名家众多。中国民俗学学科经过近百年的学术积淀，已经形成了具有中国特色的民俗学的问题意识、理论系统和研究方法。三年的学习经历，让我充分领略了中国民俗学的魅力和诸位名师的风采。董晓萍教授思想深刻，学问高深，萧放教授温文尔雅，爱人以德，他们都以独特的学术魅力感染着我，他们的督促和教诲更是我学习的最大动力。可惜，由于客观的原因，我无法常在北师大亲承老师们的教泽，不能不说是最大的遗憾。

本文的选题是合作导师萧放教授指定的，但却契合我的学术兴趣。写作过程中，随着新的史料、新的问题的展开，自己的学术视野也得以不断拓展，对历史民俗学的了解和认识也得以提升。萧老师多次对我说，历史民俗学并非只是历史学和民俗学的简单叠加，而是有更为深刻的学科内涵。得鱼忘筌，也许具体的研究题目并不重要，在写作中掌握一门学科的基本研究方法才更为重要。

在中国民俗学网上读到董晓萍教授的《民俗学家钟敬文教授对研究生的日常教育》一文，文中提到钟先生在指导博士生论文写作中的两首诗，一首曰："古说修辞贵立诚，情真意切语芳馨；世间多少文章士，俗艳虚花误此生。"另一首曰："美雨欧风急转轮，更弦易辙要图存。一言山重须铭记：民族菁华是国魂"。这两首诗，一首告诫我们写文章既要逻辑严密，又要返璞归真；另一首告诫我们治中国民俗学不要对西方理论生吞活剥，要坚持民族文化的主体性。对照钟先生的教导，再读读自己的文章，我不禁汗颜。惭愧无已之余，只有更加努力，驽马十驾，跬步相积，庶几在将来可以无负老师们的教诲。

论文写作过程中，始终得到萧放老师的悉心指导。萧老师是岁时民俗研究领域的专家，他并不以我这个半路出家的弟子为浅薄，他总是能够包容我的缺点，鼓励我的进步，不惮繁难地一步步把我领入历史民俗学研究的门径。同萧老师谈话、跟萧老师学习，每每有如坐春风之感。这都使得我三年博士后的研究工作及后来与萧老师的交往中，感觉心情愉悦，成为我一生中弥足珍惜的经历。

论文开题时还得到董晓萍教授、色音教授、朱霞副教授和赖彦斌老师的指导。张勃师姐在历史民俗学方面造诣颇深，作为同门，对我多所教益。师妹吴丽平、邵凤丽在我读博士后期间对我也多有帮助。曹文柱老师虽然久在病中，但也一直关心我的学习。北京大学赵世瑜教授、中国人民大学王子今教授对我也赐教良多。青岛大学钱国旗教授、于建胜教授为我的工作和学习，提供了最大的支持，创造了最好的条件。这些都是应该要特别感谢的。

李传军<br>2014 年 6 月 30 日于青岛